『블랙우즈 에든버러 매거진』과 소설: 19세기 영국 문학장 소묘

윤혜준

연세대학교 영문과 교수. 연세대학교 문과대 영문과, 언더우드 국제대학 비교문학문화전공, 비교문학협동과정에서 영문학과 비교문학을 가르치고 있고, 연세대학교 인문학연구원 원장으로 봉사하고 있다. 한국외국어대학교 영어과를 졸업한 후 서울대학교 대학원 영문과에서 석사, 버펄로 미국 뉴욕주립대학교에서 박사학위를 받았다. 단국대학교 영문과 교수, 한국외국어대학교 영어학부 교수, 케임브리지 대학교와 런던 대학교 방문학자를 역임했다. 최근 저서로는 *Metropolis and Experience: Defoe, Dickens, Joyce*, 『바로크와 '나'의 탄생: 햄릿과 친구들』, 『재산의 풍경: 근대영국소설의 배경과 맥락』, 최근 역서로는 『내러티브』, 『주석달린 크리스마스 캐럴』, 『로빈슨 크루소』 등이 있다.

서강학술총서
060

『블랙우즈 에든버러 매거진』과 소설

19세기 영국 문학장 소묘

윤혜준 지음

서강대학교 출판부

서강학술총서 060

『블랙우즈 에든버러 매거진』과 소설: 19세기 영국 문학장 소묘

초판발행 | 2013년 12월 6일
지 은 이 | 윤혜준
발 행 인 | 유기풍
편 집 인 | 우찬제
발 행 처 | 서강대학교 출판부
등록번호 | 1978년 9월 28일 제313-2002-170호

주 소 | 서울특별시 마포구 백범로 35번지
전 화 | (02) 705-8212
팩 스 | (02) 705-8612

ISBN 978-89-7273-237-2 94840
ISBN 978-89-7273-139-9(세트)

값 17,000원

* '서강학술총서'는 SK SUPEX 기금의 후원으로 제작됩니다.

머리말

이 책은 말하자면 '발로 쓴' 글들을 담고 있다. 책상에 앉아 멋진 말이나 멋진 생각을 만들어내는 재미에 탐닉하기 보다는 먼 나라 도서관 장서를 방문하여 찾아보고 찾아낸 자료들로 책의 몸체를 만들어냈다는 점에서 그렇다. 이러한 작업을 한 취지는 곧이어 「프롤로그」에서 상술할 다음과 같은 명제에 담을 수 있다. "문학은 허구를 만들어내지만 문학연구는 사실을 탐구한다."

여기서 말하는 '사실'은 육필 서간문이나 잡지 인쇄물 등 종이 매체에 재현된 문헌적 사실들이기에 소위 '텍스트'들이다. 20세기 후반부 이후의 문학이론은 '텍스트'의 사실성은 물론이요 독자성마저도 와해시키는 데 몰두했다. 마침내 '텍스트'는 온갖 자의적 해석을 당연히 제 몫으로 알고 감내해야 하고 이런저런 곡해에도 불평하면 안 되는 것이 정설로 굳어졌다.

이 책이 다루고 있는 텍스트들은 자의성과 개방성, 해체와 유희와는 잘 어울리지 못하는 덤덤한 '문건'과 '문헌'들이 대부분이다. 문헌적 사실들을 해석할 때 가변성과 상대성에는 일정한 한계가 있기 마련이다. 살아있던 작가가 살아있지 않았을 수 없고 그가 실제 있던 출판사와 주고받은 편지는 유령이 쓴 허구가 아니다. 이러한 전기적, 문헌적, 문학사적 사실들을 연구하는 일이 최근 몇 십년간 문학연구의 유행에는 맞지 않을지 모른다. 그러나 문학연구가 전문적인 연구행위이고 모든 연구는 어떤 식으로건 지식을 생산하는 작업이라면, 화려한 수사를 과시하거나 난해한 '이론'을 멀리하고 소소한 사실들에 천착하여 나름대로 가치 있는 지식을 제공하려 시도하는 이 책의 저자를 비난할 일은 아닐 것이다.

이 책에 들어간 1차 자료는 2001년부터 2002년까지 영국 케임브리지 대학교에서 방문학자로 있으면서 케임브리지 대학교 중앙 도서관(Cambridge University Library)에서 수집한 것들이 기반이 되었다. 그 후 케임브리지를 다시 방문했고, 또한 2011년 런던 대학교에서 1년간 방문학자로 있으며 런던 대학교 중앙도서관(Senate House Library)에서 1차 자료를 보완했다. 달리 말해 이러한 연구를 가능하게 해준 것은 두 차례의 연구년이었고, 연구년 중 해외체류는 한국외국어대학교, 연세대학교, LG연암문화재단의 지원으로 성사되었다.

이 연구 중 일부는 이미 학술지에 발표된 바 있다. "The "Author of 'Scenes of Clerical Life'": George Eliot and *Blackwood's Edinburgh Magazine*," 『근대영미소설』 10 (2003년 6월)의 109~113, 115~125, 127~128이 1장, 3장, 4장에, 「제국에서 바라본 '세계': 19세기 영국의 경우」, 『영미문학연구』 13 (2007년 12월): 156~158, 160~173이 2장에, "Marlow's Fellows: Conrad's Tales in *Blackwood's Edinburgh Magazine*," 『영어영문학』 50 (2004년 12월): 907~914, 916~920이 2장과 6장에, 「텍스트의 이면: 문학의 토대에 대하여」, 『비평과 이론』 10 (2005년 12월): 226~231이 「프롤로그」에 포함되었다.

하지만 그 내용이나 모습은 이 책에 들어오면서 상당히 변했고 이제껏 발표하지 못했던 연구들에 통합되었다. 무려 12년 전에 뒤졌던 자료들이 이제야 빛을 보게 된 것이다. 책을 쓰고 책이 나올 수 있었던 것은 먼저 하나님의 은혜이고, 서강학술총서 기금 덕분이다. 서강학술총서 기획위원들, 특히 김태원 교수에게 감사의 말씀을 전한다. 아울러 25년간 동고동락해온 사랑하는 아내 김영미 박사의 내조에 깊이 감사한다.

목차

第4장 조지 엘리엇 밀어주기

第5장 토머스 하디 배척하기

第6장 조셉 콘라드 끼워주기

프롤로그: 텍스트에서 문학장으로

이 책은 대영제국의 전성기이자 장편소설의 황금기였던 19세기 중·후반 영국 빅토리아조 시대를 배경으로, 『블랙우즈 에든버러 매거진』(*Blackwood's Edinburgh Magazine*, 이하에서는 강조를 위한 경우가 아닌 한 '블랙우즈'로 축약함)을 비롯한 정기간행물들과 후대에 명작 소설의 창작자로 신성화된 작가들의 관계를 탐구한다. 먼저 강조할 것은 『블랙우즈』를 비롯한 잡지들이 좁은 의미의 '문학지'가 아니었다는 점이다. 정치, 경제, 군사, 종교, 역사, 과학 등을 골고루 다루는 이들 종합 시사 겸 교양 잡지의 지면에 연재소설들은 자주 등장했다. 잡지는 소설에 의지했고 소설은 잡지에 의존했다. 후대 독자들은, 연재가 끝난 후 단행본으로 나온 형태로 이 소설들을 만난다. 책으로 묶인 명작을 두고두고 읽고 음미하는 것은 즐겁고도 유익한 일임이 분명하다. 그러나 매달 또는 매주 다음 호에 의해 폐기되어야 하는 잡지의 시한부 지면에 이들 소설이 처음 등장하는 과정과 맥락 또한 문학생산 역사의 기념비라고 할 만한 인상적인 장면들을 연출한다. 이를 '소묘'하기에 앞서 왜 이러한 연구에 노동과 시간을 할애했는지에 대해 약간의 설명이 먼저 나와도 좋을 것이다.

이 책은 '문학연구서'로 분류될 것이다. 그런데, 문학연구는 무엇을 하는 행위인가? 문학은 허구를 만들어내지만 문학연구는 사실을 탐구한다. 일상적 삶에 당장 기여할 기술을 연구하거나 가르치는 학문이 아니면서도 문학연구가 사회의 인정과 심지어 존경까지 받기를 바란다면 최소한 이 원칙은 지켜야 할 것이다. 만약 문학에 담긴 허구를 연구한다며 또 다른 허구를 만들어낸다면 그 아무리 현란한 용어와 멋진 수사를 동원한다 해도 그것은 유익한 취미생활일 수는 있어도 경제적 보상을 요구하는 전문적 노동은 아니다. 사실상 증명할 수 없는 생명이나 자연에 대한 가설이나, 또는 이미 임상적으로 무익함이 판명된 인간심리에 대한 '이론'이나, 또는 이미 역사의 심판을 받은 관념적 사회이론의 틀을 문학작품에 씌워놓는 연구는 허구에 허구적 이론을 맞추는 허망한 유희이다. 더욱이 다른 나라 문학 속 허구를 다른 나라에서 수입한 허구적 이론에 끼워 맞추는 것으로 본인의 전문가적 소임을 다 했다고 생각하는 외국문학연구자들이 있다면, 이들에게 살기 바쁜 한국사회가 귀 기울이지 않는 것은 당연하다. 허구로 생계와 존재의 문제를 해결할 수 없고 허구나 다름없는 '이론'들이 세상을 (망가뜨리는 데는 일조할 수 있어도) '돌아가게' 하지 않는다.

역사연구가 가상의 역사 시나리오가 아니라 실제 역사적 사실들에 대한 연구이듯, 문학연구는 문학생산의 공간적, 역사적 조건 및 문학의 소재가 된 사실들, 아니면 문학 생산과 소비에 관련된 사실들을 연구해야 한다. 전자는 이 책의 필자가 다른 책들에서 시도한 바 있다.[1] 이

1 졸저, 『재산의 풍경: 근대영국소설의 배경과 맥락』(서울: 한국문화사, 2013) 3장에서 7장까지, *Metropolis and Experience: Defoe, Dickens, Joyce* (Newcastle: Cambridge Scholars Publishing, 2012), ch.1, 3, 4, 5, 10 참조.

책은 후자에 전념할 것이다. 작품이 제공하는 허구를 소개하고 감상하는 것은 이 책의 관심사가 아니다. 허구를 담은 문학작품은 책이나 잡지라는 구체적인 사회적 실체에 담겨 독자에게 전달되고 소비된다. 허구를 담은 이러한 '그릇'들은 텍스트를 음미하고 소비하는 과정에서 그 존재감이 사라진다. 진기하고 감동적인 소설에 빠져들다 보면 어느덧 책이 아니라 살아있는 인물들이 눈앞에 어른거리고 영화장면 같은 그림 속에 독자도 들어가 있는 듯 착각한다. 그러나 그 순간에도 손에는 책을 들고 있다. 손에 들고 있는 책에 찍혀있는 제목과 저자, 출판사와 연도, 가격은 극히 덤덤한 현실의 사실들이다. 때로는 견고한 책이 아니라 쉽게 망가지는 잡지의 몸체나 아니면 전자매체에 텍스트가 담겨있을 수 있으나, 어떤 경우에도 독자가 빠져드는 텍스트는 이미 또한 지속적으로 책이나 잡지, 태블릿 컴퓨터나 아이폰, 킨들 등의 구제척인 사회적 생산물로 존재한다. 문학을 대학에서 전문가 급 보상을 받으며 연구한다며, 텍스트의 생산, 유통, 소비 현장의 사실들을 연구하지 않은 채 텍스트 감상에만 안주하는 것은 극히 무책임한 태도이다. 텍스트 주변의 사실, 기록, 문서들에 눈을 돌리지 않은 채 오로지 텍스트의 진미만을 맛보겠다는, 또는 텍스트의 복잡성을 허구적 이론을 동원해서 설명해주겠다는 문학연구는 굳이 무엇을 찾아내서 발굴하는 연구(re-search)라고 하기 어렵다.

아무리 프롤로그라고 해도 이상과 같은 일반화를 일방적으로 선언하는 것은 물론 예의에 어긋난다. 즉각적인 반론이 나올 법하다. 특히 '텍스트'를 거론하고 나서 곧장 텍스트를 무시하는 이중성을 비판할 법하다. 하지만 이 책은 텍스트를 결코 무시하지 않는다. 『블랙우즈 에든버러 매거진』이라는 수없이 많은 텍스트들의 집합체가 이 책 제목에 나온 '주인공'이니 텍스트는 이 책에서 넘쳐난다. 왜 '작품'이나

'작가'가 아니라 이러한 정기간행물이 연구의 초점이 되었는지에 대한 의문은 이 글의 뒷부분 및 본문이 답변할 것이다. 이 자리에서는 통상적인 문학연구의 방식을 모방해서 '텍스트'가 텍스트의 소재 내지는 문젯거리가 된 몇 가지 사례들을 살펴보며, 텍스트 자체의 물질성, 사회성, 정치성을 강조하겠다.

먼저 '텍스트'란 단어의 '신원'부터 살펴보자. 텍스트의 원산지 형태 'text'는 구체적인 대상을 지칭하는 가산명사인가, 아니면 추상적 대상을 지칭하는 불가산 명사인가? 그 이전에, 이 말은 명사인가 아니면 동사인가? 무조건 명사라고만 생각할 수 있으나 실제는 그렇지 않기도 하다. 현대영어에서 이 단어는 '핸드폰으로 문자메시지를 보낸다'는 의미의 동사로도 쓰인다. 분명히 'text'는 동사이기도 하다. 이것은 비단 최근의 용례만은 아니다. 애초에 이 말의 어원이 'texere'라는 라틴어 동사였으니, 'text'의 동사화는 제법 뿌리가 깊다. 우리가 '텍스트'라는 외래어로 사용하는 'text'는 동사 'texere'가 과거분사 'textus'로 변한 형태가 명사화된 모습이다. '옷감을 짜다'는 의미의 이 말의 '모아놓다, 구성하다, 만들다'는 뜻이 확대되어 '짜서 만든 옷감, 천'의 뜻인 'textus'가 되었고, 이 말이 퀸틸리안(Quintilian) 같은 로마 수사학자에 의해 '글의 짜임새와 문체'를 뜻하는 비유로 사용되기 시작한 것이 오늘날 일반적으로 문학연구에서 사용하는 '텍스트'의 기원이다.[2] 영어에서 'text'는 이와 같은 명사적 의미 주변부에서, 'text-letter', 즉 대문자로 또박또박 글을 쓰는 행위를 지칭하는 동사로도 17세기 초까지 사용되었다.[3]

2 D. P. Simpson, *Cassell's New Latin-English English-Latin Dictionary* (London: Cassell, 1959) 602.

3 *Oxford English Dictionary* (http://www.oed.com)

'텍스트'가 동사적 용법으로 사용된 역사는 17세기에 끊겼다고 해도, 이 말이 글의 짜임새나 문체 내지는 구성된 모양새를 지칭하는 수사적 의미로 사용된 역사는 20세기까지 이어졌다. 미국 신비평(New Criticism)의 대표적 업적의 하나인 클레언스 브룩스(Cleanth Brooks)의 『잘 빚은 항아리』(*The Well Wrought Urn*, 1947)를 읽다 보면 "시 그 차제의 짜임새(texture)" 같은 표현과 자주 만난다.[4] "짜임새(texture)"는 "시 그 자체"(the poem itself)의 한 속성일 뿐이다. 그러나 신비평 이후의 문학이론이 전면에 내세운 '텍스트'는 '시 그 자체'의 고정적 실체성을 부인한다. 텍스트는 ("잘 빚은 항아리"란 책 제목이 시사하듯) '시 그 자체'의 완결성이나 안정성을 포기한다. '텍스트'는 상대성과 임의성에 시달린다. "문학 텍스트는 읽혀지기 때문에 텍스트이다"라고 테리 이글튼(Terry Eagleton)은 1976년에 선언했다.[5] 그렇다면 읽는 사람과 읽는 방식에 따라, 읽는 맥락과 읽히는 부분에 따라 '시 그 자체'는 전혀 다른 모습으로 변할 것이다. 심지어 텍스트는 '읽기에 따라' 얼마든지 만들어지는 구성물이다. "개들을 에스컬레이터에서는 안아야 합니다"라는 런던 지하철역에 붙어있는 안내문구도, 읽기에 따라서는 문학텍스트가 될 수 있다. 개를 "안아야" 한다는 말을 동물애호가적인 시각에서 해석하거나 "에스컬레이터"란 단어의 소리와 강세를 마치 시어처럼 음미한다면, 이 사무적 문구가 시로 변할 수 있다고, 이글튼은 또 다른 책에서 지적한다.[6] 이렇듯 20세기 후반부의 문예이론들은 '텍스트'를 무기로 '시 그 자체,' 즉 '작품'의 권위를 와해시키는 데 몰두했다.

4 Cleanth Brooks, *The Well-Wrought Urn: Studies in the Structure of Poetry* (New York: HBJ, 1947) 179.

5 Terry Eagleton, *Criticism and Ideology: A Study in Marxist Literary Theory* (London: NLB, 1976) 62.

6 Terry Eagleton, *Literary Theory: An Introduction*, 2nd ed. (Oxford: Blackwell, 1996) 6.

그러나 20세기 후반부를 풍미한 텍스트와 '작품' 간의 갈등과는 다른 차원에서 '텍스트 그 자체'도 텍스트와 텍스트 생산자 간의 대립의 역사로부터 자유롭지 않다. 또한 이 대립은 지적인 유희의 차원이 아닌 물질적인 생산의 차원에서 전개된다. 예를 들면, 텍스트를 말의 원 뜻대로 그야말로 짜 맞추어 조판하는 인쇄공의 노동이나, 텍스트를 구성하는 단어 하나씩 다른 언어로 옮기는 번역자의 노동, 그리고 인쇄술이 없던 시절 텍스트를 한 글자씩 베껴서 제작하던 파피루스 서기들이나 중세 수도원 필사실(scriptorium)의 노동과정에 있어서 텍스트는 매 시간, 매 분, 매 초 텍스트 제작자의 노동력이 투입된 결과물이다. 이러한 반복적 노동의 고통 속에서 '텍스트 그 자체'는 총체적인 대상으로서, 잘 빚은 항아리와도 같은 '작품'으로 눈이나 머릿속에 들어오지 않는다. 물론 그러한 노동에 상징적 의미를 부여해서 그 고역을 감내할 심성을 길러내는 것이 텍스트 생산력을 높여주기에, 중세에는 글씨 쓰는 행위에 도덕적, 신학적 의미를 부여하는 방편으로 '책'을 총체성의 비유로 인식하기도 했다.[7] 그러나 이러한 처방이 텍스트 베끼기의 고통을 완화하는 힘은 크지 않다. 자연, 우주, 세계를 '책'에 비유하여 사유하는 것은 책을 구성하는 노동의 와중에서보다는 노동이 끝났거나 면제된 여유와 더 잘 어울린다.

이글튼이 텍스트를 독서행위가 만들어내는 구성물로 정의하기 몇 년 전에, 롤랑 바르트(Roland Barthes)는 텍스트란 '놀이터'임을 선언했다. 그러면서 그는 텍스트의 "쾌락"과 심지어 성적인 "희열"을 즐기기를 권했다.[8] 그러나 이것은 소비자의 손에 쥐어진 생산물로 텍스트를

7 Ernst Robert Curtius, Willard R. Trask trans., *European Literature and the Latin Middle Ages* (Princeton: Princeton University Press, 1953) 311~316.

8 Roland Barthes, *Le plaisir du texte* (Paris: Seuil, 1973) 13.

이해할 때만 가능한 일이다. 텍스트를 생산하는 과정은 '쾌락'이나 '희열'과는 전혀 상관없는 힘겨운 노동이다. 완성된 구조물로 행세할 수 있는 하나의 '작품'이 아니라 새롭게 재구성되고 만들어지는 과정으로서만 존재하는 텍스트는 순간순간 텍스트가 기록하고 표기하는 삶에 대해서조차 말없는 고통으로 존재한다. 두루마리 파피루스 텍스트를 한 줄씩 읽고 옮기던 거대한 문학연구의 전당 고대 알렉산드리아의 뮤즈사당(Mouseion) 안에서 "호메로스 시 몇 줄을 두고 뼈 빠지게 수고하는" 학자들끼리의 말다툼은 늘 들렸겠지만,[9] 서기들은 아무 말 없이 끝없이 글자를 베끼고 있었다.

문학작품이 텍스트를 쓰는 '작가'라면 몰라도 텍스트를 제작하는 노동자를 다루는 경우는 극히 드물다. 문학사는 호메로스는 기억하지만 파피루스 서기들을 기억하지 않는다. 하지만 거의 유일하지만 극히 흥미로운 예외가 하나 있다. 19세기 미국 소설가 허먼 멜빌(Herman Melville)의 단편 「필경사 바틀비(Bartleby, the Scrivener)」가 그것이다. 이 작품은 파피루스 서기들이나 중세 수도원 필사실의 고통을 물려받은 인간 복사기 바틀비(Bartleby)를 제목에 등장시킨다. 일단 텍스트를 베끼는 필경사의 반복적 노동을 원활히 진행시키려면 노동자의 이름부터 지워져야 한다. 바틀비를 소개하는 첫 문단에서 그를 고용한 변호사는 '바틀비'란 이름은 그것이 나타내는 삶의 고유성이 지워진 기표임을 밝힌다. "이 사람에 대해서 완전하고 만족스러운 전기를 쓸 만한 자료는 전혀 없다고 본다[……]. 바틀비는 그의 삶에 대해 아무것도 확인할 수 없는 그런 인물이었던 것이다."[10] 게다가 이 텍스트 복사기

---

9 Florence Dupont, Janet Lloyd trans., *The Invention of Literature: From Greek Intoxication to the Latin Book* (Baltimore: Johns Hopkins University Press, 1999) 97.

10 Herman Melville, "Bartleby, the Scrivener," Egbert S. Oliver ed., *Piazza Tales* (New York:

는 음성언어를 통한 대화도 삼간 채 오직 노동에만 몰두한다. 이름이 고유명사로서 제 몫을 하지 않고, 목소리를 내어 자신을 표현하지 않는 바틀비는 그를 고용한 계약서 텍스트에 따르면 얼마든지 대체가능한 노동력의 단위를 의미할 뿐이다. 처음에는 노동자 바틀비의 소외된 노동이 놀라운 생산력을 발휘한다. "소화시키려 쉬는 법도 없었다. 주간 야간 연속으로, 햇빛을 받으며 베끼고 촛불을 켜 놓고 베꼈다." 고용인으로서는 얼마나 반가운 일인가! 말끔히 복제되어 나온 문서들을 볼 때마다 보통 뿌듯한 게 아니었을 것이다. 그러나 고용인은 만족할 줄 모른다. "그의 열심에 나는 아주 반색을 하였을 것이다, 그가 쾌활하게 근면했었다면. 허나 그는 침묵 속에서, 창백하게, 기계적으로 글씨만 써 댔다."[11] 소외된 노동에 묶인 인간기계가 '쾌활한' 인간이기를 바라는 고용주의 위선적 관념주의는 갑자기 입을 연 바틀비의 공손한 거부, "안할까 봐요"(I would prefer not to) 앞에서 속수무책으로 '해체'된다. 이후 변호사는 '바틀비 문제'를 해결하려는, 바틀비라는 이 골치아픈 텍스트를 해석하고 해결해 보려 온갖 시도를 해보지만, 바틀비의 침묵을 변호사는 끝내 이기지 못한다. 사무실에서 24시간 거주하면서도 노동을 거부하는 바틀비를 그대로 방에 두고 변호사는 사무실을 다른 건물로 옮긴다. 마침내 강제로 방에서 끌려나와 감옥에 갇힌 바틀비는 그곳에서 조용히 죽음을 맞이한다.

롤랑 바르트가 제안한대로 텍스트가 '시 그 자체'의 신비주의에서 해방되어 맘껏 재미있게 갖고 노는 '쾌락'과 '유희'의 대상이자 계제라고만 볼 수 없음을 바틀비와 같은 텍스트 생산자들의 노동이 일깨워준

Farrar Straus, 1948) 16.

11 Melville, "Bartleby, the Scrivener" 24.

다. 바틀비는 법률 문서를 복제하는 노동자라서 특히 더 불행했지만 예술적 가치와 재미가 넘치는 문학텍스트를 제작하는 노동자들은 덜 괴롭지 않았을까? 이러한 반문에 대해, 바틀비와 같은 동시대에 뉴욕이나 런던, 파리, 암스테르담, 베를린의 인쇄소에서 열악한 단순노동을 하며 오늘날 명작 소설들이 실린 잡지나 책을 제작하던 식자공들과 인쇄소 노동자들은 '그 놈이 그 놈이지!'라고 대답할 것이다. 이들이 만드는 책 표지에 적힌 유명 '작가'와는 정반대지점의 익명성과 반복성에 자존심을 잠식당하는 노동자들, 이들을 고용하는 인쇄업자, 인쇄업자에게 일감을 주는 출판업자에게로 시선을 돌려보자. 이들을 바라볼 때 우리가 갈채를 보내는, 또는 '쾌락'을 도출하는 '위대한 문학작품'들은 전혀 예술적이라고 할 것 없는 복잡한 사회경제적 연결망 속에서 만들어졌음을 인정하지 않을 수 없을 것이다. 이러한 인식에서 출발할 때 제 아무리 재치 넘치고 '희열'을 느끼게 해주는 텍스트라 해도 홀로 서 있는 유일한 예술작품이 아니라 특수한 역사적, 사회적, 경제적 조건들이 복잡하게 얽혀있는 공간 내의 좌표로 예외 없이 환원된다. 어떤 텍스트가 '유일한 예술작품'으로 인정받는 일 또한 이러한 조건들의 연결망 속에서 이루어지는 사회적 합의이다.

엄밀히 따지자면 이제껏 '텍스트'라는 말로 통칭한 대상들은 한 가지 동일한 실체가 아니다. 가끔 작가가 편집자나 출판업자를 겸하는 경우도 없지 않지만, 일단 작가로서 그(녀)는 원고 생산자이다. 예전에는 종이에 손이나 타자기로, 20세기 말부터는 컴퓨터 화면에 직접 글을 만드는 원고 생산자는 기본적으로 혼자 자료를 찾고 문장을 지어내는 자영업자이다. 이 단계에만 글이 머물 때 해당 작가의 원고는 전혀 사회적인 인정이나 경제적 가치를 획득하지 못한다. 원고를 쓰는 작가는 이 원고가 독자들에게 읽히기를 기대하고 이를 염두에 두고 생산

작업에 임한다. 독자의 손에 마침내 글이 전달되었을 때, 그리고 독자의 독서행위를 통해 글의 의미가 해석될 때 글은 본격적으로 '텍스트'의 역할을 한다.

통상적인 문학연구는 이 두 단계에 주목한다. 대개 전문 학자나 수련생들이 제작하는 문학논문은 작가의 '정신'과 '삶'이 원고에 어떻게 어디에 들어가 있는지 찾아내는 '작가중심' 연구이거나, 아니면 펼쳐놓은 텍스트에서 작가의 '의도'를 캐거나 역으로 이를 '해체'하거나 증상을 '진단'하는 등의 독서기법을 활용하는 '독자중심' 연구, 아니면 이 둘을 일정하게 배합한 연구이다. 그러나 작가의 서재에서 만들어진 원고가 곧장 독자의 서재나 대학 강단에서 읽히는 텍스트로 변하는 것은 절대로 아니다. 그 사이에 원고는 먼저 정기간행물 또는 단행본에 (아니면, 이 책 본문에서 자주 보게 될 사례대로 먼저 정기간행물, 그리고 바로 이어서 단행본에) 활자화된 상태로 담기어 인쇄물 시장터에 진열된다. 그 공간에서 적정한 가격표를 부여받은 후 책이 구독자나 구매자가 소유한 돈과 교환되는 중간과정을 거치는 것이 일반적인 인쇄물은 물론이요, 오늘날 문학연구자들이 탐독하는 고전명작 텍스트들 공통의 운명이었다. 전문적인 문학연구자라면 인쇄물 시장의 매개과정을 무시한 채 원고 생산자 고유의 '정신'을 숭상하거나 '기벽'을 옹호하거나 아니면 텍스트의 고유한 '가치'나 '특징'만 탐닉하는 데 머물 수 없다. 이 책의 필자는 흔히 '서지학'(bibliography)의 몫으로 미뤄놓은 텍스트의 생산과 수용의 "사회적 전수과정"에 대한 실증적 연구의 가치를 옹호한다.[12] '서지학'에 한 발을 디딘 채, 이 책은 『블랙우즈』라는 잡지를

12 D. F. McKenzie, *Bibliography and the Sociology of Texts* (Cambridge: Cambridge University Press, 1999) 12~13.

화폭 중심에 놓고 그려본 '19세기 영국 문학장 소묘' 몇 장을 전시할 것이다.

후대에 연구하고 교육하는 주요 작가들의 원고가 만들어지는 데 있어서는 그 시대의 사상, 문화, 정신, 또한 작가 개인의 성장과정, 출신배경, 젠더, 이념 등이 종합적으로 작용하기 마련이다. 이러한 주제들에 대한 연구는 부족하지 않다. 이들이 지은 유명 텍스트들을 구조주의, 기호학, 신역사주의, 정신분석, 탈구주조의, 탈식민주의, 페미니즘, 젠더이론 등 각종 '이론'(정확히 말하면 '독서기법')을 동원해서 재구성해 놓은 연구 또한 전혀 부족하지 않다. 반면에 우리가 하고자 하는, 원고에서 텍스트로의 변신을 매개하는 중간단계로서의 '문학장'(literary field)에 대한 연구는 영미권에서도 최근에 별로 새로 생산되지 않고 있을뿐더러 국내에서는 극히 찾아보기 드물다. 방금 사용한 '문학장'은 프랑스 인류학자 겸 사회학자 피에르 부르디외(Pierre Bourdieu)에게서 따온 용어이다. 이 개념의 이점은 첫째로, 정기간행물 및 책들을 편집하고 출간하는 중간매개자들을 유명 작가들과 나란히(때로는 이들보다 더 먼저, 그리고 더 자주) 만나게 해주므로 텍스트 생산과 관련된 사실들에 대한 실증적인 연구의 문을 열어준다는 데 있다. 부르디외의 '문학장' 개념의 두 번째로 유익한 점은 사회적으로 생산되고 유통되는 인쇄물의 상징적인 의미부여 과정을 서지학적 사실들과 병행해서 논의할 수 있게 해준다는 것이다. 말하자면 '예술'로서 '문학'이라는 "자율적 생산의 장"이 "사회적으로 구성되는" 과정은 '작품'에 대한 "인식과 감상"을 만들어내고 통제하는 "특정 원칙들의 구성"과 나란히 진행되는 것임을 부르디외는 예시한다.[13] 『블랙우즈』를 비롯한 19세기

13 Pierre Bourdieu, Susan Emanuel trans., *The Rules of Art: Genesis and Structure of the*

영국의 주요 잡지들은 문학작품을 지면에 실어주는 "자율적 생산의 장"의 역할을 맡음과 동시에 특정 작품은 지면에 등장시키고 다른 작품은 배제하므로 거기에 대한 "인식과 감상"의 상징적 규범들을 구축하고 유지했다. 거기에 덧붙여 이들 정기간행물들은 전문 독자 내지는 독서 전문가, 즉 평론가의 상세한 서평을 통해 작품의 "인식과 감상"의 방향을 주도하므로 일반 독자들의 텍스트 구매 및 독서행위에 개입했다. 부르디외의 '문학장' 개념은 원고의 생산, 원고의 인쇄물로의 전환, 서평에 의한 가치부여 또는 가치박탈, 독자의 인쇄물 상품 구매 및 소비 등, 문학생산 및 소비를 유기적인 과정으로, 물질적인 관계이자 동시에 상징적인 관계로, 고정적이면서도 동시에 가변적인 관계로 인식하게 해준다.

이제 '문학장'의 차원에서 문학 생산과 소비의 전 과정을 일반화해 보자. 시작 지점에는 원고를 쓰는 주체로서 저자가 있다. 그러나 원고를 쓰는 주체로서 저자는 엄밀히 말해 문학장의 회원이 된 정식 저자는 아니다. "객관적으로 문학장 내에서 일정한 효과를 만들어내어야"만 원고 저자가 문학장에 진입했다고 할 수 있다.[14] 저자의 원고생산 행위는 앞서 지적했듯이 특정 개인이 자발적으로 수행하는 노동이기에 문학장의 물질적 조건으로부터 자유로울 수 있으나, 이미 원고제작 과정에도 사회적 제약들은 개입하기 마련이다. 원고를 쓰면서 저자는 유명 출판사나 잡지에 연재되기를 바라지 않는 법이 없기에 원고 집필은 '문학장'을 지향하는 원고생산이다. 당대의 특정 '문학장'의 조건과 지배적인 규범은 원고 생산자의 '생산조건'의 일부로 작용한다.

Literary Field (Cambridge: Polity, 1996) 132.

14 Pierre Bourdieu, Randal Johnson ed., *The Field of Cultural Production* (Cambridge: Polity, 1993) 42.

원고가 정기간행물이나 책으로 변하는 과정은 두 말할 것 없이 문학장을 운영하는 경제적 자본의 직접적인 영향 하에 진행된다. 원고 생산자에게 적절한 보상을 해주고 원고를 양도받아 식자공들을 고용하여 (또는 고용하는 인쇄업자와 계약해서) 활자화 한 후 자신이 운영하는 잡지에 싣거나 자신이 경영하는 출판사에서 단행본으로 찍어내는 주체는 작가가 아니라 출판업자이다. 출판업자는 원고를 채택해서 인쇄물로 만들어 시중에 내놓을 때 출판사나 잡지의 '브랜드 가치'를 책에 부여하므로 독자들에게 '보증'을 서준다. 출판업자는 원고 생산자에게 자신이 축적한 '상징자본'을 투자하고 대여해준다는 점에서 "상징적 은행가"의 역할을 떠맡는다. 작가가 신인인 경우, 만약 책이 성공하면 투자한 상징자본이 경제자본으로 회수되겠지만 아니라면 경제자본(출판비용)뿐 아니라 상징자본도 손해를 보게 될 것이다. 반면에 책이 '뜨면' 상징자본과 경제자본 모두 회수될 것이고, 게다가 해당 무명작가는 '이름,' 즉 자신의 상징자본을 획득하게 될 것이다. 책 표지에 이름이 등장하고 후대 독자들이 추앙하는 원고 생산자는 "눈에 보이는 생산자"이겠으나 이들 출판업자들이 "작품 가치의 진정한 생산자"라고 할 수 있다.[15] 여기에 덧붙여, 특히 19세기 영국의 경우, 출판업자 및 잡지 편집인들 간의 '네크워크'가 개입하여 등장하는 호의적 서평의 도움이 따라붙어주지 않는다면, 작품 및 작품 가치 생산은 실현될 수 없었다. 원고 생산자인 '작가'는 문학장의 내부로 들어와야만 탄생할 수 있지 그것을 떠나서는 존재할 수 없다.

원고 생산자는 경제적 이윤이 극대화되었으나 문화적 권위는 극소화된 지점과, 정반대로 문화적 권위는 최고 수준이지만 경제적 이윤은

15 Bourdieu, *The Field of Cultural Production* 76~77.

최소치인 지점 사이의 어떤 지점에서 문학장의 위치를 점유하므로 '작가'가 된다. 이들이 차지한 최초의 위치는 절대적이거나 본질적인 '자리'가 아니라 다양한 조건에 따라 이동하는 가변적인 '좌표'이다. 본인의 노력뿐만 아니라 그를 돕거나 통제하거나 이용하는 '상징적 은행가,' 즉 출판업자 및 이들을 돕는 대리인(특이 잡지 편집인이나 평론가)은 상징자본과 경제자본의 연결 지점 및 연결 방식을 다양하게 조정하므로 신진 작가를 '대가'로 격상시키기도 하고 '대가' 대열에서 밀어내기도 하는 유동적인 세계가 19세기 영국의 문학장이었다.[16] 이 문학장에 출현했다가 사라진 수많은 원고 생산자들 중에서 이 책은 조지 엘리엇(George Eliot), 토마스 하디(Thomas Hardy), 조셉 콘라드(Joseph Conrad), 세 사람에 집중할 것이다. 이 셋은 나름대로 문화장 중심부로 성공적으로 진입했고 "신성화"(consecration)를 거쳐 '정통'으로 인정받는 위치를 점유한 작가들이다.[17] 따라서 이들의 원고는 물론이요 편지 등 관련 문건들이 후대까지 잘 보존되었기에, 연구대상이 되기에 적합하다. 그러나 동시에 이들은 '신성화' 자체의 임의성과 가변성을 예시하는 사례들로서도 연구의 대상이 될 만하다. 이 셋 중, 첫 번째는 유부남과 동거하는 진보적인 여성 문필가, 두 번째는 물려받은 문화자본이 거의 없는 시골 청년, 세 번째는 아예 영국인이 아닌 외국인 이주자라는 전혀 가당치 않은 출발점에서 소설시장에 진입했다. 이들의 특이하고 우연한 '데뷔 과정'은 문학장 내 자리 잡기에 실패한 채 일반경제체계로 밀려날 위험을 진솔하게 드러내기에, 당시 문학장의 특징과 활력을 파악하기에 좋은 사례들이다.

16 Bourdieu, *The Field of Cultural Production* 36.
17 Bourdieu, *The Field of Cultural Production* 59.

이하에서는 원고가 인쇄물로 변신하고 때로는 (조지 엘리엇의 경우처럼) 원고 생산자의 이름도 새롭게 만들어지는 출판의 복잡한 역사의 일면을 살펴볼 것이다. 이 작업에 투입되는 노동이 적지 않다보니 원고 생산자의 생산물을 펼쳐들고 감상할 겨를은 없다. 문학장의 작품 가치 생산과정에 대한 연구는 특정 텍스트의 가치를 새롭게 해석하는 또 다른 독서기법이 될 수는 없지만, 기존 독서 기법들에 대한 비판적 안목은 제시할 수 있다. 우리가 세 번째이자 마지막으로 만나볼 작가는 조셉 콘라드이다. 오늘날 국내외 영문학 교육 현장에서 그를 대표하는 작품은 『어둠의 심연』(*Heart of Darkness*)이다. 이 소설은 뒤에 6장에서 보다 상세히 다루겠지만, 단행본에 포함되기 전에 먼저 『블랙우즈』에 3회에 걸쳐 연재되었다. 연재 당시 제목은 정관사가 붙은 "The Heart of Darkness"였다. 이 책이 연재가 끝난 후 나중에 소설집 단행본 『청춘: 어떤 이야기 및 다른 두 작품』(*Youth: A Narrative and Two Other Stories*, 1902)에 포함되면서부터는 정관사가 떨어졌다. 잡지에서 이 작품을 읽을 때와 단행본에서 읽을 때, 제목에 정관사 "the"가 있는 버전과 없는 버전으로 읽을 때의 체험은 상당히 다르다. 세 달의 간격을 두고 순차적으로 읽는 첫 독자들뿐 아니라, (본 연구자처럼) 후대에 잡지 영인본에서 이 작품을 읽는 경우에도 해당 잡지의 성격이나 같이 실린 다른 글들의 면모를 파악하는 과정과 이 유명한 고전 텍스트 읽기가 병행되기에, 아무런 방해 없이 '작품 그 자체'만 읽는 것과는 같을 수 없다. 오늘날 대학 강단에서 자주 채택되는 이 소설의 판본은 "노튼 비평본(*Norton Critical Edition*)"이나 벳포드(Bedford) 출판사의 "현대 비평 케이스 스터디"(*Case Studies in Contemporary Criticism*)이다. 이들 책들은 중편 길이의 원작을 앞에 놓고 뒤에는 '배경'과 '비평' 등을 수록해서 기존의 저명한 '독서법' 등에 맞추어 이 작품을 이해하도록 유도한다.[18] 학부 수준 교육에 사용하기에는 이러한 교재가 편리할 수 있다. 그러나 이러한 판본은 오늘날 미국 영문학 교재 시장이 만들어낸 텍스트로, 『블랙우즈』 연재물이나 1902년 소설집과는 그 존재의 양태 및 지향점이 다르다. 이러한 교재 편집은 텍스트의 '정전화' 내지는 '신성화'에 치중하기 마련이고 그러다 보면 텍스트의 생산과정, 생산조건 및 생산 당시의 모습은 지워지거나 왜곡될 수 있다. 이 책의 이어지는 장에서는 신성화의 그늘에 가려진 텍스트 생산의 역사를 무대 중심으로 끌고 들어와 밝게 조명을 비출 것이다.

18 Robert Kimbrough ed. *Joseph Conrad: Heart of Darkness* (New York: Norton, 1988); Ross C. Murfin ed. *Heart of Darkness: Joseph Conrad* (Boston: Bedford, 2010)

제1장

『블랙우즈』가 바라본 영국

제1장
『블랙우즈』가 바라본 영국

1. 『블랙우즈』의 배경

대영제국의 전성기 19세기가 마지막 문턱에 다다른 1899년 2월에 『블랙우즈 에든버러 매거진』의 1,000호 기념호에서 한 시대를 풍미한 이 월간지는 스스로의 전통과 위상을 다음과 같은 표현에 담아 자화자찬한다.

> '매거'는 이름을 댈 수 있는 그 어떤 간행물보다도 꾸준히 이어진 성격을 유지해왔다는 점이 대단하다. 물론 시간이 흐르며 변하긴 했다. 그러나 그것은 년 수와 세대가 바뀌는 시간의 흐름이 믿음직스럽고 충실한 성품을 보다 더 성숙하게 한 측면에서만 그렇다. 사람의 정신도 이처럼 시간의 영향을 받으며 변하건만, 여전히 똑같은 정신이 제1호에서 제 1,000호까지 이 잡지를 지탱해왔다고도 할 수 있다. 또한 '매거'가 이와 유사한 그 어떤 다른 제작물들보다도 더욱 더 개성이 분명하고 더욱 더

> 한결같고 뚜렷한 인품(personality)을 갖고 있다는 것은 대단한 일인데, 정기 간행물의 인품을 인정해주는 것 그 자체가 대단한 찬사이다(「'매거'의 천호」["Maga's Thousandth Number"] 165권, 1899년 2월호: 428).[19]

『블랙우즈』는 흔히 잡지 관계자 및 독자들 사이에서는 "매거"(Maga)라는 애칭으로 불렸다. 이는 "매거진"을 "매거"로 줄이므로 의인화의 효과를 낼 수 있기 때문만은 아니었다. 이 잡지가 하나의 '성격'을 갖고 있다고 주장할 만큼, 『블랙우즈』는 사뭇 일관되고 선명한 입장과 편집 방향을 1817년 창간 이후로 꾸준히 유지해왔다는 자의식 또한 이러한 '애칭' 사용에 반영되어 있다. 만약 그러한 자의식이 어느 정도 근거 있는 것이라면, 급변하는 사회에서 매달 편집과 기획을 새로 해서 필자들을 섭외하고 글을 모아야하는 정기간행물로서는 참으로 대단한 자랑이 될 만하다. 1호에서 1,000호까지 "여전히 똑같은 정신"이 잡지를 "지탱해왔다"는 말은 물론 과장법이다. 편집자 세대가 교체되었고 1817년 영국 및 유럽의 상황과 1898년의 형편은 상당히 달랐으니 잡지 내용과 성격도 시대변화에 맞춰 변하지 않을 수 없었다. 그렇긴 해도 몇 가지 점에서 이 잡지의 '인품' 내지 성격은 매우 높은 수준의 일관성을 유지해왔음은 인정해 줄 수 있다. 먼저 잡지의 성격 유지에 유리한 외연적 조건들을 살펴본 후, 『블랙우즈』 창간 당시 모습과 19세기 주요 전환기마다 잡지의 목차를 비교해 보면 이 '일관성'의 실상을 검증할 수 있을 것이다.

19 이 책에서 『블랙우즈 에든버러 매거진』 인용출처는 본문에 "권, 호수(연도, 월), 쪽수"로, 연속된 인용인 경우 쪽수만 표시하기로 한다. 이 책 뒤에 「참고문헌」에는 『블랙우즈』 등 잡지 글들을 일일이 나열하면 너무 많기에, 잡지 제목과 권수 등만 목록에 넣었다.

앞서 말했듯이 월간지 『블랙우즈 에든버러 매거진』의 애칭 "매거" 는 "매거진"에서 파생된 말이다. 영국 및 세계 최초의 월간 '매거진'은 1731년에 런던 서점가에 등장한 『젠틀맨스 매거진』(*Gentleman's Magazine*)이다. 편집자 겸 창시자인 에드워드 케이브(Edward Cave)는 이 새로운 문화상품의 이름을 '창고'란 뜻의 이 말을 차용하여 『젠틀맨스 매거진』으로 지어줬다.[20] 문자 그대로 이 제목을 해석한다면, 'magazine'의 의미가 '창고'이기에, '신사의 창고'이다.[21] '신사'로 행세하는데 필요한 교양을 보관하는 '창고'라고 할 만큼, 정치, 경제, 국제정세, 생활, 문화의 다양한 정보와 흐름들을 한 권 책자에 모아놓았다는 의미이다. 런던 출판시장에는 즉각 『젠틀맨스 매거진』을 모방한 다양한 정기간행물들이 등장했다. 18세기에 새로운 출판물 형태로 굳어진 '매거진'의 원조 『젠틀맨스 매거진』의 후손들 중에는 오늘날 영어권 및 세계에서 널리 읽히는 『타임』(*Time*)이나 『뉴스위크』(*Newsweek*), 『이코노미스트』(*The Economist*) 등이 모두 포함된다. 이러한 '매거진'들은 무역, 상업, 금융을 중심으로 경제가 고속 성장하던 18세기 전반부에 새로 '신사' 축에 끼려는 졸부들로서는 매우 반가운 신종 상품이었다. 부족한 문화자본을 비교적 편리하고 신속하게 보완할 수 있는 기회를 이들 정기간행물

---

20 Margaret Drabble ed. *The Oxford Companion to English Literature* (Oxford: Oxford University Press, 2000) 400.

21 *Oxford English Dictionary*(http://www.oed.com)가 예시하는 18세기 초 이 말의 용례 중 하나는 다름 아닌 1731년 *Gentleman's Magazine* 1호 서문이다. 이 용례는 1704년 용례와 같이 병행해서 제시되었기에 함께 인용하면 다음과 같다.

"1704 Duke of Marlborough *Let.* 20 July in H. L. Snyder *Marlborough-Godolphin Corr.* (1975) I. 339 'The two days we have been here has been spent in endeavoring to make a magazin of corn in this town, that we might not want bread.'"

"1731 *Gentleman's Mag.* 1 Introd., 'This Consideration has induced several Gentlemen to promote a Monthly Collection to treasure up, as in a Magazine, the most remarkable Pieces on the Subjects abovemention'd.'"

이 제공해 주었다. 『젠틀맨스 매거진』의 목차를 보면 그야말로 교양 및 정보의 '창고'임을 주장할 수 있는 매우 다양한 내용을 담고 있음을 발견한다.[22] 비전문가가 고급 지식과 교양을 소화할 수 있게 편집 및 해설해주는 '지식 중개' 및 근대사회의 다양한 영역들을 골고루 다루는 '콘텐츠의 다양화'는 『젠틀맨스 매거진』에서 시작된 '매거진'들이 오늘날까지 변함없이 유지하는 본질적 기능이다. '매거진'을 이름에 내건 『블랙우즈 에든버러 매거진』도 '매거진' 다운 다양성이 일차적인 특징이었다. 이러한 다양성이 특징인 '매거진'이, 『블랙우즈』가 주장하듯, 논조의 일관성과 뚜렷한 성격을 유지한다는 것은 쉬운 일이 아니다. 그런데 19세기 초에 이르면 다양한 정보제공 기능 그 자체는 (이미 18세기부터 꾸준히 진화한) 일간지,[23] 반주간지(주 3회 발행), 주간지 등에게 이관되었다. 이러한 시장 상황에서 『블랙우즈』가 출범했기에, 당시 월간지의 기능은 『젠틀맨스 매거진』 시절에 비해 '콘텐츠 다양화'보다는 '지식 중개' 쪽으로 기울게 된다. 『젠틀맨스 매거진』 식의 잡다한 정보 제공에 주안점을 둔다면 잡지의 '인품'을 구현하는 것은 부차적인 문제가 되겠으나, '지식 중개'가 주된 기능이라면 꼭지의 개수는 줄이고 각 기사 별 쪽수는 늘리어서, 각 기사를 통해 정치, 사회, 역사, 문화 제반 현상에 대해 일정한 시각과 태도를 만들어낼 여지가 생긴다. 이 점에서 『블랙우즈』는 '매거진'의 후예일 뿐 아니라 '리뷰'의 전통도

22 2단 편집으로 지면을 최대한 아낀 이 잡지 첫 호는 국내 정치, 문학비평, 창작시, 의학, 매춘과 정조, 음악, 풍습, 진기한 사건, 마녀사냥, 정원관리, 사망부고 및 결혼, 승진, 파산자, 증권 및 상품 시세, 국제정세, 신간안내 등 극히 다양한 콘텐츠들을 40여개의 꼭지에 담았다. *The Gentleman's Magazine* Vol.1 (January 1731).

23 이미 1709년에 런던에서는 일간, 반주간지, 주간지를 합쳐 총 18개의 정기간행물이 매주 발행되고 있었다. Keith Williams, *The English Newspaper: An Illustrated History to 1900* (London: Springwood Books, 1977) 19.

이어받은 정기간행물이라고 할 수 있다. 이 진술의 뜻을 구체화하려면 영국 '리뷰'의 역사를 간략히 소개할 필요가 있다.

'리뷰'의 원조는 근대소설가의 원조 중 한 사람인 대니얼 디포(Daniel Defoe)이다. 1704년에 그는 『프랑스의 형편에 대한 주간 리뷰』(*A Weekly Review of the Affairs of France*)를 출범시켰는데 이 잡지가 몇 차례 굴절을 겪은 뒤에 1707년부터는 『영국의 현황 리뷰』(*A Review of the State of the British Nation*)로 진화했다. 디포 1인이 편집자 겸 투고자를 모두 도맡았던 이 1인 신문은 주당 3회 발간되었는데, 국내외 정치에 대한 견해를 피력할 뿐 아니라 사회, 문화, 생활에 대한 논평도 심심치 않게 지면에 담겼다.[24] 디포의 정기간행물 제목에 '리뷰'란 말이 등장한 것은 이 말의 당시 의미가 정치적 사건이나 정황을 '점검한다'는 뜻으로 주로 이해되었기 때문이다. 그러나 디포의 활약 덕분에 '점검'의 대상이 다양화되면서 정치적 및 비정치적 영역을 구분하지 않는 '비평' 및 '논평'으로 이 말의 의미가 점차 확대되었음을 『옥스퍼드 영어사전』 용례들이 보여준다.[25] 그렇긴 해도 18세기 중반까지도 '리뷰'와 '매거진'이 선명히 구별되지는 않았다. 1749년에 등장한 『먼슬리 리뷰』(*Monthly Review*)는 잡다한 시사 문제나 출간물에 대한 소개, 요약, 논평 등이 뒤섞인 '매거진'의 성격이 강했다. 『먼슬리 리뷰』는

24 Paula R. Backscheider, *Daniel Defoe: His Life* (Baltimore: Johns Hopkins University Press, 1992) 151~156.

25 이 사전에 등장하는 비평적 정기간행물의 의미로 "review"가 사용된 초기 용례들은 다음과 같다. 이 중 첫 번째 용례는 바로 전 해인 1704년에 등장한 디포의 『리뷰』를 지칭하고 있다.

"1705 E. Ward *Hudibras Redivivus* ii. 10: 'No matter whether false or true, Take pattern by D[e] F[oe]'s Review.'"

"a1721 M. Prior *Daphne & Apollo* in *Misc. Wks.* (1740) I. 35: 'So do your Brother Quacks and Brother Beaus. Memorials only, and Reviews, write Prose.'"

1780년대에 들어와서 출간물에 대한 논평에 집중하게 되는데,[26] 이 무렵에 '리뷰'의 의미가 주로 '서평'을 의미하는 것으로 고정되었다고 할 수 있다.

그러나 '리뷰'가 여전히 하나의 뚜렷한 장르 내지는 문화상품으로서 위상을 확보한 것은 19세기로 진입한 이후이다. 영국 출판 역사에서 '리뷰'와 관련하여 새로운 장이 열린 것은 1802년 『에든버러 리뷰』(*Edinburgh Review*)의 등장 이후이다. 이 잡지는 정치적으로는 휘그(Whig) 당파 입장을 선명히 내세우며, 정치, 종교, 경제, 역사, 문화, 문학 등의 주요 저서들에 대한 소개와 심도 있는 서평을 긴 에세이들에 담아 1년에 4번 내기 시작했다. 이러한 형태는 '매거진'들에 비해 '보도'의 기능을 훨씬 더 축소하고 '논평'에 집중하는 것이었기에 시민사회 내부에 논쟁의 장을 구축하는 데 일조했다. 『에든버러 리뷰』의 성공에 자극받아 (상대적으로 '진보적'이었던) 휘그당파의 정적인 토리(Tory) 보수당파의 입장을 견지하는 『쿼털리 리뷰』(*Quarterly Review*)가 런던에서 1809년에 출범한다. 양대 정치 세력 및 에든버러와 런던이라는 연합왕국(United Kingdom)의 두 수도들을 대변하는 이 두 계간 서평지들은 서로간의 경쟁과 대립을 통해 문화적 상징자본과 실질적인 정치적 영향력을 탄탄히 비축했다. 이 두 계간지는 특정 출판업자로부터 독립된 정기간행물들이었기에 객관적인 '심판관'의 태도를 견지할 수 있었고 두둑한 원고료를 기고자들에게 지불한 덕에 고급 필자들을 동원할 수 있었다. 이렇듯 문화적 권위의 최고 지점을 『에든버러 리뷰』와 『쿼털리 리뷰』가 점유하고 있던 1817년, 새로운 월간지 『블랙우즈』가 등장했다. 따라서 이 후발 주자는 상대적으로 신축성과 다양성을 내세우며 계간지

26 Drabble ed. *The Oxford Companion to English Literature* 688.

의 틈새시장을 파고들었으나, 상업적인 야심뿐 아니라 정치적 야심도 만만치 않았다. 『블랙우즈』는 휘그당파의 아성이었던 에든버러에서 『에든버러 리뷰』에 정치적으로 전면 도전하는 토리 계열 정기 간행물의 색채를 내세웠다.[27] 『에든버러 먼슬리 매거진』(*Edinburgh Monthly Magazine*)으로 처음 시작했던 이 잡지는 『블랙우즈 에든버러 매거진』으로 잡지 이름을 바꾼 후 (곧이어 스코틀랜드의 존경받는 문인 월터 스코트[Sir Walter Scott]의 사위가 될) 유능한 토리당파 지식인 존 깁슨 로크하트(John Gibson Lockhart)를 편집진에 합류시켰다. 로크하트의 지휘 하에 『블랙우즈』는 이제껏 『에든버러 리뷰』에서는 볼 수 없었던 새로운 시각과 수사법과 논리적인 문체를 선보였다. 『블랙우즈』에서 경력과 명성을 쌓은 로크하트는 1826년에 『쿼털리 리뷰』 편집인으로 발탁된다.[28] 로크하트의 '이적'은 후자의 문화적 지위가 상대적으로 높았음을 말해주지만 동시에 두 토리계열 잡지 간에 정치적 성향과 문화적 지향이 서로 통했음을 증언한다.

에든버러는 진보와 개혁을 주장하는 '스코틀랜드 계몽주의' 운동의 본거지였고, 18세기 후반부에 '현대식'으로 재개발한 '뉴 타운'(New Town)은 이러한 계몽주의적 합리성의 가시적인 상징이었다. 일반적으로 '휘그'(Whig) 당파의 입장이 '합리'나 '계몽', '진보'와 꼭 일치하는 것은 아니지만, 에드버러가 대변하는 스코틀랜드 맥락에서의 휘그 이념은 명예혁명 때 밀려났으나 혈통의 정통성이 자산인 스코틀랜드 출

27 David Finkelstein, *The House of Blackwood: Author-Publisher Relations in the Victorian Era* (University Park: The Pennsylvania State University Press, 2002) 8~9.

28 Joanne Shattock, *Politics and Reviewers: "The Edinburgh" and the "Quarterly" in the Early Victorian Age* (Leicester: Leicester University Press, 1989) 4~6. "계간지들은 '진지함'과 견고함을 갖춘 반면, 월간지들은 오락 가치로 평가되었다"(6)는 Shattock의 주장은 적어도 '계간지' 급의 진지함과 견고함에 도전한 『블랙우즈』에게는 맞지 않는다.

신 스튜어트(Stuart) 왕실을 복원하려는 재코바이트(Jacobite) 세력에 반대하고 독일 하노버(Hanover) 출신 조지 왕들(George I, II, III)과 1707년에 이루어진 잉글랜드와 스코틀랜드의 의회통합을 지지하는 '연합주의자'(Unionist)들이었기에, 스코틀랜드의 '과거'보다는 '현재' 및 '미래'를 지향하는 세력이라고 할 수는 있었다.[29] 18세기 후반부에 에든버러의 정치성이 휘그당쪽으로 워낙 견고하게 굳어진 터라, "에든버러 리뷰"는 단순히 출간 도시를 지칭하는 제목이 아니라 '휘그당파를 지지하는 리뷰'라는 뉘앙스도 그 안에 품고 있었다. "블랙우즈 에든버러 매거진"은 '에든버러'라는 기호의 정치적인 함의를 바꾸겠다는 선언적인 제스처를 담고 있는 제목이다. 이어지는 장들에서도 계속 등장할 '토리'당파 이념을 무조건 '보수주의'로 단정하는 것은 이해를 방해할 소지가 있다. 현재 한국어에서 '보수' 대 '진보'의 개념을 '토리' 대 '휘그'에 도입하는 것은 더욱 더 삼갈 일이다. '보수'를 단순히 '기득권 수호'로 규정한다면 18세기 내내 권력과 이권을 독식해온 '휘그'들이야말로 '보수' 세력이었다.

1817년에 출범한 『블랙우즈』는 이후 1830년에 시작된 『프레이저즈 매거진』(*Fraser's Magazine*), 1860년부터 나오기 시작한 『콘힐 매거진』(*Cornhill Magazine*) 등 이후 이 잡지의 경쟁자들이 된 19세기 영국 고급 월간지의 원조이다. 단순히 월간 발행주기의 측면에서만 그런 것은 아니다. 『블랙우즈』는 한편으로는 18세기가 물려준 『젠틀맨즈 매거진』의 잡다한 다양성과, 다른 한편으로 19세기 초에 등장한 『에든버러 리뷰』 등 계간지의 문화자본 과시라는 양자 모두와 거리를 두면서도 이 둘을 어느 정도 포용한 독특한 형태였다.[30] 이를 통해 계간지의

29 Linda Colley, *Britons: Forging of the Nation 1707~1837* (London: Pimlico, 2003) 122~124.

고급 독자층들을 끌어들이지만 동시에 계간지보다 더 신선한 콘텐츠를 제공하며 "다소 덜 무겁고 더 흥미로운" 내용을 섞어 독자층을 넓힐 여지를 열어두는 상업적 유연성은 이후 유사한 모방상품들이 추종한 참신한 편집 개념이었다. 신종 정기간행물 『블랙우즈』의 독자층은 꾸준히 확대되었다. 1817년에 3,700부 정도 나가던 중하위권 잡지로 출발했던 『블랙우즈』는 1830년대에는 8,000부 이상 매달 팔리는 막강한 정기간행물로 등극한다.[31] 유럽, 아메리카, 아시아, 아프리카 등 세계 전역에서 대영제국에 도전할 자가 없던 빅토리아조 영국의 전성기인 1860대에 이르면 『블랙우즈』의 상업적 가치와 문화적 위상은 더욱더 공고해진다. 『블랙우즈』보다 역사가 앞선 『에든버러 리뷰』나 『쿼털리 리뷰』의 전성기 때의 판매규모는 호당 7천에서 8천 부 수준이었던 데 반해, 『블랙우즈』는 매달 1만 부 이상 팔렸으니, 연간 총 판매부수는 계간지들과 비교할 수 없는 단위였고 그 영향력 또한 거기에 준하는 상당히 막강한 수준이었다. 고급 월간지로서 이만한 독자층을 확보한 것은 대단한 성과였다. 『블랙우즈』의 모델을 추종한 『프레이저즈 매거진』은 8천 부 선을 쉽게 넘지 못했다. 『블랙우즈』의 성공은 편집진과 운영자들의 공로이기도 하겠지만, '수요'가 없다면 '공급'이 있을 수 없는 법이니 이러한 잡지들을 읽어주는 독자들이 넘쳐나는 시장 상황이 만든 것이기도 하다. 최초의 본격적인 근대산업사회이자 거대

30 『블랙우즈』의 선례로 리 헌트(Leigh Hunt)의 진보적인 색채의 주간지 *The Examiner*(1808년 창간)에 주목한 연구자도 있다. 헌트가 개성과 정치색을 선명히 드러내면서 다양한 주제들을 포용하는 잡지의 모델을 제시했고 이를 정치적으로는 반대 진영인 『블랙우즈』도 추종했다는 것이다. David Stewart, "Filling the Newspaper Gap: Leigh Hunt, *Blackwood's*, and the Development of the Miscellany," *Victorian Periodicals Review* 42 (Summer 2009): 166~167.

31 Michael Allen, *Poe and the British Magazine Tradition* (New York: Oxford University Press, 1969) 19~22.

제국의 중심인 영국의 중상위 계층 독자들이 급변하는 시대와 세계에 대해 분명한 '견해'를 유지하는 것이 쉽지 않은 일이었다. 또한 신사이자 시민으로서의 '교양'을 입증하려면 '아는 척'을 안 할 수 없었으나 끝없이 새로 출간되는 책들을 일일이 다 읽을 수는 없는 노릇이었다. 이러한 곤란함을 손쉽고 요긴하게 해결하는 방법이 바로 『블랙우즈』를 필두로 한 이들 고급 잡지들을 매달 구매해서 이들이 제공하는 논평과 서평들을 읽는 것이었다.[32] 이 책을 시작하며 언급했던 바를 다시 강조하자면, 『블랙우즈』 등의 월간지는 우리에게 친숙한 의미의 '문학잡지'가 전혀 아니다. 『블랙우즈』는 남성 가장들이 '세상'이 어떻게 '돌아가는지' 파악하는 데 도움을 주는 종합 시사 잡지였다. 『블랙우즈』를 '문학장'의 중심적인 잡지로 이해하는 이 책에서도 '문학장'이란 말은 일차적으로는 포괄적인 의미에서 '출판계'를 지칭하는 것이지, 좁은 의미의 허구로서 '문학판'이나 '문단'은 아니다.[33]

시대의 개관적 조건의 기여도를 감안한다고 해도 『블랙우즈』가 성공한 1차적인 요인이 편집진이 19세기 내내 일관되게 지켜왔다고 자임하는 '매거'의 '개성'임은 인정해줘야 한다. 이미 지적한대로, 『블랙우즈』는 『에든버러 리뷰』 등 계간지의 "배타적이고 권위적인 분위기"를 풍기는 "엘리트주의적" 자세는 유지했지만, 아울러 진기하고 흔히 접하기 어려운 기묘한 소재들을 다뤘다는 점에서 18세기의 원조 월간지 『젠틀맨스 매거진』의 전통에도 닿아 있었다. 얼핏 보기에 서로 상충할 수 있는 이 두 요소('위엄'과 호기심)를 『블랙우즈』는 보다 개인적이고,

32 Walter E. Houghton, "Periodical Literature and the Articulate Classes," Joanne Shattock and Michael Wolff ed., *The Victorian Periodical Press: Samplings and Soundings* (Leicester: Leicester University Press, 1982) 7~8.

33 Finkelstein도 이 점을 강조하고 있다. Finkelstein, *The House of Blackwood: Author-Publisher Relations in the Victorian Era* 111.

친밀하고, 편안한 어조에 담아 융합했다. 그렇게 하므로 거기에 다양한 종류의 산문이나 내용들이 끼어들 틈새를 충분히 만들어놓았다는 점이 특이한 성취였다. 다시 말해 지적인 엘리트주의를 표방하면서도 지적 자산이 넉넉하지 않은 독자들도 쉽게 동참할 수 있는, 19세기 대중사회의 정기간행물로서의 독특한 중립성을 유지했다.[34] 그리고 무엇보다도 창간호부터 일관되게 지켜온 토리당파 이념에 충실한 편집 방향 및 논조가 '매거'의 '개성' 유지에 크게 기여했다. 그 구체적인 실상은 잠시 후에 목차와 일부 기사들을 분석하며 살펴보겠지만, 독자층을 구성하는 계층과 부류들이 "군 장교, 중앙 행정부 관료, 젠트리 지주 계층, 중산층 상층부, 국가교회 목사, 교직 종사자"였다는 콘라드 연구자 이보 비단(Ivo Vidan)의 지적을 미리 소개한다.[35] 이들은 서로간 성향과 입장이 세부적으로는 차이가 날 수 있지만 '국왕'(Crown), '국가교회'(Church), '제국'(Empire)을 영국의 정체성의 근간으로 보는 토리당파 이념의 깃발아래 모두 모일 수 있는 집단들이었다.

『블랙우즈』의 실제 모습에 보다 가까이 접근하기 전에 유념할 바는 『블랙우즈』를 위시해서 고급 교양을 제공한다는 잡지들의 기사들은 특별히 예외적인 경우를 제외하면 대부분 익명으로 게재되었다는 사실이다.[36] 목차에 투고자의 이름이 명시되지 않았고 본문에서도 자

34 Houghton, "Periodical Literature and the Articulate Classes" 22~23.

35 Ivo Vidan, "Conrad in His *Blackwood's* Context: An Essay in Applied Reception Theory," Mario Curreli ed., *The Ugo Mursia Memorial Lectures: Papers from the International Conrad Conference University of Pisa, September 7th-11th 1983* (Milano: Mursia International, 1988) 405.

36 빅토리아조 시대 영국 정기간행물의 익명 투고자들의 신원은 후대 학자들에 의해 대부분 밝혀져 있다. 이 분야 연구자들이 참고하는 자료는 Walter E. Houghton ed., *The Wellesley Index to Victorian Periodicals, 1824~1900*, 5 vols (Toronto: Toronto University, Press, 1966~1989)이다. 그러나 이 책에서는 잡지들의 역사적인 실상 그 자체를 조명할 것이기에

신의 정체를 숨기는 집단적인 대명사 '우리'를 주어에 놓는 것이 모든 기사들의 공통적인 관행이었다. 이러한 익명성의 전통은 18세기가 물려준 것이긴 하지만, 이를 그대로 유지한 데는 다음과 같은 두 가지 유리한 점이 있었기 때문이다. 첫째로, 편집자가 기고자 개인들의 독특하고 유별난 성향들을 통일적으로 총괄하고 관리한다는 제스처 내지는 인상을 독자에게 심어줄 수 있었다. 둘째는, 기고자들이 좀 더 소신껏, 아니면 과감하게 논란거리가 될 만한 문제에 대해 발언할 보호막을 제공해 줄 수 있었다. 저자들이 실명을 밝히지 않아도 지식인들 사이나 출판계에서 특정 기사의 저자가 누구인지 알아낼 방법들이 없었던 것은 아니었다. 1859년에 출범한 『맥밀런스 매거진』(*Macmillan's Magazine*)은 익명 기고의 관행에 도전하며 기사의 저자명을 밝혔으나 그 결과 오히려 자유로운 의견 피력이 저해되는 면이 많았다. 19세기 내내 대부분 월간지들은 물론이요 『스펙테이터』(*Spectator*), 『어시니엄』(*Athenaeum*) 같은 지식인 독자들을 겨냥한 주간지들이나 찰스 디킨스(Charles Dickens)의 『하우스홀드 워즈』(*Household Words*) 같은 대중 상대 주간지들도 익명 기고 관행을 지지했고 유지했다.[37] 기고자들 입장에서는 익명기고가 자신의 이름에 '브랜드 가치'를 부여하지 못한다는 점에서 경제적으로는 손해였을지 모르나, 익명성의 갑옷 뒤에서 상당히 강력한 공세를 펼칠 수 있었기에 정치적으로는 이득을 챙길 수 있었다.[38] 시대가 흘러 19세기 말에서 20세기로 넘어가며 『블랙우즈』 등 정기간행물이 견지한 익명기고 관행은 마침내 사라졌고, 신문

익명 투고 기사들을 저자 이름 없이 원래 모습 그대로 인용할 것이다.

37 Shattock, *Politics and Reviewers*, 15~16.

38 Alan J. Lee, *The Origins of the Popular Press in England, 1855~1914* (London: Croom Helm, 1976) 107.

사설란에나 그 자취를 남겨놓았다.[39] 20세기에 들어와서는 『맥밀런스 매거진』의 실명 기고가 규범으로 굳어졌지만, 19세기의 익명 기고를 무지한 구습으로 치부할 일은 아니다. 익명성이 열어놓은 글쓰기 세계가 활발한 비평과 논평, 논쟁의 문화를 번성하게 했음은 충분히 인정해야 한다.

39 Dallas Liddle, "Salesmen, Sportsmen, Mentors: Anonymity and Mid-Victorian Theories of Journalism", *Victorian Studies* 41 (Autumn 1997): 32.

2. 『블랙우즈』의 '개성'

18세기 매거진과 19세기 초 '리뷰' 계간지의 요소들을 가미하여 고급독자와 대중독자를 둘 다 포용하고, 그러면서도 휘그당파에 맞서는 토리당파적 입장을 견지한 『블랙우즈』의 '개성'을 구체적으로 살펴보자. 그러기 위해서 이 잡지의 몇 가지 기사들을 읽어보기 전에 창간호, 500호 등 잡지 역사상 기념이 될 순간들과, 19세기 영국 정치의 중요한 전환기에 이 잡지의 모습이 어떠했는지를 목차들을 검토하므로 가늠해 볼 것이다.

이미 언급했듯이 『블랙우즈 에든버러 매거진』은 처음에는 이 제목이 아니라 『에든버러 먼슬리 매거진』으로 1817년 4월에 출범했다. 표지에는 잡지의 발행처를 "에든버러 프린스 스트리트 17번지, 윌리엄 블랙우드," 그리고 런던에서는 "페이터노스터 로우, 볼드윈, 캐록, 조이"[40]로 밝히고 있다. 에든버러와 런던에서 동시에 출간하는 이 잡지는 스코틀랜드 지방 잡지가 아니라 전국 잡지임을 표명했다. 그럼에도 '에든버러'를 제목 맨 앞에 내건 이 잡지의 첫 호는 가장 중요한 출판물 시장인 런던에서 판매가 극히 부진했다. 『에든버러 먼슬리 매거진』의 내용은 「근로소득 저축에 대해 갖는 은행의 속성과 도의적 효과」("On the Constitution and Moral Effects of Banks for the Savings of Industry"), 「미국 사탕수수 재배와 우리의 식민지 정책 체계」("Observations on the Culture of the Sugar Cane in the United States, and on our System of Colonial Policy")

---

40 *The Edinburgh Monthly Magazine*, No. 1. April 1918. Edinburgh: Printed for William Blackwood, No. 17, Prince's Street. Edinburgh; and Baldwin, Carock, and Joy, Paternoster Row, London.

등 정치와 경제 관련 주제에서 「그리스 조각에 대하여」("On the Sculpture of the Greeks"), 「그리스 비극론」("Remarks on Greek Tragedy") 등 문예 관련 주제, 「골상학 논쟁」("The Craniological Controversy") 등 과학 문제, 세 편의 신작 창작시, 신간 안내, 「상업 보고」("Commercial Report"), 「농업 보고」("Agricultural Report") 등에 이르기까지 사뭇 다양하고 풍부한 편이었다. 『에든버러 먼슬리 매거진』 첫 호를 보면 "이 월간지가 일반 독자들에게 가장 흥미로우리라고 생각되는 것들은 무엇이건 포함시킨 보고(寶庫)"가 되도록 했다는 편집자의 주장에 동의하기 어렵지 않다.[41] 하지만 판매 실적은 편집인 겸 잡지 오너 윌리엄 블랙우드(William Blackwood)로서는 전혀 만족할 수 없는 수준이었다. 이 해 9월까지 『에든버러 먼슬리 매거진』으로 출간되던 이 잡지는 10월에는 『블랙우즈 에든버러 매거진』으로 이름을 바꾸고 다시 독자들 앞에 등장했다. 『블랙우즈 에든버러 매거진』으로 나간 첫 호의 목차는 다음과 같다.[42]

[1] 코울리지(Coleridge)의 『문학적 전기』(*Biographia Literaria*)에 대한 소견
[2] 아가일셔 지방에서 관찰된 기후현상
[3] 스코스비 씨가 제머슨 교수에게 보내는 공개서한
[4] 초기 영국 극작가들에 대한 분석적 에세이
[5] 보스웰의 1591년 홀리루드 하우스 공격 보고
[6] 매리 여왕의 양위에 관련된 흥미로운 사실들
[7] 진주층의 시각적 속성에 대하여, 데이비드 브루스터, 법학박사

41 *The Edinburgh Monthly Magazine*, vol. 1, no. 1. (April 1817), 목차
42 이 책에서 잡지 목차를 소개할 때 편의상 기사들에 일련번호를 첨가하고, 페이지 번호는 생략하기로 한다.

[8] 보안 무관장(Lord High Constable)에게 딘먼트씨가 보낸 편지
[9] 독일에서의 동물자기론(animal magnetism) 현황
[10] 코크니파 시인들에 대하여, 1부
[11] 에든버러 리뷰 56호, 「서인도 사태의 현황」이란 제목의 기사를 질타함
[12] 에트릭 셰퍼드의 애가
[13] 에든버러 의학 보고서
[14] 레슬리 주교의 스코틀랜드 역사 원고에 대한 보고
[15] 쿼털리 37호에 게재된 스튜어트 씨의 논저 서평에 대하여
[16] 번스의 작품 새 판본에 대하여 워즈워스 씨가 그레이 씨에게 보낸 편지를 옹호함
[17] 월터 패터슨의 신작시
[18] 롭 로이 맥그레거와 그의 가문 일부에 대한 회고록
[19] 학문의 진전, 한 옥스퍼드 출신이 시에 담음
[20] 동물들의 퇴락이 우려할 정도로 증가하는 사태에 대하여
[21] 헨리 어스킨 선생 인품론
[22] 킬라니에서 쓴 시
[23] 고대 칼데아 원고 번역
[24] 문학 및 과학 정보
곧 출간될 책들
월간 신간 목록
[27] 월간 소식
해외 정보
영국 사건일지
영국 수익내력
상업 보고

기후 측정표

승진 및 임용

출생, 혼인, 사망 (2권, 1817년 10월호: 목차)

목차에서 (4), (9), (13)은 『에든버러 먼슬리 매거진』에서 이어지는 연재물들이긴 하지만, 이전 잡지에서는 볼 수 없었던 새로운 '공격적인' 평론들이 『블랙우즈 에든버러 매거진』 첫 호의 특색이다. 『블랙우즈 에든버러 매거진』으로 개명한 이 잡지는 『에든버러 월간 매거진』 시절에 비해 정치적인 색채를 훨씬 더 선명히 드러낸다. 단적인 예로, (11)번 기사는 휘그당파 이념과 정책을 지지하는 『에든버러 리뷰』를 지목하여 공격하고 있다. 상대적으로 (15)에서 같은 토리당파 계열인 『쿼털리 리뷰』에 대해서는 유화적인 태도를 보인다. 그러나 『쿼털리』에 대해서도 내용의 일부를 문제 삼으며 차별성을 드러내려는 '권력의 의지'를 표명하고 있다. 또한 당대 출판계에서 문화적 권위가 높은 분야인 시와 시론에 대해서도 입장을 분명히 하며 '문화정치'에도 개입하고 있다. 무려 3편의 창작시를 (17), (19), (22) 세 꼭지에 싣고 있을 뿐 아니라, 첫 꼭지에서 낭만주의 문인으로서 문학장에서 상당한 권위를 축적한 새뮤얼 테일러 코울리지의 저서를 비판하고 있다. 또한 영문학사상 주요 사건으로 기억되는 '코크니파 시인들'이란 꼬리표를 창안해 내며(오늘날 '대시인' 급으로 분류되는 키츠[John Keats]도 여기에 포함되었다), 이들에 대한 신랄한 공격을 담은 (편집인 로크하트가 직접 쓴) 「코크니파 시인들에 대하여」("On the Cockney School of Poetry") 연재가 이 호부터 개시되었다. 이와 같은 문학평론을 통해 진보적 또는 '근대적인' 실험성이 특징인 당대 시인들과 평론가를 공격하며 전통적인 가치를 옹호하는 것은 '토리당파'적 성향을 분명하게 드러내기에 알맞은 방편이었다. 같은 논리로, (16)에서는 이미 당시에는 보수화되어 '안전한' 문인으로 인식되었던 윌리엄 워즈워스(William Wordsworth)에 대해서는 호의적인 기사를 싣고 있다. 제목에서 '에든버러'가 두 번째 자리로 옮긴 것은 분명히 스코틀랜드 지역성을 넘어 영국 전역에서 읽히는 '전국적' 잡지가 되겠다는 의지 및 전략의 표명이다. 그러나 '에든버러'가 제목에 여전히 남아있는 이 잡지가 스코틀랜드적 정체성을 전혀 지워버리지 않았음을 스코틀랜드 역사와 직접 관련된 (5), (6), (18)을 통해 독자에게 전달하고 있다. 그러나 이미 앞서 살펴본 전국적 정치당파성과 런던 문단에 개입하는 글들을 통해, 또한 마지막 꼭지에서 「영국 사건일지」("British Chronicle")나 「영국 수익내력」("British Revenue") 같은 정보를 제공한다든지, (19)의 제목에 "옥스퍼드출신(Oxonian)"이란 말이 눈에 띠도록 포함시킨다든지 하는 장치들을 통해 '전국지'로서의 모습을 부각시키고 있다.

『블랙우즈』로 출범한 첫 호에서부터 14년을 더 건너뛰어 이 잡지의 면면을 살펴보면, '매거'의 '개성'이 이 무렵에는 좀 더 확고히 정착되어 있음을 발견한다. 1830년 이웃나라 프랑스에서는 왕정복고를 종식시킨 '7월 혁명'이 발발해서 정권이 바뀌었고, 영국에서는 노동자 서민 대중들의 참정권을 요구하는 목소리들이 점점 커지고 있었다. 마침 이 해에 조지 4세(George IV)가 사망하자 총선을 실시하게 되었는데, 1809년부터 줄곧 여당자리를 지키던 토리당을 이기고 휘그당이 집권하면서 정치지형도가 변했다. 이러한 분위기에서 전근대적인 선거법과 선거구 개혁을 요구하는 목소리에 새 내각은 귀를 기울였고, 선거법 개혁안을 이 해 3월에 발의한다. 원내와 원외에서 찬반 논쟁이 요란하던 때인 1831년 7월, 토리계열 월간지 『블랙우즈』의 목차는 다음과 같다.

[1] 오두본의 조류학 전기

[2] 하원 개혁과 프랑스 혁명에 대하여, 7부: 세습귀족들은 어떻게 대처해야 하는가?

[3] 비치의 태평양과 베링 해협으로의 항해

[4] 아일랜드와 선거법 개혁안

[5] 부재를 한탄하노라, 델타 지음

[6] 고인이 된 한 의사의 일기에서 발췌한 대목들, 제 40장

[7] 영국 세습 귀족

[8] 서더비의 호메로스. 비평, 3호

[9] 가정용 시, 제 2호

[10] 호메로스의 송시. 제 1호. 목신(牧神) 송시

[11] 니제르 강, 제임스 맥퀸 자크의 서신 (30권, 1831년 7월호: 목차)

『블랙우즈』 창간호와 비교할 때 가장 큰 차이는 꼭지 수가 대폭 줄어들고, 정보제공 기능의 「문학 및 과학 정보」나 「월간 소식」 난이 없어진 것이다. 이렇게 함으로써 잡다한 정보를 나열하는 '매거진' 보다는 집중적인 논평을 제시하는 '리뷰 계간지'에 더 가까이 다가갔다. 이 무렵에 이르면 『에든버러 리뷰』나 『쿼털리 리뷰』의 영향력이 1810년대에 비해 현저히 감소한다. 그들의 자리에 『블랙우즈』가 도전하고 있음을 줄어든 꼭지의 숫자만 봐도 알 수 있다. 구체적인 제목들과 내용에서도 명료하게 『블랙우즈』의 '리뷰 계간지'적인 제스처가 확인된다. 첫 번째 꼭지는 생물학을 다루고 있으나 곧이어 정치적인 대립전선으로 출격한다. 그 전 해의 프랑스 혁명의 '공포'를 상기시키는 두 번째 글 「하원 개혁과 프랑스 혁명에 대하여」에서 주문한 대로, "세습귀족"들로 구성된 영국 상원은 이 해 가을에 선거법 개혁안을 부결시킨다. 물론 이것이 『블랙우즈』의 훈수 때문만은 아니었겠지만,

개혁을 반대하는 보수진영에 『블랙우즈』가 힘을 실어준 것은 확실하다. 일곱 번째 꼭지에 영국의 세습 대귀족들에 대한 기사를 집어넣어 이들의 존재와 역사를 독자들에게 상기시키는 것도 이와 같은 정치적인 의도가 선명히 배어 있는 편집이다. 두 번째 기사와 마찬가지로, 네 번째 글에서는 당시 최대의 논쟁거리인 선거법 개혁 문제를 영국 최초의 식민지 아일랜드 문제에 결부시켜서 (개혁은 식민지에서 혼란을 야기할 뿐이라는 논조로) 독자들의 경각심을 높여준다. 문화정치 측면은 어떠한가? '고급교양'을 내세우는 8번째와 10번째 글은 호메로스 번역에 대한 비평과 호메로스 시 번역본이다. 다루는 주제는 리뷰 계간지식의 '엘리트주의'에 닿아있지만, 동시에 희랍어를 모르는 '대중'들도 호메로스라는 고급문화를 향유할 수 있도록 배려하는 '포퓰리즘'의 제스처도 가미되어 있는 편집이다. 다른 한편, 시와 시론이 압도적이었던 1817년 『블랙우즈』에 비해 1831년의 『블랙우즈』는 '소설의 시대'가 출범했음을 말해준다. 창작시가 두 꼭지(다섯 번째와 아홉 번째)에 들어가 있긴 하지만, 여섯 번째 글은 연재소설이다. 『고인이 된 한 의사의 일기에서 발췌한 대목들』(*Passages from the Diary of a Late Physician*)은 매번 다른 사건들을 다루고 있기에 본격적인 장편소설은 아니지만 같은 서사 틀을 유지하는 연재 시리즈로서, 영국 문학의 중심축이 시에서 산문 내러티브 문학으로 옮겨가는 중임을 나타내는 지표이다. 세 번째 글 「비치의 태평양과 베링 해협으로의 항해」("Beeche's Voyage to the Pacific and Behring's Strait")와 마지막 글 「니제르 강, 제임스 맥퀸 자크의 서신」("The River Niger, Letter from James M'Queen Jacques")은 이후 19세기 후반부 『블랙우즈』의 전형적인 주제로 정착하게 될 '오지 여행'을 다루고 있는데, 이런 부류의 글이 이미 두 편씩이나 1831년 7월호에 포함되어 있다. 이러한 편집방향은 세계 제국의 중심에 사는 독자들이 전

세계 곳곳에 대한 지식을 갖추는 것이 중요하다는 교육적, 이념적 입장을 반영하고 있다. '세계'의 재현 문제는 다음 장 「『블랙우즈』에서 바라본 세계」에서 상세히 다룰 것이다.

이로부터 1년 후, 선거법 개혁안은 수정보완을 거쳐 하원에서 3월에 통과된다. 법안은 이제 다시 상원에 계류 중이었다. 한편 전국 사방에서 선거법 개혁을 요구하는 시위와 소요사태가 수개월째 들끓고 있었다.[43] 상원으로서는 다시 또 법안을 퇴짜 놓기가 부담스러운 분위기였다. 대세가 기울었음을 감지한 『블랙우즈』의 반응은 사뭇 흥미롭다. 이 잡지의 1832년 4월호 목차는 다음과 같다.

[1] 영국의 미래 전망
[2] 사탄 개혁되다. 몽고메리 3세 지음
[3] 영국의 재정상황
[4] 한 시인의 임종 찬송, 히먼스 부인 지음
[5] 축축한 구애. 1798년 이야기
[6] 미국 시론. 윌리엄 컬런 브라이언트
[7] 통치의 기술을 쉽게 풀어 설명함. 휘그당파에게 보내는 사탄의 편지
[8] 패니 켐블양의 비극
[9] 녹티스 암브로지아나이, 제 61호 (3권, 1832년 4월호: 목차)

정치적으로 열세에 몰린 토리당파의 심정을 대변하는 『블랙우즈』는 풍자의 틀을 빌어 개혁파를 '사탄'의 세력으로 몰아 부치는 것으로

43 이상의 1차 선거법 개정의 역사는 Christopher Harvie, "Revolution and the Rule of Law (1789~1851)," Kenneth O. Morgan ed., *The Oxford Illustrated History of Britain* (Oxford: Oxford University Press, 2009) 440~441 참조.

분풀이를 하고 있다. 「영국의 미래 전망」(“The Prospects of Britain”)을 우려하는 첫 번째 꼭지에서 비교적 점잖게 영국의 정치상황을 비판하던 어조는 곧이어 쓴 웃음을 유도하는 조롱조로 돌변하여, 두 번째 꼭지에 선거법 개혁(Reform)과 사탄을 동일시하는 신랄한 시사만평을 실었다. 「사탄 개혁되다. 몽고메리 3세 지음」(“Satan Reformed, by Montgomery the Third”)은 선거법 개혁운동 진영이 지지하는 근대적인 자유와 평등, 세속화의 가치를 모두 ‘사탄적인’ 것들로 치부한다. 이 풍자로도 모자랐던지, 일곱 번째 자리에 「통치의 기술을 쉽게 풀어 설명함. 휘그당파에게 보내는 사탄의 편지」(“The Art of Government Made Easy. In a Letter from Satan to the Whigs”)를 첨가했다. 이 글은 개혁을 주도하는 휘그당파들을 사탄이 직접 훈수하고 독려하고 칭찬하는 ‘친필 편지’이다. 세 번째 기사 「영국의 재정상황」(“British Finances”)은 국가재정의 불건전성을 우려하며 이를 선거법 개혁이 더 악화시키리라는 결론을 도출한다. 이어지는 「한 시인의 임종 찬송」(“A Poet’s Dying Hymn”)은 경건한 종교시로, 「사탄 개혁되다」가 풍자한 ‘사탄의 세력’에 대항하는 배치인 셈이다. 잡지의 구성이 지나치게 정치적인 색채에 압도되는 점을 제어하는 기고문들도 몇 편 눈에 띈다. 네 번째 꼭지의 종교시 외에도 여섯 번째 글 「미국 시론. 윌리엄 컬런 브라이언트」(“American Poetry. William Cullen Bryant”)에서 당대 미국 시인을 소개하고 있다. 여덟 번째 「패니 켐블양의 비극」(“Miss Fanny Kemble’s Tragedy”)은 ‘패니 캠블’이 지은 희곡에 대한 평론이다. 다섯 번째 자리에 들어간 「축축한 구애. 1798년 이야기」(“The Wet Wooing. A Narrative of Ninety-Eight”)는 1798년 아일랜드 독립운동 봉기에 휩쓸린 북아일랜드 지방을 배경으로 삼고 있는 역사 소설 단편이다. 마지막 꼭지 「녹티스 암브로지아나이」(“Noctes Ambrosianae”)는 『블랙우즈』 초기부터 이따금 게재되던 시사만평 대담으로, 주요 투고자들이 가명으로 등장해서 플라톤의 대화편 같은 구성 속에 정치, 문화의 쟁점들에 대한 의견을 피력한다. 위의 글들이 예시하듯, 1831년에서 1832년으로 이어진 제 1차 선거법 개정 국면에서 『블랙우즈』의 태도와 어조는 정치개혁 및 이를 뒷받침하는 이념과 정서에 대해 논평, 풍자, 조롱 등 다양한 기교들을 배합한 전면적인 반대와 저항을 선동하는 데 진력했다고 할만하다. 정치적으로 민감한 국면에서 이렇듯 정치적인 선명성을 내세우는 전략은 독자를 잃는 결과를 낳을 위험도 있었겠으나 반대로 이러한 논조에 동조하는 독자들을 결집시켜서 이들의 신뢰와 충성을 확보할 수 있다는 실리적인 계산도 편집자들은 고려했을 법하다.

하지만 19세기 영국 역사의 흐름은 『블랙우즈』의 시각에서 보면 '사탄'의 지휘를 받은 '개혁'과 '개방'의 축을 따라 움직였다. 전형적인 토리당파 지지자들은 대토지의 지주들이었다. 이들은 농사업자(farmer)들에게 토지를 빌려주고 농산물 판매 수입에서 임대료를 떼어가는 '불로소득' 계급이었다. 이들로서는 정치개혁 못지않게 값싼 농산물 수입을 막는 '곡물법'(Corn Law)을 지키는 것이 매우 중요한 정치적 의제였다. 반면에 새로 부상하는 산업자본가 세력들은 값싼 수입농산물을 통해 식료품 값을 낮추면 노동자 임금상승을 억제할 수 있다고 믿었기에, 이들로서는 곡물법이 폐기되어야 할 걸림돌이었다. 곡물법 폐기를 둘러싼 양측의 첨예한 대립은 신흥 산업 자본가들의 지지가 필요했던 휘그당으로서는 분명히 곡물법 폐기를 지지하는 쪽으로 입장이 정리되었지만, 토리당 내부에서는 이 문제를 두고 균열이 발생했다. 로버트 필(Sir Robert Peel)은 토리당 수상이지만 아일랜드에서 대규모 기근이 발생하여 숱한 아사자가 나오는 분위기에서 불가피하게 1846년 2월에 곡물법 폐기에 서명한다. 토리당이 필을 지지하는 파와 그의 개방 정책을 혐오하는 파로 양분된 상황에서 다시 권력이 휘그당에게 넘어간 국면인 1847년,[44] 『블랙우즈』의 정치적 헤게모니 및 사업 전략에도 심각한 위기가 닥쳐왔다. 둘로 갈라진 토리당파 중 어느 한쪽 편을 들다가는 상당수의 고정 독자들을 잃을 수 있었다. 이 해 10월호의 목차를 보면, 1830년대 초의 공격적인 『블랙우즈』의 모습과 비교할 때 이 잡지가 잠시 정치적 대립의 전선에서 물러서 있다는 인상을 준다.

[1] 한스 크리스티안 안데르센의 작품세계
[2] 칼리오스트로의 환상
[3] 미국에서의 '매거'
[4] 조지 2세 시대
[5] 초기 기독교 시대의 예술
[6] 초상화: 어떤 이야기. 고골리의 러시아어 판을 토마스 B. 쇼가 축약함
[7] 로마의 사냥개와 말들
[8] 노래, 델타 작, 1847년 9월 14일, 에든버러에서 달루지 백작이 인도 총독으로 가기 전 기념 만찬에서 낭독함
[9] 내 친구 네덜란드인 (62권, 1847년 10월호: 목차)

이 목차에서 10년 전 반대정파를 '사탄'의 세력으로 몰아붙이던 『블랙우즈』의 전투적인 모습은 찾아보기 힘들다. 기독교적인 가치를 예찬하는 「초기 기독교 시대의 예술」("Art in the Early Christian Ages")이 다섯 번째 자리에 들어가 있고 네 번째 글 「조지 2세 시대」("The Times of George II")에서 '휘그당'이 득세하던 18세기의 느슨한 도덕적 풍조를 비판하고 있긴 해도 현실정치에 개입하려는 권력의 의지가 이들 기고

44 Harvie, "Revolution and the Rule of Law" 455~456.

문에 담겨있다고 하기는 어렵다. 대신 서평의 형식을 빌려서 '교양'과 '고급 오락'을 제공하는 꼭지들이 다수를 차지한다. 첫 번째 기사 「한스 크리스티안 안데르센의 작품세계」("Works of Hans Christian Andersen")는 제목 그대로 본격적인 문학비평이고, 이미 소개한 네 번째와 다섯 번째 글도 해당 주제들을 다룬 서적에 대한 서평 겸 에세이이다. '오락'을 제공하는 꼭지들은 (2), (6), (7) 등이다. 먼저 두 번째 글 「칼리오스트로의 환상」("The Vision of Cagliostro")은 진기한 이탈리아 프리메이슨 신비주의자에 대한 글이고, 다섯 번째 「초상화: 어떤 이야기. 고골리의 러시아어 판을 토마스 B. 쇼가 축약함」("The Portrait: A Tale. Abridged from the Russian of Gogol. By Thomas B. Shaw")은 영국인들에게는 생소한 이국적인 러시아 작가 고골리의 작품을 번역, 축약한 것이다. 그리고 이어지는 「로마의 사냥개와 말들」("Hounds and Horses at Rome")은 전혀 풍습이 다른 이탈리아에 거주하면서도 영국식으로 말을 타고 사냥개 부리기를 즐기는 영국인들을 풍자한다(동시에 은근히 그 고집스러움을 칭찬하고 있다). 세 번째 기사 「미국에서의 '매거'」("Maga in America")는 미국에서 『블랙우즈』의 해적판이 불법으로 유통되고 있음을 개탄하고 있는 공개서한이지만, 다른 한편 대서양 반대편에서도 이 잡지가 성황리에 읽히고 있음을 자랑한다. "해적판 '매거'는 이 거대한 공화국 끝에서 끝까지 퍼져나가 있으니, 매사추세츠만(灣)의 스스로를 대견해하는 토종 미국인이나 오리건에서 고국을 그리워하는 이민자 독자에게나 똑같은 급의 즐거움을 선사해준다"(62권, 1847년 10월호: 425)는 것이다. 마지막 두 글도 직접적으로 국내 정치와의 연관성을 부각시키는 기사는 아니다. 「노래, 델타 작, 1847년 9월 14일, 에든버러에서 달루지 백작이 인도 총독으로 가기 전 기념 만찬에서 낭독함」("Song, by Delta: For the dinner given to the Earl of Dalhousie, at Edinburgh, 14th September, 1847, before his proceeding to India as governor-general")은 스코틀랜드의 토리당파 거물급 정치인 달루지 백작이 인도 식민지 총책임자로 가게 된 것을 칭송하는 시이고, 마지막 글 「내 친구 네덜란드인」("My Friend the Dutchman")은 네덜란드 귀족과 네덜란드 및 독일 역사를 다루는 논픽션 수기이다. 이와 같은 목차 및 내용을 요약하면, 『블랙우즈』가 변화하는 국내 정치·사회적 환경에 적응하는 방식은 '매거진' 전통에 담긴 시사 논평이나 '보도'의 요소는 좀 더 약화시키고 '리뷰'의 서평 형식을 보다 전면에 내세워 중산층 독자들의 지적인 '교양' 획득 요구에 부응하는 것이었다고 할 수 있다.

영국의 정권이 곡물법을 폐기한 로버트 필 계파(Peelite)와 휘그당파 손에 여전히 쥐어져있던 1857년 6월, 『블랙우즈』는 6월에 제500호를 발행한다. 이 기념호의 목차는 다음과 같다.

[1] 그걸로 무엇을 하려고 하는가?: 피시스트라투스 캑스턴 지음
[2] 신 해변 생태 연구. 제1부—실리 군도
[3] 성직생활 소묘. 제2부. 「길필 선생의 사랑 이야기」
[4] 미국인의 탐험여행.—중국과 일본
[5] 애슬링 가문, 또는 세 가지 선물
[6] 프란시스 폴그레이브 경과 그의 책들
[7] 스튜어트의 낚시 안내
[8] 맨체스터의 예술 보물 전시회
[9] 매거의 생일. 향년 500세 (81권, 1857년 6월호: 목차)

이 특별호에 포함된 글 두 편, 「신 해변 생태 연구」("New Sea-Side Studies. No. I—The Scilly Isles")와 이어지는 「성직생활 소묘. 제 2부. 길필

선생의 사랑 이야기」("Scenes of Clerical Life–No. II. 'Mr Gilfil's Love-Story'")는 각기 조지 엘리엇의 '동거인'인 조지 헨리 루이스(George Henry Lewes)와 조지 엘리엇의 연재물들이다. 이들은 아래 3장 「조지 엘리엇 만들기」에서 다시 만나보게 될 것이다. 『블랙우즈』 편집방향의 '진화'를 추적하는 본 장의 맥락에서 1857년 6월호에 대해 가장 먼저 지적할 변화상은 1847년에 비해 연재소설이 두 편, 조지 엘리엇의 「성직생활 소묘」와 다섯 번째 글 「애슬링 가문, 또는 세 가지 선물」("The Athelings; Or, the Three Gifts")이 세 번째와 다섯 번째 위치에 배치되어 있다는 점이다. 두 번째 연재소설은 『블랙우즈』의 고정 필자 중 하나였던 마가렛 올리펀트(Margaret Oliphant)의 장편소설로,[45] 조지 엘리엇의 『성직생활 소묘』 두 번째 작품과 같은 호수에 등장했다. 그 밖의 글 중에서 다수를 차지하는 것은 1847년 10월호에서 볼 수 있었던 서평과 교양 위주의 기고문들이다. 생물학을 다룬 「신 해변 생태 연구」, 동아시아 '지역학'을 제공하는 여행기 서평인 「미국인의 탐험여행.–중국과 일본」("American Explorations.–China and Japan"), 한 사학자 및 그의 업적을 다룬 여섯 번째 글 「프란시스 폴그레이브 경과 그의 책들」("Sir Francis Palgrave and His Books"), 그리고 미술비평 기사인 「맨체스터의 예술 보물 전시회」("Manchester Exhibition of Art-Treasures") 등이 모두 이 부류에 해당된다. 이밖에 (아마도 여름 호인 점을 감안하여) 여가생활과 관련된 기사인 일곱 번째 글 「스튜어트의 낚시 안내」("Stewart's Practical Angler")는 하일랜드 지방에서의 송어낚시를 다루고 있고, 첫 번째 글 「그걸로 무엇을 하려고 하는가? 피시스트라투스 캑스턴 지음」("What Will He Do With it? By Pisistratus Caxton")은 영국인들의 풍습을 유머를 섞어 묘사하는 글이다.

45 *The Victorian Web*, http://www.victorianweb.org/authors/oliphant/works.html

대체로 뚜렷한 정치색을 드러내지 않고 있는 이 기념호에서 마지막 꼭지에 500호 기념 시 「매거의 생일. 향년 500세」("Maga's Birthday. Aetatis, Five Hundred")가 실렸다. 이 시는 '매거'의 정치성과 정체성을 다시금 천명하고 있다. "태어날 때 고왔고, 지금은 아름다운 여왕"으로 '매거'를 추켜세우는 이 듣기 거북한 자화자찬 시의 중간부분은 이 여왕의 적이 누구인지를 다음과 같이 적시한다.

> 전쟁의 나팔이 우렁차게 울리자,
> '매거'가 위풍당당하게 멀리서 도래하니
> 급진파 족속들은 '매거'가 휘날리는 깃발의 용맹을 알고 있기에
> 두려움과 낙담에 빠진다.
> 그리고 휘그당파의 이방 족속들도,
> 벌벌 떨며 창백해진다 (81권, 1867년 6월호: 778).

라고 읊고 있다. 급진파(Radicals)와 휘그당파에 맞서는 처녀 용사로 '매거'를 묘사하고 있는 이 시의 호연지기에도 불구하고 "500세"에 접어든 '매거'의 나머지 콘텐츠를 보면 초기 '젊은 시절'에 비해 그 기백과 전투성이 현저히 약화된 모습을 보여준다.

그러나 『블랙우즈』의 정치성은 이 잡지의 '개성'과 불가분의 관계를 맺고 있다는 점에는 근본적으로 변화가 없었다. 1866년, '매거'를 전혀 무서워하지 않는 '급진파 족속'들이 다시 들고 일어서서 1832년 체제에서 한 단계 더 진전된 선거법 개정을 요구하는 운동을 대대적으로 벌였다. 모든 성인 남성 가장에게 선거권을 부여하자는 제2차 선거법 개정론이 고개를 들자 밑에서부터 올라오는 선거권 확대 요구 압력에 어떤 식으로건 정치인들이 호응하지 않을 수 없는 분위기가 확산된

다.[46] 아직 정치개혁 여부 및 방향이 확정되기 전인 이 해 3월, 『블랙우즈』에 수록된 글들은 아래와 같다.

[1] 어떤 종교적인 소설
[2] 브룩 포스브룩 경, 제 10부
[3] 남부동맹 독립전쟁 회고록, 제 7부
[4] 영국 중앙은행 개혁안
[5] 마조리뱅스 양, 제 13부
[6] 코닐리어스 오다우드의 남과 여 및 기타 등등에 대한 의견
[7] 현 정부와 집권당의 위치 (99권, 1866년 3월호: 목차)

첫 번째 글 「어떤 종교적인 소설」("A Religious Novel")은 미국 여성 소설가 "웨더롤 양(Miss Wetherall)"의 『오래된 투구』(*The Old Helmet*)에 대한 비판적인 서평으로, 사실주의적 신빙성이 부족한 전형적인 대중 소설의 예로 지목하여 이 소설을 질타한다. 이어지는 「브룩 포스브룩 경」("Sir Brook Fossbrooke")은 영국계 아일랜드 출신 작가 찰스 제임스 레버(Charles James Lever)의 연재 장편소설이다.[47] 세 번째 글 「남부동맹 독립전쟁 회고록」("Memoirs of the Confederate War for Independence")은 논픽션 연재물이다. 『블랙우즈』를 위시한 당대 잡지들에서 연재가 픽션에만 국한되지 않았음을 보여주는 좋은 예이다. 또한 미국 남북전쟁에서 남부에 동정적이었던 영국 보수 세력의 입장을 반영한 편집임을 미국 내전을 "남부동맹 독립전쟁"으로 지칭하는 제목만 보아도 이내

46 H. C. G. Matthew, "The Liberal Age (1851~1914)," *The Oxford Illustrated History of Britain* 470.
47 http://www.victorianweb.org/authors/lever/works.html

감지할 수 있다. 「영국 중앙은행 개혁안」("Reform of the Bank of England")은 재정과 경제에 대한 시사 논평이다. 이 두 개의 시사적인 기사에 이어서 다섯 번째 글에서 다시 연재소설이 등장한다. 「마조리뱅스 양」("Miss Marjoribanks")은 1857년 500호 기념 특집에서 만났던 마가렛 올리펀트의 연재소설로, 한 호에 무려 세 개의 내러티브 연재물(픽션 두 개, 논픽션 하나)이 들어가 있는 양상은 초기 『블랙우즈』와는 뚜렷이 다른 측면이다. 여섯 번째 글 「코닐리어스 오다우드의 남과 여 및 기타 등등에 대한 의견」("Cornelius O'Dowd upon Men and Women, and other Things in General")은 연재소설 「브룩 포스브룩 경」의 작가 찰스 레버의 만담풍 에세이이다. 익명 투고 관행 덕분에 이렇듯 한 사람이 두 꼭지에 기고를 해도 표가 나지 않았다. 이상과 같이 문화적인 수요를 채워주는 데 주로 지면을 할애한 후, 마침내 본격적인 정치적 논설을 제일 마지막에 실었다. 두 개의 픽션 및 한 개의 논픽션 연재물들로 독자의 흥미와 관심을 확보한 후에야 정치적 발언대를 마련했다. 「현 정부와 집권당의 위치」("The Position of the Government and Their Party")의 내용은 여당인 반대정파 장관들, 특히 곧이어 자유당(Liberal Party)의 정치인으로서 각종 개혁을 추진하게 될 윌리엄 글래드스턴(William Gladstone)의 "전적인 아둔함"(99권, 1866년 3월호: 402)을 조롱하고 공격하는 내용이다. 글래드스턴이 이런 욕을 먹는 것은 그가 선거법 개정안을 발의한 '주범'이기 때문이다.

『블랙우즈』의 불만에도 불구하고, 역사는 글래드스턴의 "아둔함"에 이끌리어 참정권의 확대를 위시한 개혁과 개방의 방향으로 나아갔다. 그 다음 해인 1867년, 제 2차 선거법 개정안이 통과되자, 영국의 정치판은 본격적인 '대중정치'의 시대로 진입했다. 1832년 선거법 개정 이후 성인남성의 20% 정도가 투표권을 갖게 되었었다. 개혁이라면 개혁이지만 여전히 극히 제한적인 '민주주의'였다. 그러나 1867년 선거법 개정으로 성인 남성 인구의 60%로 이 비율이 증가했다. 다시 1884년에 제3차 선거법 개정을 통해 지금까지 줄곧 배제되었던 농촌지역 남성 노동자들까지 선거권을 얻으니, 성인 남성 중 70%가 투표권을 얻게 된다.[48] 그야말로 보수 세력이 보기에는 '끔직한' 형편으로 변하기 직전인 1884년 4월에도 『블랙우즈』는 여전히 '개성'을 지키고 있었나? 이 잡지는 1866년 3월호와 유사하게 연재물들로 독자층을 붙잡아 놓은 후, 마지막 꼭지에서 선거법을 입안하고 추진하는 글래드스턴 수상을 예전처럼 맹렬히 공격하고 있다. 기사들의 목록은 다음과 같다.

[1] 프랑스에서의 예술의 현황
[2] 스페인령 온두라스를 횡단하는 한 숙녀의 기마 여행. 제 4부
[3] 내 서재에서 보낸 한가한 시간
[4] 아기의 할머니. 제 7부
[5] 낭비해버린 내 젊은 날
[6] 부르고네프. 제 2부
[7] 예언자의 자식들: 가톨릭 신앙을 대표하는 두 인물
[8] 글래드스턴 씨의 유해한 법안 (135권, 1884년 4월호: 목차)

이중 연재물은 총 세 편으로, 두 번째 글 「스페인령 온두라스를 횡단하는 한 숙녀의 기마 여행」("A Lady's Ride across Spanish Honduras")은 논픽션 기행문, 네 번째 글 「아기의 할머니」("The Baby's Godmother")는 장편소설, 여섯 번째에 들어간 「부르고네프」("Burgonef")는 중편 규모의

48 H. C. G. Matthew, "The Liberal Age (1851~1914)" 497.

연재소설이다. 이처럼 내러티브 형태의 연재물을 세 꼭지 유지하는 모습은 1866년과 크게 차이가 없다. 첫 번째 기사 「프랑스에서의 예술의 현황」(“The State of Art in France”)은 프랑스의 새로운 미술경향을 소개하고 비판하는 글이고, 「낭비해버린 내 젊은 날」(“My Wasted Youth”)은 신작시로 맨 끝에 “E. R. 채프먼(Chapman)”으로 지은이 서명이 들어가 있다. 끝에서 두 번째 글 「예언자의 자식들: 가톨릭 신앙을 대표하는 두 인물」(“The Songs of Prophets: Two Representatives of the Catholic Faith”)은 가톨릭교도로 개종한 추기경 뉴먼(Cardinal Newman)을 포함한 두 인물의 전기에 대한 서평이다. 19세기 초만 해도 종교와 종파 문제는 정치적인 담론과 깊이 연결되었었지만 1880년대에는 국가 교회(Church of England)가 이미 상당히 약화되어 있었기에 이 기사의 정치적 의의는 크다고 할 수 없다. 그렇긴 해도 근대산업사회를 거부하고 ‘중세’ 신앙으로 돌아간 이들에 대해 서평은 대체로 동정적인 시각을 갖고 있다는 점에서 ‘개혁’과 ‘진보’ 세력에 대한 거부감을 깔고 있기는 하다. 또한 「내 서재에서 보낸 한가한 시간」(“An Idle Hour in my Study”)은 여담을 담은 글처럼 제목을 달았지만, 개혁과 평등으로 흘러가는 시대 분위기에 대한 불평을 간간히 토로한다. 그러나 본격적인 정치비평인 「글래드스턴 씨의 유해한 법안」(“Mr Gladstone’s Bad Paper”)은 제일 마지막에 등장한다는 점에서 『블랙우즈』의 정치적 보수주의는 잡지의 ‘성격’을 결정짓는 요인이긴 하지만 잡지의 초기보다는 훨씬 더 그 기세가 꺾여 있다고 할 수 있다. ‘매거’의 ‘개성’이 남아있기는 해도 세월의 변화에 전혀 영향을 받지 않은 것은 아니었다. 본격적인 정치평론의 비중이 줄어들고, 그 자리에 연재물이나 ‘문화와 교양’ 관련 꼭지들이 늘어나는 경향이 19세기 중반 및 후반기 『블랙우즈』의 일반적인 특징이다. 『블랙우즈』 및 경쟁 잡지들이 문화와 문학 연재물들에 의존하는 정도가 컸다는 사실은 뒤에서 다룰 조지 엘리엇이나 조셉 콘라드 같은 소설가들에게는 매우 유리한 조건이었다.

이 장을 시작하며 인용한 제1,000호 기념호는 뒤에 6장, 「조셉 콘라드 끼어주기」에서 상세히 살펴볼 것이다. 목차를 검토하는 차원에서 『블랙우즈』의 '개성'을 가늠하는 것은 이 정도로 충분할 것이다. 이제 이 잡지에 실린 기사들에 담긴 발언들을 몇 가지 추출하여, 이 잡지의 '개성'을 좀 더 구체화해보기로 하자.

3. 『블랙우즈』의 발언

위에서 목차를 검토하며 지적한대로 『블랙우즈』는 19세기에 점차 확대된 선거권과 대중민주주의의 도래에 대해 일관되게 거부하는 자세를 견지했다. 그 논리와 수사의 전형적인 모습은 1832년 4월호, 「영국의 미래 전망」("The Prospects of Britain")의 다음과 같은 대목에서 만나볼 수 있다.

> 하원이 제 멋대로 하도록 그대로 놓아두는 것도 충분히 위험한 일이지만, 하원이 제멋대로 굴 처지도 못 된다. 왜냐하면 새로운 체제 하에서는 하원이 상원에 대해서는 너무 힘이 강해지지만, 유권자들에 대해서는 이전보다 훨씬 더 약해질 것이기 때문이다. 하원 스스로 자신의 유혹을 억제하지 못할 터에, 게다가 설사 억제한다고 해도 주인 행세하는 대중(popular masters)을 어떻게 저항할 수 있겠는가? 유권자들은 이제 하나의 계급처럼 행동할 것이니, 이들은 국회의원의 미덕으로는 오로지 한 가지만, 자신들의 희망에 복종하는 미덕만을 사줄 것이다. [……] 새로운 입법

부의 지나친 권력보다도, 이들이 투표자 집단에 의존해서 권력을 유지하는 형국에서, 투표자 집단을 재편하는 것이 우리의 자유권(liberties)에 천배 이상 위협이 될 것이다(31권, 1832년 4월호: 587).

'자유'를 셀 수 없는 추상명사 'liberty'가 아니라 복수형 'liberties'로 사용하는 용법에서 이 말은 소유권을 필두로 한 각종 권리와 특권을 의미한다. 이러한 '자유권'은 중세부터 내려온 "오래된 헌법"(ancient constitution)(586)이 보호해 온 것이라는 영국 보수 세력의 논리를 필자는 전개한다. 선거법 개정으로 유권자들의 수와 분포가 늘어남과 동시에 이들의 입김이 강력해지는 것을 우려하는 이 글이 대변하는 것은 '자유권'에 대한 도전을 우려하는 기득권 세력의 목소리임을 숨기지 않는다. 새로운 선거법에 의해 구성되는 의회에 대해 위와 같은 우려를 표명하는 것은 이제껏 의회란 기득권 세력의 '자유권'을 보호해주는 것이 사실상의 존재이유였음을 인정하는 일이다. 잡지 편집인의 적극 지원을 받아 이 글을 쓰는 필자는 '자유권'을 누리는 자신들이 실질적으로 "주인"이던 상황에서 새로 투표권을 얻어 "주인 행세하는 대중"의 눈치를 보는 구도로 변하는 개혁을 당연히 거부한다. 또한 새로운 유권자 집단이 하나의 "계급"을 형성하리라는 우려는, 기득권 세력이 양당정치의 틀과 상관없이 사실상 늘 "하나의 계급처럼 행동"해왔음을 암묵적으로 시인한다. 기득권 계급과 대중 계급 간의 경쟁과 대립에 있어서 『블랙우즈』는 서슴없이 전자의 편을 든다.

하지만 『블랙우즈』가 극우파 혁명을 선동하는 과격 정치집단의 기관지는 아니다. 그 자체가 인쇄물 시장에서 다른 경쟁자들을 밀쳐내고 상품으로 팔려야 하는 처지이다. 다시 말해 상업적인 인쇄물 상품으로서 『블랙우즈』는 그 어떤 잡지나 마찬가지로 구매자이자 구독자로서

"주인 행세하는 대중"을 무시할 수 없다. 독자 대중이 듣고 싶은 말을 들려줘야 하는 상업 잡지가 "영국의 미래 전망"을 마냥 비관적인 색채로만 덧칠해 놓을 수는 없는 노릇이다. 철도 개발 등 근대산업사회로의 변화가 가시적으로 느껴지기 시작하던 1843년,[49] 『블랙우즈』가 제시하는 영국의 "전망"은 (선거권 확대에도 불구하고) 사뭇 밝다. 1843년 1월호, 「1843년 신년 벽두의 대영국」("Great Britain at the Commencement of the Year 1843")은 이렇게 선언한다.

> 영국은 이 순간, 이제껏 자신의 역사나 아니면 고금의 역사에서 유례가 없는 중책을 맡은 위치에 서 있다. 이 주장을 누구건, 잉글랜드와 우방이거나 적대관계이거나 아니면 별 상관없는 나라 사람이건 의심하고 싶은 자가 있다면, 세계 지도를 한번 훑어보기를, 이 작은 섬(마치 유럽 대륙에서 한 조각을 잘라내 놓은 것처럼 생각될 법한데)의 동으로 서로, 아니 전 세계에 걸쳐 우리의 수하에 있는 엄청난 영토들을 둘러보기를 바란다(53권, 1843년 1월호: 1).

재산권의 자유로운 행사가 핵심인 '자유권' 수호 다음으로 『블랙우즈』가 중시하는 것은 다름 아닌 제국이다. "동으로 서로, 아니 전 세계에 걸쳐 우리의 수하에 있는 엄청난 영토"로부터 잉글랜드는 물론이요 『블랙우즈』의 본거지인 에든버러와 스코틀랜드도 적지 않게 이득을 취하고 있었기에,[50] 제목에서도 "잉글랜드"가 아니라 잉글랜드와 스코

---

49 Harvie, "Revolution and the Rule of Law" 452~455.

50 Niall Ferguson, *Empire: How Britain Made the Modern World* (London: Penguin, 2003) 39~40. 위에서 소개한 1847년 10월호 목차의 8번째 글, 「노래, 델타 작, 1847년 9월 14일, 에든버러에서 달루지 백작이 인도 총독으로 가기 전 기념 만찬에서 낭독함」도 제국 관리에 스코틀랜드인들이 적극적으로 참여했을 뿐더러 스코틀랜드인들이 제국주의를 적극

틀랜드를 합쳤을 때 사용하는 이름인 "대영국"(Great Britain, 이하에서는 꼭 필요한 경우가 아니면 그냥 '영국'으로 옮길 것이다)을 사용하고 있다. 『블랙우즈』가 대변하는 스코틀랜드 토리당파의 이념에서 '제국'이 차지하는 비중이 워낙 크기에 이 문제는 2장, 「『블랙우즈』에서 바라본 세계」에서 별도로 다룰 것이다. 잉글랜드와 스코틀랜드가 손을 마주잡고 "위풍당당"하게 제국 경영의 "중책"을 맡고 있다는 이 주장은 『블랙우즈』가 바라본 '대영국'의 모습을 명료하게 요약해준다.

그런데 잉글랜드가 주도하지만 스코틀랜드가 가세하는 연합전선에서 상대적으로 끼어주기가 거북하거나 걸림돌이 되는 민족들이 있다. 같은 영국 섬에 사는 웨일스인들과 옆에 있는 아일랜드 섬에 사는 자들이 바로 이들이다. 이 소수 인종집단들을 어떻게 규정하고 관리할 것인가? 이들을 정복하고 지배해온 잉글랜드의 보수 세력이라면 손쉽게 이들을 타자화하여 열등한 집단으로 간주하면 그만이다. 반면에 스코틀랜드 토리주의의 입장은 좀 더 복잡하다. 스코틀랜드의 하일랜드(Highlands) 지방은 웨일스인들이나 아일랜드인들과 마찬가지로 같은 켈트(Celt) 계열 인종이고 토착 언어도 같은 켈트어 계열이다. 에든버러가 위치한 로우랜드(Lowlands)는 앵글로 색슨 계열 언어를 사용하고 인종적으로도 앵글로 색슨 피가 많이 섞여 있긴 하지만, 1707년에 의회가 잉글랜드 의회와 통합되기 전까지 에든버러는 오랜 세월 독립을 유지해온 독립국가의 수도였다. 그렇긴 해도 잉글랜드와 그야말로 같은 '배'를 타고 세계를 지배하고 있는 입장에서 스코틀랜드의 기득권 세력으로서는 웨일스나 아일랜드에 대한 잉글랜드인들의 시각에 동조할 수밖에 없다. 먼저 웨일스에 대한 기사인 「웨일스에서의 교육」

환영했음을 잘 보여주는 증거이다.

("Education in Wales")이란 글을 살펴보자. 논지는 단순하고 또한 명료하다. 웨일스인들은 같은 영국 섬에 살긴 해도 '교육'과 '교화'가 절실히 필요한 열등한 인종들이라는 것이다. 이들의 나쁜 관습으로 세 가지를 들고 있다. 첫째는 "정조개념의 부재"로 "결혼 전에 이 문제에 대해 일반 평민들이 매우 느슨한 관념을 갖고 있음"(63권, 1848년 5월호: 556)을 지적한다. 둘째는 "이 땅 전체에서 관찰할 수 있는 바, 진실과 정직성의 결핍"(557)이다. 세 번째는, "극심하게 더럽고 지저분한" 생활방식으로, 이것이 "웨일스 사방에서 발견되는 해악임을 우리는 잘 알고 있다"고 확언한다. 이어지는 묘사는 다음과 같다.

> 웨일스의 도시나 시골 그 어디든 가 보면, 집들과 거기 사는 사람들의 남루한 행색이 눈에 들어온다. 이들의 농장이나 농가를 방문해 보면 인간과 가축이 오물덩이 속에서 가련하게 같이 뒹굴고 있음을 볼 것이니 그런 광경이 우리의 주장이 진실임을 증언하게 될 것이다. 이들에게는 질서나 개선의 정신이 전혀 발견되지 않는다. 무슨 일이건 가급적 당장의 수고를 최소화하자는 것이 대원칙이다. 만약 웨일스가 나폴리처럼 축복 받은 기후였다면 이들은 하나 같이 예외 없이 완전히 거지로 살았을 정도로, 이들은 타고난 게으름과 지저분함을 사랑하는 기질에 있어서 아일랜드인들 수준에 근접한다(559).

이 기사는 객관적 사실을 보도하겠다는 취지는 아예 내려놓고 비난과 오명을 덧씌우는 타자화에 진력한다. 물론 상황이 이렇듯 열악하니 어서 '교육'과 '개명'을 해야 한다는 결론을 유도하려는 수사적 전략이라고 할 수 있지만, 한 민족 전체를 가축 오물덩이 속에서 뒹구는 더러운 게으름뱅이들로 묘사했으니, 그러한 시각은 이들을 인간으로 대우

하며 '교육'시키려는 동정적 관심과는 거리가 멀다. 이러한 희화화와 과장법은 웨일스인들을 상대적으로 자주 접할 법한 잉글랜드 독자들에게는 괜찮은 오락이 될 것이다. 반면에 웨일스에서 멀리 떨어진 스코틀랜드인들은 좀 더 유보적인 반응을 보일 수 있겠지만, 웨일스인들을 조롱하므로 잉글랜드-스코틀랜드 연맹을 강화해주는 효과에 대해서는 거부감이 없을 것이다.

웨일스는 일찍이 14세기에 잉글랜드의 속국으로 종속되었기에, 그 무슨 모욕적인 언사를 들어도 대들 기세가 꺾인 지 오래된 민족으로 간주하며 무시할 수 있었다. 반면에 아일랜드의 정복은 잉글랜드와 스코틀랜드 역사와 복잡하게 연루되어 있는, 19세기 중반에도 각종 말썽을 일으키는 현재 진행형 과제였다. 아일랜드가 영국 연합왕국에 완전히 편입된 19세기, 아일랜드 선거구에서 선출된 의원들은 영국 의회에 들어와 있었고, 영국 의회는 아일랜드를 직접 관리해야 하는 책임을 떠맡고 있었다. 영국 본국은 한참 산업화와 경제팽창의 혜택을 맛보고 있던 중, 생계형 농업경제를 벗어나지 못한 아일랜드에서는 대규모 기근 사태가 벌어진다. 농민들의 주식인 감자가 병충해를 맞아 파괴되자, 숱한 농민들이 기아와 전염병으로 쓰러지고, 또한 수많은 서민들이 기아의 공포에 떨며 떼를 지어 이민 가는 배에 올라타는 비극적 상황이 몇 년간에 걸쳐 전개되었다.[51] 사태의 심각성을 영국 본토에서도 인정하지 않을 수 없던 시점인 1848년 1월, 「삼십년간 이어진 자유주의 입법」("Thirty Years of Liberal Legislation")이라는 기사에서, 그간

51 아일랜드 대기근(Great Famine)에 대해서는 R. F. Foster, *Modern Ireland, 1600~1972* (London: Penguin, 1988) 318~325 참조. Foster에 의하면, 대기근 기간인 1845년에서 1851년 사이, 질병, 기근, 이민 등으로 아일랜드 인구 중 2,225,000명(기근 전 인구는 8,200,000 규모였다)이 사라졌다(323)

권력을 잡았던 자유주의자들의 잘못 중에는 아일랜드인들을 너무 '관대하게' 대우한 것도 포함된다며, 다음과 같이 비난하고 있다.

> [……] 영국의 관대함은, 역경의 계절이 다가오자, 굶주리는 아일랜드인들에 대한 유례없이 너그러운 지원으로 표현되었다. 반면에 하일랜드 사람들도 감자 작황실패로 똑같은 곤경을 겪고 있었으나, 늘 멈추지 않는 영국인들의 민간 자선의 혜택을 **전혀** 보지 못했다. 하지만 아일랜드는 자선의 몫을 다 챙겨갈 뿐 아니라 거기에 추가해서 1천만 파운드의 **국가** 지원금을 받았는데, 이중에서 무려 8백만 파운드는 영국 정부가 빚을 내서 만든 돈이다.
>
> 그 결과는 무엇인가? 자유주의 정책 덕에 범죄가 줄어들었고 생산력이 증진되었고 문명화에 진전이 있었던가? 영국 정부에 대한 애착심이 더 널리 퍼졌고 이들을 너그럽게 대해주고 필요한 바들을 선례를 찾아보기 어려울 정도로 넉넉하게 채워주자 외지인에 대한 증오심이 사라졌는가? 사실을 보면, 수치스럽고 고통스럽게도 이와는 정반대이다. 색슨[영국인]을 향한 증오심이 그토록 널리 퍼졌거나 강렬했던 적이 없었고, 나태함과 무모함이 그토록 온데 사방에 퍼져있던 적이 없었으며, 궁핍도 그토록 온 곳에 퍼진 적이 없었고, 생명과 번영이 그토록 불확실한 적이 없었을 정도이니, 이렇게 오랫동안 양보만 해주고, 유례없이 민간과 국가의 자선 조치들을 취한 결과가 그 지경인 것이다(63권, 1848년 1월호: 3).

이 글은 고마워할 줄 모르는 아일랜드 식민지 백성들에게 관대한 '퍼주기 정책'을 편 끝에 결국 사태만 더 악화시켰고 전혀 영국인에 대해 호의적인 분위기로 전환시키지 못했다며 정책의 실패를 비판한다. 그러나 그 과정에서 "나태함," "무모함" 등, 앞서 웨일스인들의 '민족성'을 규정하던 상투적 표현들이 동원되고 있다. 과연 이 기사의 주장대로 영국정부는 지나치게 관대했으며 기아문제를 해결하려고 민관이 발 벗고 나섰던가? 그야말로 "사실을 보면 수치스럽고 고통스럽게도 이와는 정반대"이다. 민간 자선과 구제활동, 특히 퀘이커(Quaker) 교도들의 구제활동은 눈에 띄는 성과를 내기도 했으나, 자유 시장 논리를 철저히 신봉하는 휘그 정부 당국자들 간에는 차제에 아일랜드의 '잉여인구'를 정리하고 농업경제를 개혁하여 "나태함"과 "궁핍"을 척결하자는 시각이 지배적이었다. 그 결과, 영국 정부가 한 일이 전혀 없는 것은 아니나 구빈과 전염병 치료에 적극적이고 효과적으로 개입하지는 않았다.[52] 『블랙우즈 에든버러 매거진』의 논평답게 같은 스코틀랜드인들인 하일랜드 사람들보다 아일랜드인들에게 국가가 더 배려해줬다는 불평도 한 몫을 차지하긴 했겠지만, 아일랜드 사람들에 대한 최소한의 양보와 관심마저도 (정부의 개입을 과장해 가며) 비난하고 있는 이 글은 이성적이거나 냉정한 시사평론이라고 하기 어렵다. 그러나 인용문은 대체로 반대정파인 자유주의자들이 아일랜드에 대해 유화책을 펼쳤던 반면, 『블랙우즈』 측 정파인 토리당은 아일랜드를 필두로 모든 식민지에 대한 엄격한 통치를 주장했다는 점에서는 『블랙우즈』 고정 독자들로서는 박수칠만한 발언이기는 하다. 1866년 2차 선거법 개정안이 쟁점이 되던 국면에서 풍자시, 「솔즈베리 평야의 의회」("The Parliament of Salisbury Plain")는 선거법 개혁안을 비난하며 "수백만 명 아일랜드 무리들이 남루한 옷차림으로" 영국 정치판에 끼어들어 "족쇄를 걷어차고는 겁도 없이 목표를 달성할 것"이라고 읊었다(99권, 1866년 1월호: 128). 이런 구절은 이들에게 채워놓은 "족쇄"가 행여나 풀릴까 우려하는 시각을 드러낸다. 토리당 보수주의를 대변하는 『블랙우즈』

---

52 Foster, *Modern Ireland, 1600~1972*, 327~328.

는 상대방 정파를 '친 아일랜드 파'로 몰아 부치는 정치 수사의 전통을 적극 수용하고 유포하며, 또한 영국 내 비주류 민족을 대표하는 아일랜드인의 "남루한 옷차림"을 조롱하며, 주류 민족들의 집단적 편견을 부추긴다.

대영국 연합왕국을 구성하는 민족 간의 우열을 가르고 이편과 저편을 가르는 정치담론은 근세 초기부터 면면히 이어진 영국 보수 세력의 오래된 전략이었다. 그런데 산업사회로 전환하던 19세기 중반에는 공장 노동자 계층의 부상으로 지금까지 선례가 없던 전혀 새로운 정치 지형도가 형성되고 있었다. 노동(자) 문제에 대한 『블랙우즈』의 시각은 어떠할까? 물론 '보수적'이라고 결론을 낼 수 있다. 그러나 이때의 '보수성'은 토리 계열 『블랙우즈』가 공격하는 '자유주의' 진영의 큰 비중을 차지하는 세력이 산업자본의 소유자들이었기에, 좀 더 복합적인 색채를 띤다. 이 문제를 가늠해 보기 위해, 1856년 2월호의 「공공 강연–워런 씨의 노동문제 론」("Public Lectures – Mr Warren on Labour")을 검토해 보자. 이 글은 강연록을 묶어 낸 책에 대한 서평의 형식을 취한 글이지만, 산업사회 문제에 대한 직접적인 논평이 자주 등장한다. 이중 한 대목을 보면 다음과 같다.

> 사주들과 피고용자, 이 중 어떤 쪽이 더 비난받아야 하는지는 말하기 쉽지 않다. 노동 대중들 쪽의 경솔한 씀씀이가 이들을 파업으로 유도하며, "궁할 때"에 대처할 잉여를 전혀 남겨두지 않기 때문에 파업 중에도 처지를 더 악화시키는 반면에 [……] 공장 사주들 측도 자기들의 일꾼들이 받을 임금과 일자리를 불필요하게 위태롭게 만든다는 점에서 경솔한 투기꾼 심보를 부리는 것은 아닌지 살펴볼 일이다.
>
> 사주들과 피고용자들이 서로 상대방에 대항하여 담합하는 것, 이것이

오늘날 야만적인 관행이 되어 버렸다. 다른 나라와의 전쟁도 중재를 통해 완전히 방지할 수 있다고 믿는 사람들이 자신들의 같은 형제 동포들과는 내전과 같은 분쟁을 지속하니, 이 전쟁에서는 중재의 원칙을 인정하기는 커녕, 둘 중 한쪽이 전투에 지쳐 완전히 쓰러질 때까지 계속 싸우는 것이 관례가 아닌가! 얼마 전까지만 해도 파업 시 일꾼들이 담합하는 양태가 극히 야수적이고 극악무도한 성격을 띠었었다. 최근 들어서는 독기를 덜 내뿜는 경향이기는 하지만 여전히 노동조합이 해당 업종의 개인 구성원들에게 행사하는 폭정은 가장 심한 독재 정부에서나 볼 수 있을 정도로 극심하다.

하지만 고용주와 피고용인들 사이의 이 처절한 분쟁을 야기하는 주된 원인은 무지가 아니라, 우리의 속성에 가장 강력하게 도사리고 있는 열정, 즉 이기심이다. 그리고 우리의 노동 계층들을 교육시키려는 온갖 노력을 들이는 것과 병행해서 우리는 이들의 도덕적 속성을 함양시키는 데 더 열심히 노력해야 할 것이며, 상호 존중과 배려의 자세를 높은 자들이나 낮은 자들이나 공히 견지하도록 해야 할 것이다(79권, 1856년 2월호: 175~176).

이 기사의 논조는 노사 양쪽을 비판하는 양비론을 피는 쪽에 가깝다고 할 수 있다. 노사가 일체 협상의 여지를 배제한 채 극한 대치로 치닫는 모습을 탓하고 있지만 동시에 사용자 측의 "경솔한 투기꾼 심보"를 지적하고 있으며, "상호 존중과 배려의 자세"를 "높은 자들이나 낮은 자들" 모두에게 주문하고 있다는 점 등이 그러하다. 이런 면에서 무조건 '시장논리'에 의거해서 사용자들에게 면죄부를 주며 무지한 노동자들을 비난하는 자유주의 논리와는 다르다. 특히 경제의 문제를 탈도덕적인 '경제학'의 영역에 가둬두지 않고 "도덕적 속성"과 "이기심," "경솔함" 등의 도덕과 인성의 문제 파악하고, 또한 "같은 형제 동포들"의 국가 구성원으로서의 책임의 문제도 거론한다는 점에서, 『블랙우즈』가 지지하는 19세기 영국의 '토리 보수주의'는 흔히 오늘날 생각하는 신자유주의적 보수주의와는 다르다. 물론 비난의 무게는 노동자 쪽으로 더 기울긴 한다. 이들의 "극악무도한" 담합과 경솔함, 노동조합의 폭정을 적시한 데 반해, 사용자측의 잘못을 명시적으로 분석하는 데는 주저하고 있기에, 체제안정을 바라는 일반적인 '보수주의'의 틀을 크게 벗어나지는 않는다. 그렇긴 해도 이 잡지와 이 글이 따르는 '토리 보수주의'는 산업사회로 이행하며 새롭게 형성된 노사 간 계층 충돌의 전선에서 제 3자 중재자와 심판관의 역할을 맡으며 '상호존중'의 가치를 상기시키려는 의도를 표명하는 제스처를 취한다.

그러나 『블랙우즈』는 노동자들의 어려움에 대하여 어느 정도 동정을 할 수 있을지 모르지만, 이들을 비롯한 다수 민중이 정치세력으로 진화하여 기득권에 도전하는 것에는 극렬히 반대했다. 이미 살펴본 선거법 개혁을 비난하는 기사들 외에도, 1866년 2차 선거법 개정 논란이 한참이던 무렵에 당시의 가장 대표적인 진보적 개혁론자이자 하원의원이던 존 스튜어트 밀(John Stuart Mill)을 이 잡지는 집요하게 공격했다. 그런데, 위에 인용한 노동자의 "도덕적 속성을 함양"하자는 사회교육론은 다름 아닌 밀의 『정치경제 원리』(*Principles of Political Economy*)에서 개진한 주장이다. 밀은 노동계급의 미래가 개선되리라 기대하며, 그 근거로 신문 등 인쇄매체나 강연, 토론 등의 형태로 진행되는 노동계층의 "자발적인 교육" 덕에 이들의 의식 수준이 "엄청나게 개선"되고 있다는 사실을 들고 있다.[53] 하지만 그러던 밀이 이제 노동자들을

53 John Stuart Mill, *Principles of Political Economy, Books III-V* (Toronto: University of Toronto Press, 1965) 763

포함해서 모든 성인남성들에게 선거권을 부여하자는 개혁세력의 기수로 나서자 『블랙우즈』는 그의 철학 자체를 전면적으로 공격하기 시작한다. 1866년 1월호에는 밀의 인식론을 공격하는 「외부 세계에 대한 우리의 믿음에 대한 J. S. 밀의 주장」(“J. S. Mill on our Belief in the External World”)(99권, 1866년 1월호: 20~44)을 실어서 밀의 철학 관련 저서들을 신랄하게 비판하더니, 다음 달 2월호에는 「정신과 물질에 대한 스튜어트 밀의 주장: 신작시」(“Stuart Mill on Mind and Matter: A New Song”)(1866년 2월호: 257~258)라는 풍자시를 올리고, 다시 5월 호에 「버리던의 당나귀, 또는 자유와 필연에 대하여」(“Buridan’s Ass; or, Liberty and Necessity”)(1866년 4월호: 614~615)라는 풍자시로 계속 밀을 조롱했다. 이 잡지의 전략은 개혁론자 밀이 사실은 황당한 궤변론자라는 인상을 심어주려는 것임을 알 수 있다. 물론 고도로 정교한 논리의 대가 밀은 이렇게 풍자시로 제압할 수 있는 상대는 아니나, 보편선거를 주장하는 이 철학자겸 정치인을 폄하하는 것이 본인들의 전략에 유익하다고 판단했다. 1866년 전반부, 『블랙우즈』는 1월부터 6월까지, 매 호에 개혁 법안을 공격하는 논평과 풍자시를 실었다.[54] 이들의 요구는 4월호에 등장한 「현 정부의 형편」(“The Condition of the Government”)이 단도직입적으로 표명한 대로, “이 달 중반에” 총선을 실시하여, “지금까지 기억할 수 있는 정부 중에서 가장 취약한 이 내각이 권력 임차 기간을 조금 더 늘려보려는” 수작에 불과한 이 “저급한 법안”을 어서 폐기하고, 정권을 갈아치우자는

54 1866년 1월 호의 풍자시 “The Parliament of Salisbury Plain: A New Song,” 2월 호의 논평 “What Will the Government Do?,” 같은 해 3월 호의 논평 “The Position of the Government and Their Party,” 4월 호의 논평 “The Condition of the Government” 및 글래드스턴을 조롱하는 풍자시 “A Comparison,” 5월 호의 논평 “The Reform Bill” 및 풍자시 “The Abacus Politicus; or, Universal Suffrage Made Safe and Easy,” 6월 호의 논평 “The Political Crisis” 및 풍자시 “The Permissive Bill; A New Song” 등이 여기에 해당된다.

것이다(1866년 4월호: 541~542). 이러한 위급한 상황에서 굳이 밀의 복잡한 철학 이론을 공격하는 데 지면을 할애한 이유는 오로지 그가 보편선거권을 주장하는 공적인 목소리로 부상해 있었기 때문이다. 1860년만 해도, 「개혁법안과 토리당」("The Reform Bill and the Tory Party")에서 "하층 계급에 대한 동정심이 부족하다고 비난하기는 어려운" 밀이 보편선거를 거부한 '자기 편' 지식인이라고 과감히 '오해'하던 이 잡지는(1860년 6월호: 127) 밀의 입장을 더는 오해하기 어려운 상황이 되자, 그를 공격 대상에 포함시킨 것이다.[55]

하지만 1866에서 1867년의 '위기 상황'은 이 "저급한 법안"의 승리와 그에 근거한 새로운 정치 질서의 출범으로 귀착되었다. 『블랙우즈』가 19세기 중반부의 연재물 위주의 '상업적' 편집방향을 일시 접고 잡지 초기의 과격한 정치성을 이 시기에 전면에 내세운 것은 정치개혁 그 자체를 문제 삼을 뿐더러 그 이면에 깔린 사회, 경제, 문화적 위계질서를 위협하는 급진적 평등주의를 혐오하고 두려워한 까닭이다. 이 잡지 및 애독자들의 복잡한 심경을 토로하고픈 심리적 요구 때문인지 이 무렵에는 논설문뿐 아니라 풍자시들이 자주 등장하곤 했다. 이중 하나는 「그래도 사람은 사람이다」("A Man's a Man for a' That")라는, 인간의 평등과 보편적인 존엄성을 노래한 스코틀랜드의 대표 시인 로버트 번스(Robert Burns)의 시의 "새 버전"으로, 여기에는 다음과 같은 시행들

55 1860년에 출간된 J. S. 밀의 『대의정치론』(*Representative Government*)은 '다수'의 횡포를 민주주의의 약점으로 지적하지만, 그것을 해결하고 최소화할 최선의 방법은 선거권 제한이 아니라 민주주의의 확대임을 역설한다. 즉, 모든 사람이 각자 '개인'으로서 양심에 따라 비밀투표를 할 때, 집단과 정파, 계급의 권력 독점을 막을 수 있다는 것이 밀의 1860년 및 이후의 일관된 입장이었다. J. S. Mill, Geraint Williams ed., *Representative Government, Utilitarianism, On Liberty, Considerations on Representative Government, Remarks on Bentham's Philosophy* (London: Everyman, 1993) 297~300. 1860년 6월 호 논평에서 『블랙우즈』는 이러한 밀의 논리를 단순화시켜 아전인수 격으로 해석하고 있다.

이 담겨 있다.

> 매일 제 할 일은 피하고서도
> 임금이며 뭐며 다 달라는 막되 먹은 놈을,
> 아니면 밥벌이를 할 수 있는데도 구걸이나 하는 놈을,
> 그래도 사람이라고 할 수 있겠나.
> [……]
> 사람이 큰 재산을 소유했다고 해도,
> 궁정이며 공원이며 다 가졌다고 해도,
> 그것도 잘 태어난 덕이 아니라 정직의 보상인,
> 그런 사람도 세 배 이상 사람이다(1866년 6월호: 770).

이 시의 문학적 가치가 높다고 할 수 없겠지만, 가진 자의 입장을 극명히 대변하는 정치적 가치는 인정해줄 만하다. 결국 문제는 "매일 제 할일," 즉 임금노동이나 하며 밥벌이 하느라 정신이 없어야 할 '아랫것'들에 비해, "큰 재산"을 소유한 사람들이 "세 배 이상"의 대접을 받아야 마땅하건만, 똑같이 한 표를 행사하고 똑같은 급의 사람이라고 주장하니, 도저히 참아줄 수 없었던 것이다. 1884년, 다시금 또 이들 "세 배 이상 사람"의 기득권이 뒤흔들리는 국면이 펼쳐지자, 위에서 소개한 「내 서재에서 보낸 한가한 시간」("An Idle Hour in My Study")은 서재에서 소일하는 한가함을 즐기는 와중에도 선거법 개혁 운운하는 무산자들의 목소리가 커지는 바깥 세상에 대한 우려를 다음과 같이 표명한다.

> 현재 이 나라의 분위기의 밑바탕에는 한 가지 생각이 도사리고 있는데, 이는 아마도 일하는 인구 열 명 중 아홉이 하고 있는 생각일 것이다.

즉, 법과 헌법을 바꿔놓으면 모든 사람이 부자가 되리라는 (아무튼 '가난하다'고 할 수 있는 처지보다는 나아질 것이라는) 생각이 그것이다. [……] 모든 사람이 제출될 개정안들에 대해 한 마디씩 하기를 원한다. 새 법안들은 뭔가 놀랍게도 유익한 결과들을 낳을 것이라고들 한다. 이 결과들이 무엇이며, 정확히 어떤 경로를 통해 그런 결과들을 얻어낼 지는, 내 생각엔 그 어떤 사람도 설명하려 노력한 바 없다. 형평성을 무시한 무슨 과격한 변화를 의도하고들 있고, 이것은 특정 개인이나 특정 계층에게 잔혹하게 부과될 것이라고 나는 믿는다. 하지만 나는 이것이 그 어떤 다수의 사람들을 더 부유하게 만들거나 부를 골고루 분배하는 결과를 낳을 것이라고는 믿지 않는다(135권, 1884년 4월호: 483).

선거권을 달라며 아우성치는 대중들은 결국 그를 통해 '부자가 되리라는' 근거 없는 기대에 속고 있을 뿐이라는 이와 같은 주장은 표면적으로 이들의 허황된 '탐욕'을 비꼬고 있지만, 동시에 이미 부를 (저택의 서재에서 한가히 지내며) 누리는 "특정 개인이나 특정 계층"의 재산과 특권을 혹시라도 "잔혹하게" "분배하는 결과를 낳을"지 모른다는 불안감을 토로하고 있다.

『블랙우즈』는 이렇듯 정치적으로 보수적인 입장을 급변하는 19세기 내내 일관되게 유지했다. 제 1,000호 기념호에서 스스로를 대견해 했듯이, "'매거'는 이름을 댈 수 있는 그 어떤 간행물보다도 꾸준히 이어진 성격을 유지해왔다는 점이 대단하다." 『블랙우즈』의 "성격"을 구성하는 토리 보수주의에게 '제국'은 절대적인 가치였다. 이는 별도로 조명해야 할 중요한 문제이기에 『블랙우즈』가 '세계'를 재현하는 양태를 다음 장에서 살펴볼 것이다.

제2장
『블랙우즈』의 ‘세계’ 만들기

제2장
『블랙우즈』의 '세계' 만들기

1. '세계' 만들기의 역사

'세계'는 그 어떤 주체도 완전히 파악할 수 없는 '물 자체'인가? 이 질문에는 '그렇다'라고 대답해야 하겠지만, 동시에 '세계'는 특정 주체의 특정 시각이 만들어낸 구성물이라는 단서를 달아야 한다. '세계'의 이러한 이중성은 무슨 정교한 철학적 차원의 문제만은 아니다. 상업화된 언론시장에서 '세계'는 '거기에 있는' 실체이지만 특정 주체들이 매번 다시 만들어내는 구성물이기도 하다. 매달, 매주, 매일 독자나 시청자에게 지속적으로 재현되는 '세계'는 특정 매체가 특정 시각과 특정 목적에 의거해서 만들어낸 모습, 그림, 이야기이다. 매체를 활용하여 '세계'를 재현하는 특정 주체의 특정 시각이나 조건들은 역사적 특수성으로부터 자유로울 수 없다. 인식의 주체가 역사의 소음과 먼지에서 차단된 진공상태에서 존재하는 법이 없기에 주체가 구성해내는 '세계' 또한 역사적 상황과 맥락에 따라 달리 인식되고 달리 구성될 수밖에 없다. '세계'를 인식하는 특정 주체들이 만든 '세계'는 또 다른 지리적, 역사적, 문화적 조건에 구속받는 주체들이 만든 '세계'와 같을 수 없다. 청나라 황제의 눈에는 중국이 세계의 중심이었으나 서구인들의 시각에서 볼 때 청나라는 퇴락하는 문명의 가장자리였다. 오늘날 중국은 다시 세계의 중심이라는 자부심을 가질 수 있을지 모르나 중화인민공화국이 바라보는 세계는 청나라 황실에 바라보는 세계와는 전혀 다르다. 이 장에서는 대영제국의 전성기 19세기 후반부에 영국의 토리당 계열 월간지 『블랙우즈』가 바라보고 재현하는 '세계' 만들기의 실상을 살펴볼 것이다. 그 특수성을 정확히 진단하기 위해 17, 18세기 영국인들의 유럽 여행기와 19세기에 들어와 본격적으로 발전한 정기간행물의 해외뉴스의 역사를 먼저 검토할 것이다.

『블랙우즈』가 초기부터 후기까지 일관되게 지면에 게재해온 장르 중 하나는 일회 또는 연재물의 형태로 싣는 여행기 및 여행기 서평이다. 예를 들어 앞장에서 살펴본 1831년 7월호에는 여행기 서평 「비치의 태평양 여행과 베링 해협」과 실제 여행기 「니제르 강, 제임스 맥퀸자크의 서신」이 포함되어 있다. 이로부터 두 세대 후인 1898년 12월호에서도 「불라와요에서 빅토리아 폭포까지: 르와니카 왕에 가는 미션 여행」("From Bulawayo to the Victoria Falls: A Mission to King Lewanika," 164권, 1898년 12월호: 739~759)이라는 야생동물 사냥 등의 '액션'이 넘쳐나는 실제 여행기와 「부처의 출생지」("Buddha's Birthplace," 1898년 12월호: 787~791)라는 한 프랑스인의 인도 여행기에 대한 서평을 싣고 있다. 『블랙우즈』의 편집자와 독자층에게 여행관련 기사들은 '세계'를 그림이자 내러티브로 느끼고 체험하게 해주는 중요한 매개체였다.

대중적인 장르로서의 여행기와 여행문학의 원류를 추적하면 17세기 영국인들의 유럽 여행기들과 만난다. 영국에서 여행문학이 본격적인 장르로 정착한 것은 18세기이지만, 이미 17세기 중반에 '그랜드 투어'(Grand Tour)라는 개념이 등장한다. '그랜드 투어'란 상류사회 자제들이 유럽문화를 익힐 겸 프랑스를 거쳐 이탈리아에 다녀오는 '라이프스타일 연수' 여행이었다. 그랜드 투어가 유한층의 풍습으로 자리 잡는 것과 맞물려, 실제 여행에 도움을 주는 안내서와 그랜드 투어를 가보고 싶지만 갈 수 없는 독자들에게 대리만족을 제공하는 여행기가 고정적인 책 상품으로 등장했다. 17세기에 많이 읽힌 리처드 라살(Richard Lassell)의 『이탈리아 여행』(*An Italian Voyage*, 1679) 같은 여행기들이 이러한 장르의 선조 중 하나이다.[56] 그랜드 투어는 영국인들이 프랑스와 이탈리아를 여행하며 섬나라 사람의 부족한 문화자본을 채우려는 여행이라는 점에서는 문화적 열등감을 인정하고 이를 극복하는 학습과정이었다. 하지만 동시에 '교황주의자'(Papist) 즉 가톨릭 국가들인 프랑스나 이탈리아를 둘러보며 이 지역 문화에서 기괴하거나 열등하거나 수상쩍은 면들을 발견하므로, 영국문화의 독자성 및 우월성을 확인하는 '주체성 확립'의 과정이기도 했다. 예를 들어, 뉴전트(Nugent)의 『그랜드 투어: 유럽의 대부분 도시, 타운, 명소들을 정확히 묘사해준다』(*The Grand Tour: Containing an Exact Description of most of the Cities, Towns, and Remarkable Places of Europe*, 1749)는 도로, 마차, 여행 거리 등 여행에 실질적으로 도움이 되는 정보를 제공하는 안내서로서, 크기도 주머니에 넣고 다닐 수 있는 아담한 사이즈이다. 총 4권으로 되어 있는 이 책의 1권은 네덜란드, 2권은 독일, 3권은 이탈리아, 4권은 프랑스를 다루고 있으니, 네덜란드로 건너가서 독일을 통해 이탈리아로 내려간

---

56 Robert Eisner, *Travelers to an Antique Land: The History and Literature of Travel to Greece* (Ann Arbor: University of Michigan Press, 1993) 63.

후 프랑스 쪽으로 귀환하라는 여로 안내가 책 편제에 담겨있는 셈이다. 이전 여행기들은 "가만히 앉아 있는 독자"들을 위한 것인 반면, 이 책은 여행객이 들고 다니는 여행 안내서로서 "여행이라는 고상하고도 오래된 관습을 최초로 혁신한" 책이라고 스스로를 칭찬한다.[57] 그러나 객관적 정보제공만으로 이 책이 채워진 것은 아니다. 예를 들어 제3권 이탈리아 편에서 「이탈리아인들의 성격, 행동, 풍습, 언어, 지식, 예술, 종교에 대하여」("Of the Persons, Manners, Customs, Language, Learning, Arts, and Religion of the Italians")라는 장에서는 이들의 '민족성'을 다음과 같이 과감하게 일반화하고 있다.

> 이 나라의 사람들은 대체로 매우 재주가 뛰어나고 그 어떤 일이건 잘해내는데, 미덕 뿐 아니라 악을 추구하는 솜씨들도 대단하다. 이들은 우정에 있어서는 확고하고 자신들이 사랑하는 사람들은 지위나 처지와 상관없이 친근하게 대한다. 성질로 치면 이들은 스페인 사람들의 뻣뻣한 심각함과 프랑스인들의 경박함 사이 중간 지점 정도이다. 왜냐하면 이들은 극히 미미한 호의에도 지극히 고마워하며, 친지들에게는 정을 넘치게 쏟고, 명예와 출세를 향한 야심이 많기 때문이다.[58]

이탈리아인들의 성격과 "성질"(temper)을 몇 마디로 요약한 후 이를 이들의 이웃 가톨릭 국가인 스페인과 프랑스에 사람들과 대조하여 그 위치를 가늠하는(둘 "사이 중간 지점 정도") 이 대목은, 집에 앉아서 이 책을 보는 독자이건 실제로 이탈리아를 여행하는 독자이건, 이탈리

57 Mr [Thomas] Nugent, *The Grand Tour: Containing an Exact Description of most of the Cities, Towns, and Remarkable Places of Europe* (London, 1749) 1: v~vii.

58 Nugent, *The Grand Tour* 3: 42.

아라는 '세계'의 일부를 명확하게 인식하게 해주는 효과를 낸다는 점에서 '세계 만들기'의 한 가지 양상을 보여준다. 아래에서 살펴보겠지만, 이와 같은 '민족성 담론'은 『블랙우즈』가 즐겨 이용한 전략 중 하나이다.

이탈리아나 프랑스 등 이웃 유럽 나라 사람들의 전형적인 '성질'이나 '성격'을 규정하는 이들 여행기는 점차 몇 가지 상투적인 술어들로 해당 외국 및 외국인들을 규정하는 정형화로 발전한다. 뉴전트의 여행안내서보다 한 반 세기 뒤에 나온 연극배우 출신 에드워드 헨리 일프(Edward Henry Iliff)란 사람의 『연민의 눈물! 또는 옛날과 최근의 인상적인 여행지! 이탈리아, 프로이센, 스페인, 프랑스, 러시아 등을 다룸』(*A Tear of Sympathy!!! Or, Striking Objets of Travel, Antient, and Modern! In Italy, Prussia, Spain, France, Russia, & c.*, 1796)이라는 사뭇 선정적인 제목의 이 책 저자는 그랜드 투어의 필수 코스인 베네치아를 다루는 장에서 별 근거를 제시하지 않으면서도 베네치아 여성들과 가톨릭 사제들에 대한 험담을 다음과 같이 쏟아낸다.

> 로마교도 사제들은 이들의 종교를 자신들의 목적에 맞게 조작하여, 자신들의 세속적인 즐거움에 종속시키고, 육체적 욕구를 만족시키며, 감각의 즐거움을 얻는다. [……]
>
> 베네치아의 수도승, 수도원장이나 주교 치고 돈 주고 산 정부를 두지 않은 자가 없는데, 이 양반들 중에서 자기 혼자 이런 여자들을 누릴 능력이 없는 경우에는 동료를 끌어들여 공유한다. 모든 연애 계약에 있어서 이들 고우신 숙녀분들이 일주일에 하루는 자기 맘대로 쓰도록 허용하는데, 그 날은 무슨 성인을 기념하는 날이라는 것이 그 명분이다.
>
> 이 나라의 어머니 중 많은 사람들은 양심에 거리낌 없이 자기 딸들에게 성매매를 시킨다. 이들은 진지하게 이들 소녀들이 이 방법을 통해 수녀가

될 수 있을 만큼 돈을 모으는 것이 목표라고 한다.[59]

극단적인 예로 보일지 몰라도, 정도 차이가 있기는 하지만 이탈리아라는 '외국'의 '실상' 내지는 '본질'을 과감히 그리고 일방적으로 규정한다는 점에서는 1740년대의 뉴전트의 비교적 점잖은 어투와 헨리 일프의 흑색선전이나 다름없는 베네치아 풍습 묘사는 동일한 담론적 전략을 활용하고 있다.

위와 같은 그랜드 투어 문화가 만들어낸 이탈리아 및 이탈리아인 묘사의 일방적이며 환원주의적 경향은 근대 상업사회이자 식민지 경영 국가로 부상하던 18세기 영국의 자만심을 부추기는 효과를 창출했다. 물론 이러한 정형화가 극단으로 치닫고 있는 모습은 여행책의 범람으로 경쟁이 치열해지자 순전히 정보제공만으로는 독자의 주목을 끌기 어려워진 출판계의 상황을 반영한 것이기도 했다. 초기 여행기들은 여행체험의 미적차원보다는 정보 전달에 치중한 편이었다. 그러나 정보가 점차 축적되어 정보전달의 참신성의 점차 희귀해지자, 풍경의 묘사나 주관적 감상 등의 요소가 점차 더 큰 비중을 차지하게 되었다.[60] 이러한 형편에서 여행관련 객관적 정보보다는 여행지의 민족적인 습성과 풍습에 대한 주관적 평가의 요소가 새로운 고정메뉴로 부각되었고, '민족성'의 정형화는 거의 객관적 사실처럼 굳어지게 된다. 그 결과, 프랑스는 '경박함,' 스페인은 '자만심,' 이탈리아는 '간교함' 등의 라벨이 이들 나라에 꼬리표처럼 붙어 다녔다.[61]

---

59 Edward Henry Iliff, *A Tear of Sympathy!!! Or, Striking Objets of Travel, Antient, and Modern! In Italy, Prussia, Spain, France, Russia, & c. With Reflections Critical, Moral, and Biographical* (London, 1796) 43~44.

60 Charles L. Batten. *Pleasurable Instruction: Form and Convention in Eighteenth-Century Travel Literature* (Berkeley: University of California Press, 1978) 109.

『블랙우즈』를 비롯한 19세기 영국 언론매체는 17, 18세기 여행기에게서 외국 및 외국인을 정형화하는 담론을 물려받았다. 물론 이들 매체는 일차적으로는 여행기가 아니라 '외신'이나 해외정세 논평을 제공했기에, 18세기 여행기들보다는 좀 더 객관적이고 시사적으로 중요한 문제가 될 만한 내용들을 담아야 했다. 월간지 『블랙우즈』에 실린 아프리카 여행기나 해외지역 관련 서적 서평은 여행기의 요소 외에도 일간신문이나 주간 신문의 외신보도의 측면도 갖고 있다. 19세기 영국 언론에서의 외신보도 장르는 해외 여행기와는 다른 점이 적지 않기에 외신의 역사도 간략하게나마 살펴볼 필요가 있다.

서구에서 외국의 사건을 다룬 (국가 정보 수집 차원이 아닌) 일반 시민들에게 정기적으로 뉴스가 제공된 선례는 16세기로 거슬러 올라간다. 당시 지식층의 공통 언어였던 라틴어로 씌어진 『메르쿠리우스 갈로벨기쿠스』(*Mercurius Gallobelgicus*, 1594)는 정기간행물의 최초 선례 중 하나이다. 이와 같은 사실은 저널리즘과 외신이 애초부터 밀접히 연관된 것이었음을 말해준다. 라틴어 외신뉴스는 이후 곧 사라지고 17세기부터는 해당 민족어로 다른 나라의 뉴스를 전해주는 간행물들이 본격적으로 등장했다. 한 공간과 다른 공간의 동시성을 강조한 "생생한 뉴스"(Corante)란 용어가 – 예컨대 『이탈리아, 독일, 헝가리, 스페인, 프랑스에서 온 생생한 뉴스』(*Corante, or news from Italy, Germany, Hungarie, Spaine and France*, 1621)의 제목이 말해주듯이 – 사용되었다는 점에서 '생생한 뉴스'는 공시적 시간성, 말하자면 '리얼타임'의 개념을 만들어냈다. 이렇듯 저널리즘은 그 역사 초기부터 하나의 '공간 만들기' 내지는 '세계 만들기'의 기능을 수행했다.[62] 그런데 이 당대의 "생생한 뉴

61 Eisner, *Travelers to an Antique Land* 91~92; Batten, *Pleasurable Instruction* 101.

스"의 사실성은 무슨 근거 위에 서 있는가? 사실적인 느낌을 전달하는 수사의 힘인가 아니면 검증가능한 과학적 객관성인가? 전자보다는 후자임을 내세울 방편으로 17~18세기 외신은 주로 현지를 방문했거나 현지에 거주하는 여행자, 외교관, 군인 등 '파트타임 기자'들이 실제로 보내는 서간문이거나 이들이 서간문의 형식으로 쓴 기사였다.[63] 초기 저널리즘에서 외신보도가 중요한 자리를 차지하기는 했어도 저널리즘 매체에 고정란으로 전문적인 외신보도가 완전히 정착된 것은 18세기 말에서 19세기 초이다. 그 계기는 프랑스 혁명과 나폴레옹 시대의 영국과 프랑스 간의 전쟁이었다. 이 시기에 영국인들이 빈번히 드나들던 프랑스로의 여행이 금지되자 그 결과 프랑스 관련 소식에 대한 수요가 급속히 증가했다. 이 수요를 잘 채워준 것이 1785년에 창간한 『더 타임즈』(*The Times*)의 상업적 성공의 비결이었다. 이 신문은 이러한 외신 뉴스 상품에 힘입어 오늘날까지 이어지는 권위와 명성을 확보할 수 있었다. 그렇긴 해도 18세기 말 출범 당시의 『더 타임즈』의 외신 기사에서 큰 비중을 차지한 것은 주로 외국 신문기사의 번역이었다. 직접 정보원에게 의존하여 해외 사건을 취재하기에는 감수해야할 온갖 실무적인 어려움과 비싼 비용 문제 등이 만만치 않았던 까닭이다.[64] 그러나 1800년대에 진입하면서 일기 저자로 유명한 헨리 크랩 로빈슨(Henry Crabb Robinson)같은 유능한 해외 주재원들이 유럽 전쟁 및 정세에 대한 보도를 본국에 보내면서 건별로 두둑한 원고료를 받는 '독립적 해외

---

62 John C. Sommerville, *The News Revolution in England: Cultural Dynamics of Daily Information* (Oxford: Oxford University Press, 1996) 20~22.

63 R. J. Wilkinson-Latham, *From Our Special Correspondent: Victorian War Correspondents and Their Campaigns* (London: Hodder and Stoughton, 1979) 13.

64 *The History of the Times: The Tradition Established, 1841~1884* (London: The Times, 1939) 41~42.

통신원'(independent foreign correspondent)들이 등장하게 된다. 1830년대에 이르면 파리, 마드리드, 리스본, 브뤼셀, 함부르크, 콘스탄티노플 등 유럽 지역 전역에 이들 해외통신원들이 상주하며 런던에 있는 『더 타임즈』 본부로 현지 뉴스들을 전송하는 체제를 갖추게 된다.[65] 이들 해외 통신원들의 지위는 국장과 부국장 사이 정도의 지위로 논설위원이나 의회담당 기자보다는 못하지만 보수는 좋은 편이었다. 단, 월급이 아니라 기사 당 취재수당 겸 원고료를 받았기에 안정된 지위라고 할 수는 없었다.[66]

나폴레옹 전쟁 덕분에 부상하게 된 외신보도가 한 단계 더 발전한 계기가 된 것은 또 다른 전쟁, 크리미아(Crimea) 전쟁이었다. 런던의 『더 타임즈』 본부는 W. H. 러셀(Russell)을 크리미아 반도 전쟁의 현장으로 보낸다. 특파원 러셀의 생생한 문체에 실려 전해지는 보도 기사와 예리한 논평 덕에 이 신문의 상업적, 정치적 권위는 극대화되었다.[67] 러셀은 전쟁 특파원(war correspondent)이라는 새로운 직종을 창출해낸 인물이나 다름없다. 해외 통신원들은 주로 현지 외국인이거나 그 지역에 장기간 거주하는 영국인들이었던데 반해, 전쟁 특파원은 군사 지식이 있고 말을 탈 줄 알며 전쟁터를 무서워하지 않는 용기를 갖춘 "소수 정예 전문가들"로, 이들은 아무나 할 수 없는 일을 한다는 자부심이 강했으며, 자신들의 역할을 과장하는 경향도 있었다.[68] 이들 전쟁 특파

---

65 *The History of the Times: The Tradition Established, 1841~1884* 137~138, 419.

66 Lee, *The Origins of the Popular Press in England* 110~111.

67 *The History of the Times* 166. 이렇듯 외신을 통해 저널리즘 시장의 주도권을 장악하는 전략은 인건비와 전보 비용 등으로 재정에 적지 않은 부담이 되었다. 『더 타임즈』 1877년 상반기 예산에서 외신관련 비용은 사무실 경비 £17,018 다음으로 많은 £16,457인 반면, 국내뉴스는 £1,500, 편집 및 관리는 £3,398, 사설 및 서평 £5,520이었다. Lucy Brown, *Victorian News and Newspapers* (Oxford: Clarendon, 1985) 84.

68 Lucy Brown, *Victorian News and Newspapers* 216.

원은 이와 같은 자질에 덧붙여 무엇보다도 유려한 문장력을 갖춰어야 했기에, 이들은 일종의 '작가'이기도 했다. 크리미아 전쟁의 가장 유명한 또는 불미스런 사건 중 하나이며 테니슨(Tennyson)의 같은 제목의 시에 영감을 준 '경 기병대 돌격 사건'(the Charge of the Light Brigade)을 묘사하는 러셀의 묘사는 19세기 중반의 정교한 리얼리즘 소설의 한 대목을 연상시킨다.

> 이들은 두 줄로 진격하며 적을 향해 근접할수록 속도에 박차를 가했다. 이들을 도울 힘없이 무력하게 바라보는 사람으로서는 죽음의 팔을 향해 돌격하는 영웅적인 동포들을 목도하는 것보다 더 무시무시한 광경이 없을 정도였다. 1,200야드 거리에서 적 방어선은 일제히 화염을 토해대기 시작했으니, 서른 개의 강철 입에서 연기와 불꽃이 홍수를 지어 흘러나오는 가운데 살기등등한 총알이 쌩쌩 날아오고 있었다. 총알이 날아오자 즉시 틈새가 보이기 시작하더니 우리 측 대오에는 인마가 죽어서 쓰러졌고 부상당한 준마나 주인 잃은 말이 들판을 가로질러갔다. 첫 번째 대열이 무너지자 두 번째 대열이 합류했다. 그 누구도 절대로 속도를 줄이거나 멈추지 않았다. 이제 러시아군이 지극히 치명적으로 정확한 위치에 배치해 놓은 저 서른 문의 대포로 인해 숫자가 줄어들어 홀쭉해진 대형으로 이들은 머리 위로 번쩍거리는 검의 섬광을 반사하며 함성을 지르며 돌격하니, 그 함성은 숱한 장정들이 죽음을 맞이하는 비명소리였던 것이다. 이들은 포대의 연기 속으로 돌진했으나 이들이 시야에서 벗어나기 전에 들판은 이들의 시체와 죽은 말로 뒤덮이고 말았다.[69]

---

69 Caroline Chapman, *Russell of 'The Times': War Despatches and Diaries* (London: Bell & Hyman, 1984) 32.

비유와 구문의 변화를 유려하게 구사하는 문체를 동원해 영국 기병대의 죽음에 서사시적 의미를 부여하고 있는 러셀의 글재주는 신문 지면에 실렸다가 사라져버리기에는 아까운 명문이다. 또한 이들의 군사적 전략의 무모함은 인정하면서도 그 용기를 예찬하는 러셀의 수사적 전략을 혹자는 소설가 찰스 디킨스가 당대 영국 사회를 신랄하게 비판하면서도 '영국정신'에 대한 애정을 보여주는 태도와 비교하기도 한다.[70] 전쟁 특파원은 러셀의 명성에 힘입어 새로운 유망직종으로 부상하였다. 크리미아 전쟁 이후 더욱 더 팽창하는 대영제국 내부 및 주변부에서 끝없이 전개된 전쟁 덕에 특파원들의 일감은 줄어들지 않았다. 전쟁에 대한 보도 경쟁은, 앞서 살펴본 유럽여행기들이 그러했듯이, 지나친 선정성으로 치닫는 부작용을 낳았다. 빅토리아 여왕이 재위하던 총 64년간, 영국 군대나 해군이 대영제국 지역 어디에선가 군사작전을 수행하지 않은 해는 단 한 해도 없었다. 제국의 영역이 늘어남에 따라 전쟁 특파원 수도 덩달아 늘어났고, 이들은 '액션'과 '용기' 이야기에 환호하는 독자대중들의 수요를 부지런히 채워주었다.[71] 이러한 해외 지역에서의 전쟁 및 모험에 대한 묘사 및 서술에 대한 수요를 '제국'의 가치를 신봉하는 토리계열 잡지 『블랙우즈』도 열정적으로 충족시켜주었다. 출범 당시 경쟁대상이었던 휘그계열 『에든버러 리

70 John Peck, *War, the Army and Victorian Literature* (Basingstoke: Macmillan, 1998) 31. 러셀은 소설가 못지않게 예술적인 기질을 소유했던 모양이다. 소설가 앤서니 트롤롭(Anthony Trollope)의 증언에 따르면, 러셀은 "재담에 있어서는 그를 따를 자가 없었"지만, 자기 기분 내키는 대로 원고를 보냈기에, 늘 믿을 수 있는 동료는 아니었다고 한다. 러셀은 미국 남북전쟁이 발발하자 미국으로 건너갔는데, 기사의 전반부만을 보낸 후에 후반부는 보내는 것을 잊어버리고는 감감 무소식이었다. 이에 "서로 연결 안 되는 파편들을 이어서" 겨우 트롤롭 본인이 기사를 만들어냈다는 일화를 적고 있다. Anthony Trollope, *An Autobiography* (London: Trollope Society, 1999) 95.

71 Wilkinson-Latham, *From Our Special Correspondent* 72~74.

뷰』의 해외 관련 기고문들이 주로 프랑스를 크게 벗어나지 못했던 데 반해 『블랙우즈』는 초기부터 프랑스 외에 독일, 러시아 등 다양한 지역의 문화, 시사, 출판 등을 적극적으로 소개하는 차별성을 보여주었다.[72] 물론 월간지 『블랙우즈』는 주간지나 일간지의 생생한 최신 해외 뉴스 보도와 직접적인 경쟁관계에 있지는 않았다. 그러나 『블랙우즈』는 1827년에 창간한 『포린 쿼털리 리뷰』(*Foreign Quarterly Review*)나 1834년에 창간한 『브리티시 앤 포린 리뷰』(*British and Foreign Review*) 같은 계간지들보다는 발간 주기가 짧았고 대중들과의 관계가 계간지들보다 더 가까웠기에, 어느 정도 사실 전달의 기능도 수행할 수 있었다.[73] 월간 잡지 『블랙우즈』는 일간지보다 사실 보도의 신속성은 현저히 떨어지지만 계간지들에 준하는 논평을 게재할 수 있었기에, 이들 논평의 담론 구성적 힘을 이용하여 지배적 이데올로기 및 지배적 정서 형성 및 유지에 기여했다. 빅토리아 여왕 재위 기간의 『블랙우즈』의 목차들을 검토해 보면, 일간지나 주간지의 보도 위주 기사와 계간지의 논평 기고문들의 각 요소를 적절히 가미한 내러티브 기사들을 거의 매 호에 빠지지 않고 실었음을 발견하게 된다. 『블랙우즈』의 독자층은 영국 내의 보수적인 중상류층만이 아니라 대영제국 식민지 지역에서 실제 제국 경영에 직간접적으로 관여하는 인력 중에도 광범위하게 퍼져 있었다는 점을 감안할 때,[74] '세계'에 대한 일정한 시각과 인식을 유지하는 것은 이 잡지가 떠맡은 중요한 업무이자 마케팅 전략의 한

72 Peter France, "Looking Abroad: Two Edinburgh Journals in the Early Nineteenth Century," *Forum for Modern Language Studies* 46 (Dec 2009): 2, 9~10.

73 이들 계간지들에 대해서는 Houghton, "Periodical Literature and the Articulate Classes," 14 참조.

74 Linda Dryden, *Joseph Conrad and the Imperial Romance* (Basingstoke: Macmillan, 2000) 111~112.

축이 될 만했다. 이 잡지가 보여주는 '세계'는 철저하게 제국에 의한, 제국을 위한, 제국의 세계이었다. 『블랙우즈』의 기사들은 제국을 주도한 주체로서 영국 및 영국인의 정체성 규정에서 출발하여, 지배와 통제의 지정학 담론 속에 '세계'를 편입시키고, 지정학 및 민족학 담론에 내재된 문화적 편견으로 '세계'에 내용을 채워 넣는다. 이러한 담론적 전략의 '세계'를 여행하지 않고도 세계를 알게 해주는 무지의 '지식화' 또한 (새로운 '뉴스' 상품이 이전 뉴스상품을 폐기하는) 언론 특유의 구조화된 망각 속에서 독자들은 불편하고 불만스런 현실을 잊을 수 있었다.

2. 제국의 주체

'해가 지지 않는' 대영제국을 관리하는 주체는 누구인가? 물론 이들은 실제 제국관리의 직접적인 책임을 지고 가장 큰 혜택을 챙기는 정치인, 관료, 사업가, 투자자 등이다. 이중 상당수는 『블랙우즈』의 고정 독자였다. 이들의 실제 모습을 구체적으로 살펴보면 유능한 관리자나 사업가도 있겠지만 무능하고 부도덕한 자들도 당연히 섞여 있었을 것이다. 그러나 대영제국 경영의 '실세'들을 드러내거나 경영의 실제업무에 투입된 인력들의 모습을 그대로 보여주는 것은 제국경영에 '전국민'을 투입하고 이들의 지원을 도출하는 데 도움이 되지 않는다. 제국이 '그들만의 제국'이 아니라 '우리 모두'의 제국임을 각인시키기 위해 '코치'나 '구단주'는 무대 뒤에 숨기고 운동장에서 뛰는, 그것도 가장 힘든 경기를 치루는 대리인들을 '국가대표 선수'로 이상화하는 것이 제국의 원활한 관리에도 필수적일 뿐 아니라 본국 내부의 사회경제적 갈등을 무마하는 데도 유리했다. 대영제국의 기득권에 대해 독일, 러시아, 미국 등 기타 후발세력들이 아프리카, 중앙시아, 태평양 지역에서 도전장을 던지던 19세기 말에 『블랙우즈』는 대영제국의 주체를 책상 뒤에 숨어 있는 행정 관료가 아니라 제국 경영 최전선 현장에서 뛰는 사업가로 설정한다. 또한 이미 지적한대로 (19세기 후반부로 갈수록) 이 잡지 독자층의 큰 비중을 차지하는 것이 육군이나 해군 장교, 식민지 파견 관리들이나 이들과 배경이 비슷한 사립기숙학교 교육을 받은 유한층 남성들이었기에, 『블랙우즈』는 '제국의 주체'들의 해외 지역 여행, 모험 및 기타 체험에 지대한 관심을 보였다.[75] 제국의 주체는 예를 들면 아프리카 오지에서 온갖 고초를 마다하지 않는 영웅적 사업가로 묘사되는 니제르 무역상(Niger trader)이다. 이 잡지 1898년 4월호에 실린 「니제르강 삼각주에서의 삶과 죽음」("Life and Death in the Niger Delta")은 이렇게 주장한다.

> 니제르 무역상의 삶은 보통 힘겨운 게 아니다. 악취 나는 늪지대 위에 세워놓은 사업소에서 [……] 거주해야 하고, 설사 근처에 다른 무역소가 있다 해도 사업 경쟁이 심하니 서로 별로 교류하는 법이 없다. 그는 이 세상에서 가장 살인적인 기후에서 하루에 10시간에서 12시간 일하는데, 매일 저녁 6시에 어둠이 깔리면 아무런 오락거리도 생각할 수 없을 뿐더러 할 일이 일체 없다. 그래서 그는 어설프게 요리한 저녁을 몇 숟가락 삼킨 후 길고 무더운 시간을 베란다에서 무료하게 보내며 모기나 잡으면서 고대하던 '휴가'가 며칠 남았는지 날짜를 계산하고 있다 [……] 하지만 그는 자기 업무를 수행한다. 또한 바로 온갖 고역을 별 희망도 없고

75 John Batchelor, *The Life of Joseph Conrad: A Critical Biography* (Oxford: Blackwell, 1994) 94.

> 보상도 별로 없이 견뎌내는 이들의 고생 덕에 이 펄펄 끓는 땅에서 우리나라가 갖고 있는 사업 지분이 유지되는 것이다(163권, 1898년 4월호: 459~460).

야만적 오지의 열악한 조건 속에서 제대로 먹지도 못하고 큰 보상도 못 받으며 자신의 임무를 수행하는 인내심 많은 영국인들, 이들 덕에 제국의 기득권이 유지되는 것이라며 『블랙우즈』는 독자들에게 제국 경영 요원들의 정신력을 선전한다. 이들은 모두 말하자면 로빈슨 크루소의 후예들이다. 고독과 단절과 역경을 감수하며 스스로 홀로 버티는 놀라운 의지력의 화신들인 것이다. 그러나 물론 이들 말단 "무역상"들이 제국의 "사업 지분"을 소유하고 있지는 않다. 고위관료와 부르주아, 대지주, 대주주 등 "힘겨운" 삶을 살지 않는 유한층이 사실상 제국의 주체임을 이 기사와 기타 유사한 글들은 교묘히 위장한다.

같은 해에 나온 또 다른 기사에서는 '오지'에서 "우리나라가 갖고 있는 사업 지분"을 "유지"하는 첨병역할을 하는 영국 무역상들의 심성과 태도를 프랑스인들의 사례에 대조하며 영국인 고유의 '민족성'으로까지 승화된다. 「식민지 제조자」("A Maker of Colonies")의 필자는 주장하기를,

> 프랑스는 해외에 영토를 개척할 경우 국내에서의 경험에 맞춰 일을 그르친다. 그 나라는 파리의 절대 우위를 주장하니 지리적 개념이 있는지조차 의문이 들 정도인데, 프랑스는 식민지에 온갖 관료들과 정부 청사와 규제들을 잔뜩 갖다 옮겨놓아서 이주자들이 창의성을 발의할 여지를 남겨두지 않는다. 반면에 우리나라는 식민지로 이주한 이들이 알아서 스스로 번영을 추구하도록 내버려 둔다. 과거에는 이들의 용기를 꺾거나 원조

에 인색한 적이 있기는 하다. 그러나 개인들의 사적 역량은 정부의 태만을 늘 누르고 승리했다(164권, 1898년 12월: 828).

라고 한다. 개인의 "사적 역량"을 강조하고 장려하는 영국의 제국은 프랑스와는 달리 관료 등 기득권층을 위한 것이 아니라 모든 영국인 개개인에게 '기회'를 제공하는 개방성이 그 특징이다. 따라서 제국은 계층이동의 장이 될 수 있으며, 본국 내에서 사회정의에 결정적인 기여를 할 수 있다. 이와 같은 논리를 세우는 데 프랑스가 동원되었다. '영국적'인 가치들을 부각시키기 위해 프랑스를 '반영국적' 전형으로 규정하는 전략은 이 잡지의 초기에건 후기에건 어디서나 쉽게 발견할 수 있다. 앞 장에서 살펴봤던 1832년 4월호는 영국에 '자유주의' 바람을 몰고 온 원흉을 프랑스로 지목한다. 사탄은 자유와 평등, 세속화 등 가치로 프랑스를 현혹하여 "철저히 사탄화"한 다음, 이제 그 다음으로 영국의 '개혁파'들을 조종하려고 프랑스에서 영국해협을 건너 영국땅에 상륙한다(「사탄 개혁되다」["Satan Reformed"] 31권, 1832년 4월호: 592). 예술의 영역에서도 프랑스는 영국이 따라가서는 안 될 타락상을 극명히 보여준다. 앞서 소개했던 1884년 기사 「프랑스에서의 예술의 현황」("The State of Art in France")은 프랑스 인상파 예술을 논하는 글이지만, 프랑스 미술의 실험 정신을 하나의 상업적·도덕적 퇴락의 증상으로 다음과 같이 해석하고 있다.

프랑스 화랑들이 보여주는 경악할 현상은 전적으로 비정상적인 정신상태를 증언한다. 건전함, 상식, 양심, 품격은—우리는 거의 도덕적 규범성이라는 말까지 할 뻔했다—조형예술과는 전혀 상관할 바가 없다며 완전히 내 던져 버렸으니 말이다. 이들은 뻔뻔함을 천재성으로 착각하고 잔꾀와 기벽을 가장 화려한 재능의 요소로 인정해 준다. 첫 번째 목표는 주의를 끄는 것이니, 돌출나지 않은 미덕은 아예 거들떠보지도 않으며, 점잖은 겸양이 한 때는 참된 지식의 징표였건만 이제는 그것만으로는 되는 일이 없다. 그러다 보니 예술가는 과시적으로 구경거리를 제공하려고 서로 쟁투하며, 겉만 번지르르한 기교로 관객을 유혹하고 사고를 쳐서라도 관객을 깜짝 놀라게 한다(135권, 1884년 4월호: 429).

이 인용문은 인상파 시대 이후 현대 예술의 '참신성' 추구에 대한 타당한 비판으로 볼 여지도 없지 않다. 실험성이 지배하는 분위기에서 점차 "뻔뻔함"과 "기벽"이 득세했다는 비판에, 현대예술에 별 감동을 받지 못하는 비전문가들은 동의할지 모른다. 하지만 이것을 『블랙우즈』의 프랑스에 대한 발언으로 볼 때 흥미로운 것은 "건전함, 상식, 양심, 품격", 그리고 "우리는 거의 도덕적 규범성이라는 말까지 할 뻔했다"는 표현이 함축한 의미대로, 어차피 프랑스와는 맞지 않는 "도덕적 규범성" 등은 모두 영국적 가치들임을 전제로 삼는다는 점이다. 건전함과 상식, 양심과 품격, 도덕성을 중시하는 영국인의 민족성은 오지에 가서도 "사적 역량"을 발휘해서 "온갖 고역을 별 희망도 없고 보상도 별로 없이 견뎌내는" "식민지 제조자"들의 인내심으로 표현되는 반면, 프랑스는 정부의 간섭으로 식민지를 망치는 한편 본국에서는 예술정신의 타락이 극에 달했다고 『블랙우즈』는 말한다.

영국인들은 프랑스인이나 기타 유럽 대륙 사람들과 달리 유독 도덕성과 책임감이 강한 '개인'들이라는 점은 영국의 식민지 지배의 도덕적 정당성을 부여한다고 『블랙우즈』의 기사들은 즐겨 강조한다. 예컨대 「정복의 윤리」("The Ethics of Conquest")는 다음과 같은 주장을 펼친다.

> 낙후된 인종들을 조정하는 이 작업을 맡은 민족이 자신들에게 종속된 인종의 이해관계를 고려하여 통치하지 않는다면, 이는 인류 앞에 심각한 죄를 짓는 일이다. 왜냐하면 인류의 진보에 있어서 유익한 자리에 시간이 되면 도달할 수 있는 종족을 자신의 목적에 따라 이용만하는 것이기 때문이다. 이런 죄를 영국 탐험가, 영국 회사, 심지어 영국 정부에도 돌릴 수 있을지 모른다. 하지만 그렇다고 해도 영국은 이 죄를 고귀하게 속죄했다. 영국의 지배를 받아서 손해를 본 나라는 없기 때문이다. 인도에서, 이집트에서, 중앙아시아에서—이 목록에 남아프리카도 곧 추가될 듯한데—영국은 로마 제국 시대 이후로 인류의 가장 위대한 교육자임을 입증해 보였다. 영국은 이전에는 지속적인 유혈사태가 난무하던 지역에 평화를 가져다주었고, 영국의 도움 없이는 전혀 안전이란 것을 모르고 지냈던 수백만 명의 사람들에게 질서와 산업과 교육을 가져다주었으며, 고대 왕조의 허접한 잔해들을 모아서 하나의 민족으로 만들어놓았다(164권, 1898년 12월호: 849).

이와 같은 주장을 즉각 '제국주의 이데올로기'로 판결할 수는 없다. 근세 초기의 스페인의 아메리카 식민지 개발이나 19세기말 (뒤의 6장에서 논의할) 벨기에의 아프리카 콩고 식민지 개발과 비교하면, 이는 어느 정도 사실에 근접한 면이 없지 않은 발언이다. 『블랙우즈』가 옹호하는 '제국'의 주체로서 영국인의 책임의식을 설파하는 논리는 순전히 허위와 과장에 근거한 것만은 아니다. 이 글의 필자는 "낙후된 인종들"을 조정하는 역할을 맡으려는 국가는 "종속된 인종의 이해관계를 고려하여 통치"해야지, 그렇지 않으면 "인류 앞에 심각한 죄를 짓는 것"이라는 윤리적 규범을 설정한다. 또한 영국 제국도 이러한 과오에서 전혀 자유롭지 않음도 인정한다. 그러나 피지배인들의 "진보"에 기여한 영국은 이러한 "죄"에 대한 값을 충분히 치르고 남았다며, "영국의 지배를 받아서 손해를 본 나라는 없"다고 당당하게 선언한다. 문명과 평화, 안정과 번영을 가져다주는 정의로운 제국 영국의 자부심을 집약적으로 표현한 이런 글을 읽으며 당대 독자들이 느꼈을 뿌듯함은 짐작하기 어렵지 않다.

다른 한편 제국주의적 지배의 독점에 도전장을 던지는 경쟁자들과의 분명한 대조를 공식화하고 일반화하는 것은 유럽지역의 다른 서구인들과 아프리카, 아시아 등 '세계'의 무대에서 겨뤄야 하는 대영제국의 '주체'들에게는 중요한 사상무기가 된다. 18세기의 제국팽창의 최대 경쟁자였던 프랑스와 20세기를 바라보는 국면에서 대영제국의 강력한 견제세력으로 떠오른 독일과 영국의 대조를 개인적인 성향의 차이로 치환하는 「회사와 개인」("The Company and the Individual")의 다음과 같은 지적이 좋은 예이다.

> 두 독일인이나 두 프랑스인이 생소한 땅에서 서로 만날 경우 이들은 자신의 조국에 대해 얘기를 나누며 우정을 맹세하고 아마 동업에 들어갈 것이다. 하지만 영국인들의 경우는 꼭 그러라는 법은 없다. 그는 특히 남의 도움을 필요로 하지 않는다. 혹시 필요한 경우가 있다면 그것은 자신의 계획을 수행하기 위해서일 뿐이니 동포가 아니라 폴란드인이건 터키인이라 해도 자기에게 유익하면 그만이다(164권, 1898년 9월호: 335).

표면적으로만 보면 영국인의 배타적인 이기주의를 비판하는 발언으로 들릴 수도 있으나 이 글의 전반적인 맥락에서 읽으면 앞서 살펴본 인용과 일맥상통하는 영국인의 꿋꿋한 독립심과 개인주의적 자주성을 은근히 칭찬하려는 의도를 감지하게 된다. 이 글은 프랑스인이나 독일인처럼 '개인'이 '회사'에 집단적으로 종속되는 것이 아니라 영국인은

각 '개인'이 곧 '회사'라는 긍정적 결론을 유도한다. 독일인이나 프랑스인들보다 한 급 아래인 유럽 사람들에 대해서는 더욱 더 손쉽게 그들의 열등한 '본질'을 지적한다. 예를 들면, "거짓말은 그리스인들에게만 국한되는 것은 아니다. 그리스인과 아르메니아인들이 제일 영리한 축이기에 가장 심하긴 해도, 터키인들이나 유태인들 및 모든 동부 지중해지역 사람들이 다 능숙한 거짓말쟁이들이다"라고 「테살리아에서 벌어진 일」("What Happened in Thessaly," 162권, 1897년 7월호: 148)은 판정한다. 물론 "동부 지중해지역" 문화에 전혀 물들지 않은 영국인들은 이들과는 전혀 다른 급의 인간들이라는 것이 이러한 주장이 함축하는 바이다.

3. 지정학과 민족학

제국의 주체를 이상화하는 영웅주의 담론은 제국 및 '세계' 경영을 군사적 무력의 측면에서 고려하는 '지정학 담론'(geopolitics)과 맞물려 있다. 엄밀한 경제 논리로만 치면 어떤 나라를 거쳐 오건 돈이 돈만 벌어오면 그만이다. 심지어 영국과 전쟁하는 적국에 투자해서 수익을 올릴 수도 있는 일이기에, 금융자본은 애국심을 모른다. 그러나 대영제국의 도덕적 책임과 '영국적' 사명감을 강조하는 『블랙우즈』는 '세계'와 영국의 관계를 군사적 대치의 시각에서 파악한다. 특히 영국의 강한 해군력을 강조하므로, 제국경영 및 팽창을 남성적이고 영웅적인 행위로 재현한다. 예를 들어, 영국의 대외 정책을 논하면서 중국 등 미개척 국가를 막강한 군사력으로 '개방'시키고 심지어 영국의 고급문물을 갈구하는 이들을 '해방'시키자는 논리를 펼치기도 한다. 이러한 논리의 전제는 분명하다. "모든 바다를 지배할 해군을 창출해 내는 것이

이 나라의 자원에 대해 가장 먼저 요청할 바”요, “영국의 가장 중요하고 가장 일차적인 방어도 해군력이어야 한다”(「함대와 해군－영국」 [“Fleets and Navies－England”], 87권, 1860년 2월호: 243)는 식의 군사문제, 특히 해군에 대한 기사들은 『블랙우즈』의 지면에 심심치 않게 등장한다. 해군은 또한 신속한 기동력과 막강한 화력을 유지해야 한다. “영국의 해군은 그 어느 때보다도 신속한 속도로 집중배치 될 수 있으며 영국의 이해관계나 명예가 위협을 받는 그 어떤 지점에서도 압도적인 위력으로 국익을 방어할 수 있다”(「중국에 대한 우리의 입장」[“Our Position with China”] 1860년 4월호: 431)는 자부심도 이 잡지의 지정학 담론의 고정 메뉴 중 하나이다. 이러한 압도적인 무력의 사용은 단순한 권력 추구나 경제적 이윤 추구가 아니라 ‘문명’의 이름으로 정당화된다. 가령 중국이 영국의 제국 팽창을 방해하는 것은 “우리 영국인들이 오기를 고대하는 수백만 명에게 보다 나은 문명과 보다 순수한 신념을 소개하는 일을 막는 것일 뿐”(「중국에서의 전쟁과 진보」[“War and Progress in China”] 1860년 5월호: 525~526)이기에, 이 기사는 어서 “보다 나은 문명”을 중국인들에게 공급할 의무를 이행하자고 독려한다.

물론 군사적 우위를 유지하는 것과 우월한 군사력을 일방적으로 행사하는 것은 다른 문제이다. 위에서 거론한 중국의 경우, 이미 아편전쟁으로 무역이 개방된 형편이었고 위에 인용한 발언들이 나왔던 1860년대에는 영국이 청나라에 대해 실제로 군사적 행동을 취하는 것은 경제적으로나 정치적으로나 별로 시급하지 않았다. 또한 『블랙우즈』의 이러한 극우파적 군사주의가 영국 보수 언론 전체를 전적으로 대변하는 것도 아니다. 예를 들어 합리적인 ‘중도’ 보수주의를 표방한 『콘힐』(*Cornhill*) 지에 실린 「중국인들과 ‘원방 야만인들’」(“The Chinese and the ‘Outer Barbarians’”)은 영국이 중국 체제를 존중하며 접근할 것을 충고한다. 이 글은 "만약 중국이 무너지고 중국의 제도들이 와해된 상태로 패망한다면 외세의 야망을 부추기고 정복욕을 자극할 것이니, 서로 맞서는 이해관계들이 각축을 벌이는 전장이 될 수 있다"는 지극히 타당한 지적을 하고 있다.[76] 이러한 논조의 차이가 있기는 하지만, 특이한 공통점은 국가의 고위관료들이 고민해야할 대외정책을 『블랙우즈』나 『콘힐』 같은 대중 잡지들이 지속적으로 논란의 대상으로 삼고 있다는 사실이다. 이를 통해 알 수 있듯이 '세계'에 대한 지정학적 전략을 충고하고 비판하는 것이 하나의 대중문화의 담론으로 정착해 있었던 것이 이 시대의 특징이다. 이러한 대중적 지정학은 전 '세계'를 영국의 활동무대로 설정해 놓고 말하자면 그 어떤 경쟁자도 영국에 맞서지 못하게 하자는 대중적 '애국심'과도 밀접한 연관성을 갖는다. 월드컵이나 올림픽이 없던 시절에 대중적 지정학은 '우리나라 팀'을 신나게 응원하는 국민 '스포츠'인 면도 있었다. 예를 들면, "니제르 강 동편 차드호수 방향 지역에서 우리가 할 일은 먼저 그 지역을 선점하고 철저히 점령하여 그 누구도 우리를 지금이건 이후에도 방해하려 들지 못하게 하는 것"(「니제르강 분지에서의 프랑스와 영국」["French and English in the Basin of the Niger"] 162권, 1897년 10월호: 573)이라며 영국과 프랑스 간의 경쟁심을 부추기는 발언은 이러한 색채를 잘 드러낸다.

이렇듯 제국의 눈으로 본 '세계'는 하나의 '전략 지도'로 존재한다. 이 지정학적 담론에 동참하는 독자들은 일순간 국가 최고 관료의 눈으로 세계를 바라보는 것 같은 착시현상을 즐기게 된다. 제국의 영웅적 주체를 만들어내는 대중주의적 접근이 제국의 '지분'을 소유하고 있는 실제 주체를 숨기는 효과를 노렸다면, 지정학 담론은 다시 이 실제

76 "The Chinese and the 'Outer Barbarians,'" *The Cornhill Magazine* 1 (Jan 1860): 43.

관리자 주체의 초월적 시각을 부활시키는 효과를 만들어낸다. 그러나 '세계'를 지도로만, 정복과 '땅따먹기'의 대상으로만 보는 것으로는 제국의 상상적 주체들에게 '세계'를 생생하게 인식시키는데 한계가 있다. 보다 가까이 다가가서 '세계', 특히 유럽 밖의 이국적 세계의 실상과 문화를 보여주는 '민족학'(ethnography)의 장치들을 가동시킬 때, 즉 세계를 구성하는 '민족'과 '인종'들을 구체적으로 보여줄 때 세계는 보다 생생한 실감 속에 구성될 수 있을 것이다. 이러한 인종담론은 철저한 차등과 위계질서의 구축을 지향한다. 일례로 「소말리아 땅에서의 스피크 대위의 탐험」("Captain Speke's Adventures in Somali Land")은 1인칭 서술로 스피크 본인의 생생한 실제 체험을 전달해주는 논픽션인데, 이 글에서는 다음과 같은 대목과 마주친다.

> 나는 다른 사람 둘을 더 고용했는데, 하나는 이맘이란 이름의 힌두스탄 집사와 파르한이라고 불리는 시디족으로, 이 후자는 완전히 헤라클레스급 장신에 팔다리가 장대하고 튼튼한 밧줄 같은 근육이 탄탄하게 잡혀있었다. 그의 거대한 머리에 눈은 작았고 납작하게 붙은 코에 주둥아리는 불쑥 튀어나왔고 치아는 예리했는데, 악어를 흉내 낸 모습이었다. 그는 전쟁으로 잔뼈가 굵은 자라 싸움 재주가 뛰어났기에, 나를 지키는 데 아주 유용할 것으로 판단했다(87권, 1860년 5월호: 569).

스피크 대위의 여행기는 이렇듯 문명화의 단계상 아프리카인보다 한 단계 위인 인도인 "힌두스탄 집사"를 곁에 두고 "튼튼한 밧줄 같은 근육"이 장점이지만 무시무시한 악어를 연상시키는 토착인 "시디족" 무사를 그 밑에 두는 인종적 위계질서를 확립한다. 스피크의 서사 내용이 얼마나 사실인지 아니면 조작인지 여부는 이러한 흥미로운 (그러나 당시 독자들의 눈에는 극히 '그럴법한') 민족학적 묘사 앞에서는 부차적인 문제일 뿐이다. 「국내와 해외에서의 귀신학」("Demonology at Home and Abroad")의 한 대목이 다음과 같이 시인하듯 이러한 민족학은 대중적으로 '인기 있는' 문화상품이었다.

> 우리 중에서 요즘 특히 먼 이방 민족들의 풍습과 관습 연구에 매력을 느끼지 않는 사람은 거의 없으니, 이들이 우리로부터 지리적으로나 인종적으로나 거리가 멀면 멀수록 우리가 이들을 바라보는 관심의 강도가 그만큼 더 커지기 마련이다(99권, 1866년 4월호: 502).

'귀신'을 섬기는 스리랑카 사람들에 대한 이 기사는 이렇듯 "지리적으로나 인종적으로" 멀리 사는 인종들에 대한 독자들의 호기심을 잘 채워주겠다고 약속하며 글을 시작한다.

그러나 인종간의 위계질서에 의거해 제국주의와 식민지배의 정당성을 믿던 시대에는 인종의 문제가 단순히 호기심 해소로 끝날 수는 없었다. 대영제국 내부는 물론이요, 제국에서 독립한 영국식민지 출신 미국에서도 인종의 문제에 대한 '잘못된' 인식을 하는 사람들을 『블랙우즈』는 과시할 수 없었다. 미국의 노예해방 문제에 대해 영국 내에서도 뜨거운 찬반 논란이 한참 들끓던 국면인 1860년대 중반 기고문인 「흑인과 흑인애호자들」("The Negro and the Negrophilists")이 하나의 대표적인 예이다. 영국을 비롯한 서구식민지 개척의 직접적인 피해자이자 노동력 제공자로서 핵심적인 역할을 한 아프리카인들 및 이들 후손에 대한 평가를 보면, 인종적 차이를 생물학적 우열로 단정하는 것은 물론이고 윤리적인 차등으로까지 확대한다. 이러한 논거에 근거해 아프리카인들의 '해방'을 다음과 같이 비판한다.

> 이들을 유럽 인종이 발견하여, 야생마들처럼 원래 서식지에서 강제로 이주시켜서 이들을 알지 못하던 나라에서 노동자로 사용될 수 있게 해주지 않았다면, 이들이 자기 스스로 팔자를 고쳐보려 들거나 자기가 아는 열대 정글이나 숲 밖으로 나가서 행운을 찾아보려는 욕망이 이들에게 약간이라도 스며드는 일은 절대로 없었을 것이다. 그러나 신대륙에 이식시켜 놓고 백인들의 통제에 복속시켜 백인 문명의 영향을 받게 하자, 흑인 인종에게서 여러 유익한 속성들이 생겨나기 시작했다. 노예제도는 아프리카의 풍습인 바, 자기들의 추장이나 왕들이 노예상인이자 노예주들이며 자기들 노예들을 백인들이 잘못한 정도와는 전혀 차원이 다르게 극도로 야만스럽게 다루는 형편이므로, 아프리카 원주민이 고향에서 강제로 끌려와서 노예로 팔리게 되면 이들은 그대로 운명에 순응한다. 이들이 미국에서 태어날 경우 아프리카에 대해서 전혀 아는 바가 없음에도 이들은 자기 처지를 당연한 것으로 받아들이고 멀게 잡아도 두 세 세대 안에 아주 유익할 뿐 아니라 만족스러워하는 사회 구성원으로 변한다. 남부 주들의 경험이 지난 200년간 보여준 것은 이들이 노예이기에 불행하고 불만스럽고 위험한 존재로 살기는커녕 자기의 안일하고 온순한 속성으로 얻을 수 있는 범위 안에 있는 모든 쾌락을 즐기며 살았다는 것이다. 그에게 주인이 친절을 베풀면, 또한 대부분 주인들이 그렇게들 했는데, 그는 주인을 사랑으로 따랐고 자기 능력이 미치는 한 주인을 위해서 그 어떤 일도 마다하지 않을 정도로 충성했다(99권, 1866년 5월호: 587~588).

노예제도의 '인도적' 차원을 역설하는 이러한 논리가 버젓이 19세기 중반 영국의 대표적인 월간지에 실렸고 또한 보수층에서는 통념으로 받아들여졌다는 점이 매우 놀라운 일로 보일 것이다. 물론 이 글은 남북전쟁 당시에 "흑인애호자"(negrophilists), 즉 노예해방을 지지하는 세력을 비난하려는 목적을 갖고 있기에 다소 과장하는 수사법을 사용하고 있기는 하다. 그러나 이러한 묘사에 담긴 전문가적 자신감(가령 "노예제도는 아프리카의 풍습인 바, 자기들의 추장이나 왕들이 노예상인이자 노예주들이며" 같은 표현)이나 흑인 노예들의 심성을 단정하는 표현(가령 "안일하고 온순한 속성")은 이 글이 단순한 정치적 수사의 차원 그 이상의 효과를 내는 데 일조한다. 흑인의 문화적, 인종적 '본질'에 대한 이와 같은 담론적 규정이 풍기는 과학적 객관성의 냄새가 거기에 깔린 정치적 편향을 숨겨주기에, 이러한 인종 담론은 제국을 유지하고 팽창하는 데 매우 요긴한 담론적 전략이었다. 그러한 전략을 실행하는 데 『블랙우즈』는 기꺼이 동참했다.

제국의 '주체'로서 영국인이 다른 유럽인들에 비해 타고난 책임감, 자립심 등 도덕적, 윤리적 자질을 강조하는 백인 내의 우월성 담론보다도 더 근본적인 논법은 '백인'과 '비(非)백인'으로 인류를 양분하는 인종주의이다. 이러한 인종주의는 흑인들의 선천적인 노예근성을 확언하는 식으로도 전개되지만, 다른 한편 백인의 피가 다른 환경에 이식될 때 그 문화적, 윤리적, 문명적 우월성이 반드시 표출되리라는 예측으로도 표현된다. '우리' 편이면서도 '남'이기도 한, 영국인이면서도 영국인이 아닌 이들의 민족성은 규명하기가 쉽지 않지만, 아무튼 이들의 '인종'에 대해서만은 전혀 의문의 여지가 없음을 『블랙우즈』는 보증한다. 대략 19세기의 중간 지점인 1852년, 「천자의 백성들의 국내 및 국외 상황」("The Celestials at Home and Abroad")이라는 제목의 『블랙우즈』 기사는, 미국의 서부 개발과 "우리의 호주 제국의 급격한 부상"에 근거해 볼 때, "태평양이 이 지구상에서 우리 인종의 가장 최근이자 아마도 가장 최고급 성취의 장이 될 것"이라며, "삼백 년 전에 명명한 이름 그대로" 이 지역의 미래는 "끝없이 앞으로 가기 마련"인 "인류의 진보"를 목도하며 태평성대를 이룰 것이라는 전망을 제시한다(72권, 1852년

7월호: 113). 또한 태평양이라는 전혀 다른 기후 속에서 번성하고 있는 백인 호주인들이 “수천 세대가 지나간다고 해도 이들의 환경이 이들을 깜둥이로 바꿔놓을 염려는 전혀 할 필요 없다”(「얼굴과 지역」[“Faces and Places”] 162권, 1897년 8월호: 235)는 인종주의적 잣대로 아시아태평양 지역의 미래를 정리해준다.

그런데 위의 마지막 인용에서처럼 제국의 전성기 19세기 말 시점에서 “수천 세대”가 지난 이후의 미래 시점을 가정하는 순간 제국의 쇠퇴와 종말에 대한 불안감이 살아난다. 과연 그때까지 대영제국이 남아있을까? 그러한 불안감은 이미 쇠퇴와 종말의 국면을 확실히 보여주는 다른 지역, 예를 들어 동아시아의 조선왕국에 대한 기사를 읽으며 달랠 수 있었을 것이다. 당시 대영제국의 지배권이 상대적으로 미치지 않는 공백 속에 놓인 나라, 조선에 대해서도 『블랙우즈』가 관심을 보인 것은 한국인으로서는 일단 반가운 일이긴 하다. 중국을 통해 조선을 네 번 방문했던 엘리자베스 비숍(Mrs Elizabeth Bishop)의 『한국과 그 이웃 나라들』(*Korea and Her Neighbours*)에 대한 서평에서(이 서평은 한반도 지도도 싣고 있는데, 서울을 “Soul”로 표기하고 있다) 이 책이 보여준 한국의 모습을 다음과 같이 요약하고 있다.

> 이곳에는 상상력을 자극하거나 희망에 날개를 달아주거나 모험심을 자극할 거리라고는 아무것도 없다. 한국은 한 마디로 덤덤한 산문의 나라로, 그곳의 먼지는 그냥 먼지일 뿐이다. [……] 귀족 계급은 위엄이 없고, 상류계급은 쓸데없고 게으른 축들이며, 중류 관료층은 오만하고 천박하고 탐욕스럽고 품행이 방종하고, 상인계급은 촌락을 전전하는 봇짐장사의 수준으로 전락해 있고, 농민들은 튼튼해서 일은 곧잘 하나 착취에 시달려 풀이 죽어 있으며, 여성들은 경멸의 대상이요 과로에 시달리며

격리된 채 살고 있고, 아이들은 미신이 만들어내는 두려움과 한 줌의 불량한 편견이나 배우고 있는 나라, 이 나라의 구성원들은 다들 이 모양이 꼴이다. 그 어디서도 생기나 독립심이나 가정생활이나 희망이나 행복을 찾아볼 수 없다(163권, 1898년 2월호: 287).

활기 넘치고 당당하고 모험심 넘치는 영국인과 이보다 더 대조적인 경우도 찾기 어려울 정도로 조선은 영국이 대변하는 바들을 모두 결여하고 있다. 그 대조가 너무나 극단적이었다고 느꼈는지, 글쓴이는 "도대체 그런 데를 애초에 왜 갔을까?"라고 반문한다. 물론 우리는 이렇듯 심하게 폄하해놓은 구한말 조선의 모습에 대해 항의를 할 수도 있겠고, 아니면 정반대로 이와 같이 형편없이 묘사된 조상들의 후예로서 우리가 얼마나 꿋꿋하게 성장, 발전했는지에 역으로 탄복할 수도 있을 것이다. 어떤 식으로 여기에 반응하건, 이 글이 제기한 질문, 즉 '왜 한국인가?', '한국은 무엇인가?'라는 질문은 제국의 중심부에서 본 '세계'에서 도무지 지정학적 이익에 별로 기여할 바 없는 민족학적 재현에 대한 불만 토로라는 점에 먼저 주목해야 한다. 서평 저자는 민족학적 담론의 보다 선명한 정치성 내지는 정치적 가치를 요청한다. 천자의 나라 중국은 물론이요 니제르 강 유역 아프리카보다도 별 가치가 없는 땅 조선에 대해서는 큰 흥미를 느끼지 못하는 것이다.[77]

그러나 다른 한편 조선 같이 "생기나 독립심", "희망"과 "행복"을 찾아볼 수 없는 지경으로 영국이 미래에 떨어질지 모른다는 불안감이

77 실제로 『블랙우즈』는 한국/조선 그 자체에 관심을 갖는 것이 아니라, 이 서평 바로 다음에 이은 "Crisis in China," 그리고 당시에 연관된 기사들인 "The Chinese Imbroglio"(163권, 1898년 4월호: 552~558), "British Interests in the Far East"(1898년 5월호: 718~728), "The Yellow Peril"(1898년 6월호: 877~890) 등의 맥락에서 한국을 다루고 있다. 이들 기사들은 예외 없이 영국이 극동에서 러시아와 일본에 보다 적극적으로 맞설 것을 촉구하고 있다.

비숍의 책에 『블랙우즈』가 관심을 갖게 했을 수도 있다. 이러한 미래에 대한 불안은 19세기 말로 다가갈수록 『블랙우즈』 기사들에서 자주 감지된다. 19세기가 저무는 시점에서 바라볼 때 내부의 심각한 문제점이 제국의 미래를 위협하고 있음을 『블랙우즈』는 경고한다. 제목부터 『로마 제국 쇠퇴와 패망의 역사』(*The History of the Decline and Fall of the Roman Empire*)를 쓴 기번(Edward Gibbon)을 떠올리는 「신 기번에서」("From the New Gibbon")라는 논평은 미래의 시점에서 19세기 말을 회고한다. 그 내용은 사뭇 암울한 비전을 담고 있다. 19세기 말 대영제국은 외관상으로는 건강해 보였다. "19세기가 마무리될 시점에 대영제국은 최고조의 번영을 구가하고 있었다. 모든 나라들의 기록을 보면 대영제국의 수없이 많은 백성들의 숫자와 질서정연하게 행복을 즐기는 시민들을 시기하면서도 칭송함을 볼 수 있"으며, "제국이 두 세기 동안 이어진 정도로는 영국 인종의 늠름하고 과감한 정기를 누르거나 약화시키기에는 역부족인 듯 보였다"고 운을 뗀다. 하지만 제국은 속으로부터 썩고 있었다. 말하자면 로마제국을 만들어낸 용맹스런 병사들이 점차 나약해지듯, 영국제국에서도 남성적 영웅주의, 떳떳한 개인주의, 유익한 서구문명을 전파하는 전도사로서의 사명감으로 무장한 주체들이 내부의 사회경제적 갈등의 와중에 점차 사라져간다. 이러한 건강한 '남성성'의 위기에 경종을 울릴 목적으로 이 글은 다음과 같은 묘사를 제시하고 있다.

> 공장주의 이윤과 공장 노동자들의 싸구려 음식은 농촌 노동자의 배를 곪게 하고 농사업자를 파산하게 만든 것을 그 대가로 치렀으며 [……] 개인의 기력과 군인정신은 싸구려 수입 음식물을 얻어먹으려고 팔아먹었다. [……] 이에 제국의 자존심 넘치는 기백은 주주의 비좁은 탐욕으로

> 오므라들었고 신체적 힘이 최저점에 다다르니 운동 능력은 타락하며 전의는 수그러들었으며, 국내 산업이 개인성의 목을 조르고 상인들 사이에 부정직한 구두쇠 속성만을 부추기는 쪽으로 사업이 조직되어 구매자들의 타락도 부추겼으며, 세련된 매너나 고상한 문학만이 반쯤 잊은 과거를 덤덤하게 메아리치듯 반복할 따름이다. 이런 상태로 대영제국은 지극히 암울한 전망 속에 20세기를 시작했다. [……] 도시는 멀쩡하게 서 있었으나 그 안에서 인간다운 인간을 찾아볼 수 없었다. 저급함과 진부함, 저질스러움이 지극히 너그럽던 인성들을 비틀어버리고 짓눌러 놓았다. 모든 자의 지성이 똑같은 수준으로 저하되었고 제국의 고매한 정신은 연기처럼 사라졌으며 쩨쩨한 손익계산과 비열한 정서가 모든 영혼을 지배했다 (165권, 1899년 2월호: 241~244, 247~249).

위대한 대영제국의 주체들이 자신의 사명을 잊고 기백을 상실하고 "제국의 고매한 정신"이 사라져버릴지 모른다는 두려움은 이후 역사가 충분히 입증한 바이니, 지극히 적절하고 타당한 우려였다고 평가할 수 있다. 문제는 이기적인 공장주나 "비좁은 탐욕"에 갇힌 주주들이 사실인즉 제국 경영의 주체이자 최고의 수혜자들이고, 이들과 유사한 또는 근접한 지위에서 이윤을 챙기는 독자들이 이 잡지를 탐독하고 지탱하는 고객의 한 축을 구성하고 있었다는 것이다. 애초에 제국 경영 및 관리의 원천이 17세기 말 이후로 런던 금융시장에서 제공되었다는 엄연한 사실에서 눈을 돌리고, 대영제국의 '위대성'이 "쩨쩨한 손익계산"과 불가분의 관계를 맺고 있음을 숨기고 오히려 그러한 자본주의 정신을 "제국의 고매한 정신"의 대립항으로 설정하는 이러한 '신 로마주의'적 수사는 『블랙우즈』의 '토리주의'의 이중성 및 복합성을 여실히 드러낸다.

“제국의 자존심 넘치는 기백”을 “주주의 비좁은 탐욕”의 희생자로 보는 이 흥미로운 시각은 현실을 위장하는 ‘허위의식’으로도 볼 수 있지만 동시에 경제적 합리성만을 추구하는 ‘자유주의’에 대한 불만이 그 안에 듬뿍 담겨있음도 인정해줄만하다. 이 지점에서 앞장에서 거론한 ‘매거’의 변치 않는 ‘성격’이 ‘개혁’과 ‘자유’에 저항하는 옹고집임을 다시 확인하게 된다. 『블랙우즈』는 19세기 영국사회의 각종 자유주의적 ‘개혁’에 맞서면서 영국적 ‘가치’를 수호하는 보수성을 자신의 핵심적 ‘성격’으로 내세웠다. 동시에 『블랙우즈』는 대영제국의 힘이 닿고 또한 닿아야 할 전 ‘세계’를 지속적으로 독자들에게 ‘보여주고’ 의미를 부여하는 중개자의 역할을 수행했다. 『블랙우즈』의 이 두 가지 측면, 전통적인 ‘영국성’을 옹호하는 토리주의와 영국이 바라보고 경영할 ‘세계’를 탐구하는 ‘제국주의’는 각기 조지 엘리엇과 조셉 콘라드가 이 잡지와 인연을 맺게 되는 연결지점들이며, 또한 토마스 하디를 배제한 경계선이었음을 이어지는 장들이 밝힐 것이다.

제3장

조지 엘리엇 만들기

제3장
조지 엘리엇 만들기

1. 트롤롭과 『콘힐』

『블랙우즈』와 19세기 영국 문학장의 관계를 탐구하는 이 책에서 가장 먼저 등장하는 소설가는 조지 엘리엇이다. 그 이유는 조지 엘리엇이 19세기 영국 작가 중 가장 수준 높은 소설을 남긴 작가로 인정될 수 있기 때문일뿐더러, 그녀가 익명 서평을 기고하던 매리 앤 에번스(Mary Ann Evans, 또는 '매리언 에번스'[Marian Evans])에서[78] 저명한 인기 소설가 '조지 엘리엇'(George Eliot)으로 변신하는 과정에 『블랙우즈』가 결정적인 역할을 했기에, 이 잡지의 19세기 문학장에서의 영향력을 보여주기에 이 보다 더 좋은 사례도 드물기 때문이다. 작가의식이 당대

---

78 시골 고향에서 태어날 때 이름은 Mary Ann Evans이나 그녀는 집을 떠나 문필가로 활동할 때부터는 Marian Evans로 이름을 고쳐서 썼다. 이는 부친에 대한 반항일 수도 있고 순전히 이름이 '촌스러워서' 그렇게 바꾼 것일 수도 있다. 이 책에서는 이 인물의 어린 시절은 다루지 않을 것이기에 평론가 겸 번역가로서 Marian Evans 이름으로 그녀를 지칭할 것이다.

여타 소설가들보다 더 뚜렷하고 소설가이기 이전에 상당한 지식을 축적한 지성인이기도 한 조지 엘리엇과 당대 문학장에서 권위적인 위치를 차지하고 있던 이 잡지의 만남은 고급 문학이 사회적인 실체로 구성되는 과정을 생생하게 예시해준다.

1856년 말에서 1857년에 걸친 기간에 『블랙우즈』를 통해 '조지 엘리엇'이 '만들어지는' 과정을 본격적으로 살피기 전에, 먼저 1850년대의 영국 문학장의 정황이 어떠했는지부터 설명해야 할 것이다. 앞서 1장에서 살펴보았듯이, 1817년 『블랙우즈』의 출범 당시 목차에서 문학을 대변하는 장르는 서정시였다. 1830년대부터 소설이 시의 자리를 빼앗기 시작하다가, 1850년대에 이르면 소설은 문학시장의 대표적인 장르로서의 위상을 확보한다. 장편 연재소설이 잡지의 독자확보 전략의 큰 몫을 차지하게 된 형편에서 『블랙우즈』를 비롯한 월간지들은 좋은 소설원고 발굴에 주력하지 않을 수 없었다. 정기간행물 시장에서 소설의 지위가 확립된 것은, 보다 구체적으로는 1850년대의 중간 지점인 1855년에 신문과 잡지에 대한 인지세(stamp duty)가 폐지된 시점 이후이다. 인지세의 규모나 액수는 19세기 전반부에도 점차 줄어드는 추세였다. 1819년에 제정된 인지세법에 따라 시사적인 내용을 담은 일간 및 주간지 기준 한 부당 4페니의 정액세를 물리던 과세기준이 1836년에는 1페니로 감액되었다가 드디어 1855년에는 세금 자체가 완전히 없어진 것이다. 아울러 1861년에는 종이에 매겨지던 간접세도 폐지되었다. 지식과 정보를 전달하는 매체에 대한 정부의 과세가 종식되므로 인쇄물 시장이 완전한 자유 시장 체제로 돌입하게 된 이 국면에서 정기간행물 및 서적 시장의 규모는 더욱 더 커졌고 인쇄물 제작자들은 늘어난 수요를 만족시킬 새로운 문화상품 공급에 적극적으로 나섰다. 매달 새로운 내용이면서도 계속 이어지는 서사구조를 유지하는 장편 연재소설들을 여러 달 동안 잡지에 연재하는 것은 독자를 묶어두는 방법으로서 지극히 효율적이었다. 이 시기에 월간지들에 연재되는 장편소설의 수가 급격히 증가한 것은 놀랄 일이 아니다.[79]

종이에 대한 세금마저 폐지된 1860년, 『허영의 시장』(*Vanity Fair*, 1847), 『펜데니스』(*Pendennis*, 1848~1850) 등의 장편을 출간하여 디킨스에 필적하는 주요 소설가로서 이름을 날리고 있던 윌리엄 메익피스 색커리(William Mackpeace Thackeray)가 새로 출범한 월간지 『콘힐 매거진』(이하 『콘힐』)의 편집장 직을 맡는다. 소설원고 생산자가 정기간행물 시장과 유기적으로 협력하는 국면이 열렸음을 알리는 상징적 사건이었다. 이 잡지는 런던 시티의 금융가 한 가운데 있는 '콘힐'에서 이름을 따오므로 중산층 부르주아 및 이들을 추종하는 소시민들에게 다가가려는 취지를 천명했다. 『블랙우즈』 등 19세기 초부터 내려온 계간지나 월간지들처럼 특정한 정치색을 내세우기 보다는 가급적 많이 팔리고 싶은 고급 문화상품으로서 소비자들에게 친근하게 다가갔던 것이다. 독자에게 친근하게 다가가려는 이 신생 잡지의 의도는 무엇보다도 독자들의 상식에 도전하지 않으면서도 이들의 관심을 끌만한 일상적 현실을 다루는 장편소설 연재로 표현되었다. 『콘힐』 창간호의 목차는 다음과 같다.

[1] 프램리 목사관, 제1장에서 제3장까지
[2] 중국인들과 '원방 야만인들'
[3] 창문 같은 존재 러블, 제 1장
[4] 생물학 연구, 1장

79 Simon Eliot, "The Business of Victorian Publishing," Deirdre David ed., *Cambridge Companion to the Victorian Novel* (Cambridge: Cambridge University Press, 2001) 47.

[5] 프라우트씨의 '허영의 시장' 저자에게 바치는 송시

[6] 우리의 자경단원

[7] 지난 세대의 문인들

[8] 존 프랭클린을 찾아서

[9] 1860년의 첫 아침

[10] 완곡한 문건들, 제 1, '한 게으른 소년'.[80]

『콘힐』의 첫 호를 이끄는 첫 번째 꼭지는 앤소니 트롤롭(Anthony Trollope)의 장편 소설 『프램리 목사관』(*Framley Parsonage*) 연재 첫 호이다. 세 번째 꼭지에 들어간 『창문 같은 존재 러블』(*Lovel the Windower*)은 색커리 본인의 장편소설 연재이다(10번도 색커리의 에세이 연재 코너이다). 두 개의 장편소설 연재를 가동하여 새로 등장한 이 잡지가 독자를 확보하려는 기획이었다. 나머지 기고문들은 과학(4번), 시사(2번, 6번), 지리(8번) 등 일반적인 시사 잡지다운 내용들이지만 장편소설 연재물들에 비하면 배치된 위치상 제2선으로 물러나 있는 모습이다. 트롤롭의 소설이나 색커리의 소설은 중산층 이상 독자들을 끌어들이고 이들이 싫어할 리 없는 일상적이고 세속적인 주제들, 특히 재산 상속과 혼사를 다루고 있다. 반면에 시의 지위는 5번의 희극적인 시 「우리의 자경단원」("Our Volunteers")이나 시사적인 내용을 운문에 담은 「1860년의 첫 아침」("The First Morning of 1860")이다. 이들이 잡지에서 수행하는 역할이 '예술적 품격'을 지탱하는 것이라고 할 수는 없다. 시는 '장식'이라면 연재소설이 '몸체'를 이루는 『콘힐』의 모습은 소설가 색커리가 편집자로서 지휘봉을 잡고 잡지를 이끌 때 또한 그 후에도 꾸준히 유지되었다.

80 *Cornhill Magazine* (1860년 1월) 1권 목차.

『콘힐』 창간호에 자신의 장편소설을 연재한 트롤롭은 『자서전』(*An Autobiography*)에서 그 정황을 구체적으로 기술하고 있다. 그는 소설가일뿐더러 19세부터 53세까지 오랜 기간 동안 체신청(General Post Office)에서 근무한 공무원이기도 했다.[81] 관료 출신답게 그의 자서전은 자신의 생애와 관련된 사소한 수치와 사실들을 정확히 기록하고 있다. 공무원 신분으로 1847년에 첫 장편을 출간한 이후 1860년 『콘힐』에 『프램리 목사관』 연재를 개시할 시점까지 이미 10권의 장편소설을 출간했는데, 이 작품들은 아직 잡지 연재를 거치지 못한 채 곧장 단행본으로 나왔다. 처음부터 단행본으로 나온 책들을 써서 얻은 수입은 그렇게 많은 편은 아니었다. 다작 작가인 트롤롭의 잡지 연재 없이 나온 초기작 중 작품성이 높은 『책임목사』(*The Warden*)와 『바체스터 타워즈』(*Barchester Towers*) 둘을 합친 수입이 727 파운드였다고 트롤롭은 기록한다. 그런데 잡지 연재물로 먼저 시중에 나온 『프램리 목사관』 한 작품의 잡지 연재 원고료는 무려 1,000파운드였다. 이는 트롤롭 본인의 말대로 그의 "경력에 있어서 큰 영향을 미친 기획"이었다.[82] 대중적인 월간지 연재의 상업적인 위력을 실감하게 하는 일화이다. 트롤롭은 평소에 친분이 있던 색커리가 『콘힐』의 편집을 맡자 편집자에게 자신이 우체국 공무상 전국을 다니며 보고 들은 바를 반영한 단편 소설을 제안한다. 이에 대한 편집자 색커리의 답장은 다음과 같다.

81 R. C. Terry ed., *Oxford Reader's Companion to Trollope* (Oxford: Oxford University Press, 1999) 530~532. 공직자 트롤롭은 영국 체신 역사에서 빨간 원주형 우체통(pillar box) 설치를 제안한 사람으로 기억된다. 그 전까지는 집배원이 종을 울리며 거리를 돌면서 직접 우편물을 수거했었다. John Cannon ed., *The Oxford Companion to British History* (Oxford: Oxford University Press, 2002) 765.

82 Trollope, *An Autobiography* 225, 85.

사람이 세상에 살면서 세상에서 벌어지는 일들에 대해 아는 바가 있다면 무엇이듯 들어보자는 것이 제 입장입니다. 선생은 이 세상을 제법 여러 군데 다녀봤을 것이니 필경 머릿속과 수첩에 수없이 많은 소묘들을 담아놓았겠지요 [……] 무슨 사건이 일어나서 생생한 이야기 거리가 될 만한 게 있다면 우리 잡지를 염두에 두시길 바랍니다. 이 잡지의 가장 큰 목표 중 하나는 소설 쥐어짜기에서 탈피해서 현실 세계로 돌아가는 것이지요. 우리 업종을, 특히 선생이 만드는 상품들을 폄하하자는 말은 아닙니다. 나는 내가 마치 제빵사 같다는 말을 자주 하지요. 달콤한 과자를 별로 좋아하지 않고 든든한 빵과 치즈를 선호하지만, 독자들은 달콤한 걸 좋아하니 그걸 구워내서 팔아야 하지요. 우리 집에서 저번에 저녁 때 큰 난리법석이 난 적이 있답니다. 대개 식후에 소설책을 펼쳐들면 곧장 잠에 빠지던 집안의 가장 어르신이 정신이 말똥말똥한 상태로 거실로 들어와서 『세 서기』(*The Three Clerks*) 제 2권이 어디 있냐고 물었으니까요. 『콘힐 매거진』에 이 작품처럼 상쾌한 이야기를 보내주시길 기대합니다.[83]

트롤롭의 1857년 작인 『세 서기』를 칭찬하며 현실감이 넘치는 장편을 청탁하는 이 편지는 당시 문학장을 주도하고자 하는 편집자의 야심도 전해주고 있다. "달콤한 과자"에 만족하지 않고 "빵과 치즈"처럼 든든한 이야기 거리를 제공하고 싶다는 색커리의 희망에 체신청 공무원으로서 자주 출장을 다니며 삶의 실제 현장에 밀착해 있던 트롤롭은 충분히 호응할 수 있었다. '빵과 치즈'(우리식으로 말하면 '구수한 된장찌개') 같은 현실감 넘치는 인생 이야기는 시골 출신으로 고향의 분위기와 사건들에 대해 "수없이 많은 소묘들"을 "머릿속과 수첩"에 담아놓

83 Trollope, *An Autobiography* 86 (1859년 10월 28일자 편지).

았던 매리언 에번스도 얼마든지 제공할 차비가 되어 있었다. 그리고 무엇보다도 트롤롭이나 매리언 에번스처럼 처음으로 『콘힐』 같은 대형 잡지에 소설을 연재하는 작가들은 잡지 측이 제시하는 계약조건에 감격했다. 계약 과정에서 "나를 심히 놀라게 한 것이 한두 가지가 아니었지만, 무엇보다도 제시한 금액(1천 파운드) 때문에 놀랐던 바, 이는 이제껏 내가 받아본 선인세의 두 배를 넘어서는 돈이었다"고 말년의 트롤롭은 회고한다.[84] 트롤롭은 돈의 위력에 기꺼이 굴복할만한 현실주의자였다. 그는 소설가도 다른 전문직과 마찬가지로, 정당한 보수를 추구하는 '사업자'임을 천명한다. 『바체스터 타워즈』 선인세로 100파운드를 받았을 때의 "심오한 희열"을 회고한 직후, 그는 다음과 같은 변명조의 발언을 덧붙인다.

> 나는 화가나 조각가나 작곡가가 창작을 할 경우와 마찬가지로, 저자가 책을 쓰며 돈을 고려하면 안 된다고 생각하는 사람들이 많다는 것을 잘 알고 있다. 나는 이 부자연스런 자기희생이 다른 분야에도 적용되어야 한다는 주장은 들어보지 못했다. 변호사, 목사, 의사, 엔지니어, 심지어 배우나 건축가들은 자신들의 능력과 재주를 활용함에 있어서 별로 망신이라는 걱정 없이 자기들의 인간적 본성을 따라 등 따듯하고 배부른 쪽으로, 또한 처자식의 본성을 따라 가급적 안락한 생활을 할 수 있게 해줄 쪽으로 노력을 할 것이다. 말하자면 정육점 주인이나 제빵사와 마찬가지로 이들은 합리적으로 현실적이어도 좋지만, 예술가나 작가들이 돈 벌이를 일차적인 목표로 삼는다면 자신들의 소명의 고매한 영광스런 자리에서 미끄러져 내린다고들 생각한다. 이러한 교리를 설파하는 자들은 [……] 내 자서전을 깔볼 것이다. 그러나 이들은 자연을 거스르는 미덕을

84 Trollope, *An Autobiography* 87.

> 실천하기를, 내가 보기에는 실천한다고 해도 전혀 미덕이 될 게 없는 바를 권하고 있다.[85]

트롤롭이 쓴 작품의 예술적 수준이 어떠한지의 문제와는 별개로, 그의 이와 같은 현실주의적이고 심지어 속물스럽다고 할 만한 '직업관'은 평론가들은 물론이요 많은 동업자들도 대놓고 시인하기를 그때나 요즘이나 꺼릴 것이다. 본인의 창작을 위한 '자기암시'를 위해서나 아니면 경제적인 보상의 미미함으로 인한 상심에 대한 심리적인 처방으로서나, '예술가'로서의 "고매한 영광스런 자리"는 선뜻 내놓거나 부인하기 어려울 것이기 때문이다. 그러나 돈의 위력을 무시할 "예술가나 작가"를 그때나 요즘이나 찾아보기 쉽지 않을 것이라는 점도 부인할 수 없다. 그렇다면 매리언 에번스의 조지 엘리엇으로의 변신 과정도 "자연을 거스르는 미덕"을 무시한 "합리적으로 현실적"인 판단의 결과였는가? 평론가 시절 그녀의 지적인 전력을 감안하면, 깜짝 놀라게 할 돈의 액수만으로는 (색커리가 풍자적으로 묘사한대로) 제과점 장사하듯 고객이 원하는 이야기를 구워내서 파는 소설 장사판에 그녀가 뛰어든 이유를 설명할 수는 없다. 하지만 동시에 그녀의 소설가로의 변신에 경제적인 조건이 작용하지 않았으리라는 믿음 또한 근거 없다. 경제적 보상을 바라면서도 이를 부인해야 하는 이 '부자연스런' 세계, 부르디외의 표현대로 "반경제적 경제"[86]의 세계를 세밀히 해부해볼 차례이다.

85 같은 책, 66.
86 Bourdieu, *The Rules of Art: Genesis and Structure of the Literary Field* 142.

2. "에이머스 바튼의 저자 선생"

색커리를 제1기 편집자로 영입해서 문학장 내의 주도적인 위치를 확보한 『콘힐』은 1863년에 색커리가 갑자기 죽자 부랴부랴 후임 편집인을 찾아야 했다. 그의 후임 편집인 중 문학사에서 기억되는 인물은 레슬리 스티븐(Leslie Stephen)이다. 그는 버지니아 울프(Virginia Woolf, 처녀 명 '버지니아 스티븐')의 아버지이다. 1872년부터 1882년까지 십 년간 이 잡지를 지휘한 후, 1882년 『콘힐』의 출판사인 스미스 엘더 사(Smith, Elder & Co.)의 대형 기획인 『국가 인명사전』(*Dictionary of National Biography*) 편집을 맡았다.[87] 총 63권에 이르는 이 방대한 전집 제17권에서 "엘리엇, 조지"(ELIOT, George)를 찾아보면, "크로스, 매리 앤"(CROSS, Mary Ann)으로 가라는 간략한 메모만 발견할 뿐이다. 이 지시를 따라 제 13권으로 가면, "크로스, 매리 앤 또는 매리언(1819~1880)" 항목을 만나게 된다. 이 글은 레슬리 스티븐 본인이 직접 썼음을 7쪽에 걸쳐 길게 이어진 이 글 매 페이지 상단에 "L. S."로 표시해 놓았다.[88] '크로스'는 그녀가 세상을 떠난 1880년 결혼한 20년 연하의 남편 존 크로스(John Cross)의 성이다. 법적으로는 사망 당시 존 크로스의 부인이었으니 그녀를 "매리 앤 크로스"로 지칭하는 것이 적합할 수 있다. 그러나 독자들이 기억하는 소설가 '조지 엘리엇'을 이 '주민등록상'의 이름에 종속시킨 편집자 스티븐의 태도는 여성을 깔본다는 혐의에서 자유로

---

87 Drabble ed., *The Oxford Companion to English Literature* 967.

88 Leslie Stephen ed. *Dictionary of National Biography* Vol.17 (London: Smith, Elder & Co., 1889) 186; [Leslie Stephen], "CROSS, MARY ANN or MARIAN (1819~1880)," Leslie Stephen ed. *Dictionary of National Biography* Vol. 13 (London: Smith, Elder & Co., 1888): 216~222.

울 수 없다. 하지만 이 기사의 가장 극적인 대목은 왜 이 여성작가가 말년에 젊은 남편과 결혼을 했고, 또 그 해에 죽었는지가 아니다. 여성 고등교육이란 개념이 없던 시절 워릭셔(Warwickshire) 뉴니튼(Nuneaton)의 평범한 중류층 출신이지만 독일어를 숙달해서 런던 출판계에 독일어 서적에 대한 수준 높은 서평을 써내던 여성 지식인 매리언 에반스, 또한 부인과 별거해서 자식들을 데리고 사는 유부남 조지 헨리 루이스와의 비정상적 사실혼 관계를 기꺼이 감내하던 이 과감한 '신여성'이 왜 어느 날 갑자기 소설가로, 그것도 앞서 1장과 2장에서 살펴보았듯이 모든 면에서 노골적으로 보수적인 입장을 견지했던 『블랙우즈』를 통해 소설가로 변신했는가? 이 정황을 『국가 인명사전』 편집자는 다음과 같이 요약해주고 있다.

> 1856년 두 사람(매리언 에반스와 조지 헨리 루이스)이 일프레콤에 머물고 있었는데, 이곳에서 루이스는 해양생물 연구에 몰두하고 있었다. 이들이 베를린에 갔을 때 매리언은 아마도 쓴 지 몇 년 된 짧은 원고를 루이스에게 읽어주었는데, 스패포드셔 농가의 삶을 묘사한 내용이었다. 그녀는 자신이 극적인 구성을 할 능력이 부족하다는 생각 때문에 소설 쓰기에 나서질 않고 있었다. 루이스는 이제 그녀에게 한번 소설을 써보라고 격려했고, 리치몬드에 거처를 잡은 후 그녀는 1856년 9월 22일에 「에이머스 바튼」("Amos Barton") 집필에 착수했다. 루이스는 즉각 이 이야기가 우수하다는 점을 간파하고 이것을 작가의 이름은 밝히지 않은 채 존 블랙우드에게 보여주면서 출간의사를 타진했다. [……] 블랙우드는 루이스보다는 작품에 대해 덜 열광했지만 그 가치는 인정했기에, 「에이머스 바튼」의 첫 연재호가 블랙우드의 『매거진』에 1857년 1월에 실렸다. 블랙우드는 이 작품을 높이 평가했고 이에 이 연재 시리즈를 모아 단행본으로 출간하자고 제안했다. 작품의 저자는 이제 '조지 엘리엇'이라는 이름을 사용했

으니, 이후 그녀의 모든 글들은 이 필명을 달고 등장했다.[89]

매리언 에번스의 '남편' 루이스는 생물학에 관심이 많았던 문필가(현대적인 의미의 전문적인 '과학자'는 아니었다)로서, 1856년에서 1857년에 걸쳐 『블랙우즈』에 『해안 생물 연구』(*Sea-Side Studies*)를 연재했고, 이 시리즈는 1858년에 블랙우즈 출판사에서 단행본으로 나왔다.[90] 이러한 사업상의 거래관계에 기대어 그는 같이 살면서도 그간 잘 몰랐던 메리언 에번스의 작가적인 소질을 발견하여 이 잡지에 그녀의 첫 작품을 소개했다. 원고가 맘에 들었던 편집자 존 블랙우드는 『블랙우즈』(위 인용문의 "『매거진』")에 「에이머스 바튼」을 포함한 『성직생활 소묘』(*Scenes of Clerical Life*)를 연재할뿐더러 나중에 단행본으로도 내주었다. 잡지 연재 시는 다른 투고자와 마찬가지로 익명성을 유지할 수 있었지만 단행본을 내면서 저자의 이름이 필요했기에 '조지 엘리엇'이라는 필명을 사용했다는 이 기술은 크게 보면 이론의 여지가 없다.

그러나 실제 과정은 그렇게 간단하지 않았다. 블랙우드 출판사 및 『블랙우즈』 잡지와 친분이 깊었던 여성 소설가 마가렛 올리펀트의 블랙우드 출판사 역사를 보면, 루이스를 "실제 명성에 비해 써내는 작품은 수준이 떨어지고 많은 경우 명성과는 전혀 상관이 없는" 문필가로서, 이따금 원고를 『블랙우즈』에 보내오곤 하는 뜨내기 투고자로 분류한다. 루이스는 출판사나 잡지와 인연이 깊은 편은 아니었으나 편집자 겸 사주 블랙우드가 런던에 체류할 때 가끔 찾아가서 인사를 하던 사이이긴 했다. 그가 "새로운 필자를 소개하는, 출판사로서는 늘 반가

89 [Leslie Stephen], "CROSS, MARY ANN or MARIAN (1819~1880)" 219.
90 Rosemary Ashton, *George Eliot: A Life* (London: Penguin, 1996) 166.

운 역할을 갑자기 떠맡자" 출판사 측으로서는 마다할 이유가 없었다고, 올리펀트는 이 사건에 대해 쓰고 있다.[91] 당시 블랙우드 출판사는 창업주 윌리엄 블랙우드의 여섯 번째 아들 존 블랙우드가 부친이 1834년에 사망한 후 경영을 책임지고 있었는데, 출범한 지 벌써 40년이 된 잡지에 새로운 활력을 불어넣을 원고를 적극 반기는 분위기였다.[92] 그렇긴 해도, 루이스와 블랙우즈의 친분이 별로 깊다고 하긴 어려웠고, 진화론 등 새로운 사상을 적극적으로 수용하던 '진보' 성향의 루이스와 세대 교체가 되긴 했어도 선친의 보수주의를 꿋꿋이 이어가던 『블랙우즈』의 편집자 사이에는 근본적으로 거리감이 있을 수밖에 없었다. 게다가 정식결혼을 하지 않은 상태에서 '아내'로 데리고 살던 매리언 에번스와의 관계를 숨기고 그녀를 익명의 저자로 출판사에 소개해야만 하는 거북한 처지도 감안한다면, 루이스의 거간노릇이 쉬운 것만은 아니었다.

실제로 이 두 남자 사이에 오고 간 편지를 보면 상호간의 시각과 '온도' 차이가 없지 않았음을 감지할 수 있다. 조지 헨리 루이스는 존 블래우드에게 「에이머스 바튼」의 원고를 보내며 편지에 다음과 같이 쓰고 있다.

> 이 이야기에 대해서 어떻게 생각할지는 저는 모르겠습니다만, 제 판단에 의하면 "웨이크필드 교구목사" 이후로 이렇게 유머와 페이소스, 생생

91 Mrs [Margaret] Oliphant, *Annals of a Publishing House: William Blackwood and his Sons, their Magazine and Friends* (Edinburgh: William Blackwood and Sons, 1897) 2: 433.

92 Oliphant, *Annals of a Publishing House* 2: 454; 존 블랙우드는 회사 설립자 윌리엄의 아들 중에서 가장 안목이 넓었고 런던 출판계 인사들과도 친분이 넓었기에 형들은 그에게 잡지 편집을 맡겼다. Finkelstein, *The House of Blackwood: Author-Publisher Relations in the Victorian Era* 10~11.

> 한 묘사와 섬세한 관찰을(이런 식의 문체로) 제시해준 적은 없다고 생각합니다. [……] 이 작품은 약 25년 전 시골 성직자들의 실제 삶이 어떠했는지를 그려주는 이야기와 스케치들로 구성될 예정인데요, 그러니까 **신학적인** 측면은 **전혀** 다루지 않고 **인간적인** 측면만을 다룰 것입니다(1856년 11월 6일, 269).[93]

존 블랙우드가 물려받아 운영하고 있는 잡지는 앞서 1장에서 살펴보았듯이 토리주의를 노골적으로 표방했다. 토리 이념의 핵심에는 영국 왕정뿐 아니라 국가 교회 수호가 자리 잡고 있었다. 루이스는 영국 국가교회 성직자를 다룬다는 점이 충분히 블랙우드의 관심을 끌 수 있으리라 계산했던 것 같다. 윌리엄 골드스미스(William Goldsmith)가 써서 1766년에 나온 당대의 히트작 『웨이크필드의 교구목사』(*The Vicar of Wakefield*)처럼 국가교회 성직자를 주인공으로 다루면서 유머와 진지함을 적절히 섞어놓았다는 선전도 이러한 계산에 맞춘 수사라고 할 수 있다. 반면에 블랙우드가 행여나 신학적인 문제를 건드리며 성직자나 국가 교회를 비판하지 않을까 하는 우려에서, 루이스는 편지에 밑줄을 그어가며(위의 굵은 체 글씨들) 성직자들의 "인간적인 측면"만을 다뤘다고 상대를 안심시키고 있다. 이로부터 약 1주일 후, 블랙우드는 원고를 검토한 후 다음과 같은 평가를 루이스에게 전해주었다.

> 이 저자는 자신의(his) 배우들의 성격이 이야기 속 사건을 통해 드러나도록 놔두지 않고 자신의 직접 묘사로 지나치게 모든 것을 다 설명해

---

93 이하의 편지의 출처는 특별한 언급이 없는 한 Gordon S. Haight ed. *The George Eliot Letters* Vol. 2: *1852~58* (New Haven: Yale University Press, 1954)이다. 본문에 편지 날짜와 이 판본의 쪽수를 표시한다.

주려 노력하는 오류에 빠지지 않는가 하는 생각이 듭니다. 하지만 묘사들이 아주 유머도 넘치고 좋더군요. [……] 저는 위선적인 신앙도 경멸하지만 진정한 신앙심을 비아냥거리는 것을 혐오합니다. 또한 저자도, 비록 그가 그린 성직자들이 한 사람을 빼고는 별로 매력적인 인간상이라고 하기는 어렵지만, 저와 같은 식의 생각을 하고 있다고 믿고 싶습니다(1856년 11월 12일, 272).

루이스의 예상은 적중했다. 블랙우드는 성직자들이나 기독교 신앙을 비판하는 냄새를 풍기는 요소에 매우 민감했기에, (당연히 남성이라고 생각한) 저자가 다소 부정적인 시각에 경도되지 않았나 하는 불편한 심기를 토로하고 있다. 반면에 인용문 앞부분에서 보여주는 소설기법에 대한 그의 '평론가'적 안목은 종교나 이념과 상관없이 그 자체로 예리한 지적이다. 작가-서술자가 너무 개입을 많이 하고 대체로 말이 많은 것이 분명히 이 평론가 출신 작가의 문제점일 수 있다. 이러한 우려에도 불구하고 원고의 매력과 가치는 충분히 감지하고 있음은 표명했기에, 루이스의 중개업은 성사될 여지가 컸다.

존 블랙우드는 약 한 달 후, 루이스의 집주소로 아직 신원이 밝혀지지 않은 저자에게 보내는 편지를 보내어서 작가를 격려했고, 아울러 편집자 및 잡지의 성향과 입장이 반영될 수 있기를 바란다는 '압력'을 넌지시 가했다. "친애하는 선생님에게(Dear Sir)"로 시작하는 이 편지에는 다음과 같은 품평과 발언이 담겨있다.

제가 첨부하신 '에이머스'의 첫 24쪽을 어젯밤에 완전히 즐겁게 읽었다는 반가운 말씀을 전합니다. 전적으로 훌륭하고 유머가 뚜렷하더군요, 신선하게 쾌적하며 자연스러웠습니다. [……] 제가 어찌나 키득거리고

웃어댔던지 제 집사람이 제가 내려놓는 원고를 한 장씩 바로 집어 들고서 신나게 탐독했답니다. [……] 그렇긴 해도 순진무구하게 교회에 다니던 시절에 대한 추억을 약간 더 애정을 갖고 다루셨으면 좀 더 예술적이고 느낌도 더 좋을 것이라는 생각이 듭니다(1856년 12월 10일).[94]

블랙우드의 비평이 어느 정도 원고의 방향과 세부내용에 영향을 미쳤는지는 확인할 수 없겠으나, 원고의 출판 여부를 결정하는 사람의 편지에 담긴 이러한 격려 및 비평이 작품 집필과정의 변수 중 하나였을 것이라는 추정은 가능하다. 곧이어 블랙우드와 조지 엘리엇은 출판계약을 맺는 갑과 을의 관계로 발전했다. 같은 달 29일에 보낸 편지에서 블랙우드는 저자에게 "이 연재물에 큰 기대를 걸고 있으며, 에이머스의 후속편들이 같은 수준이길 충분히 기대한다"면서 동시에 「에이머스 바튼」 에필로그의 어린이들 명단을 좀 줄이는 게 어떻겠냐는 사뭇 구체적인 수정의견도 제시했다(1856년 12월 29일, 283). 『블랙우즈』 연재계약이 가져다줄 경제적 이득을 무시할 수 없는 작가는 이 제안을 받아들였다. 조지 엘리엇이 출판사에 보낸 편지의 다음과 같은 발언은 경제적 고려를 "부인"하면서도 인정하는, 부르디외가 말하는 예술적 '상징자본'의 축적과정을 생생히 예시한다.[95]

저는 50 기니 수표의 미덕에 매우 감동했습니다만, 저는 친절히 제 작품을 평해주신 점에 대해 그보다 더 감동했습니다. 제 작품을 쓸 만한

---

94 이 편지의 출처는 Carol A. Martin, "Two Unpublished Letters from John Blackwood on the Serialization of *Scenes of Clerical Life* and *Adam Bede*," *Publishing History* 37 (1995): 52.

95 Bourdieu, *The Rules of Art: Genesis and Structure of the Literary Field* 148~149.

가치가 그 자체로 있었다는 확인을 제게 해주시는 것이니까요(1857년 1월 4일, 288).

같은 편지에서 작가는 어린이 명단에 대한 조언도 받아들이겠다고 하며, 아울러 "혹시나 이어지는 이야기들이 '매거'의 페이지에 적절치 않아 보이시면, 폐를 끼치지 않고 미래에 단행본을 낼 경우 그때 포함시키면 될 것입니다"라고 사뭇 겸허한 어조로 답장했다. 이러한 '저자세'가 50 기니 원고료의 "미덕"(merits) 때문인가? 앞서 인용한 트롤롭의 『자서전』은 이 물음에 대해 주저함 없이 '그렇다!'라고 답할 것이다. 당대 유수의 월간지에 소설을 연재한다는 사실의 '명예'는 물론이요 '실리'도 적지 않았음은 부인할 수 없다. 조지 엘리엇의 『일기』(*The Journals of George Eliot*)에 의하면, 평론가로만 활동하던 1855년 그녀가 1년 내내 서평을 써서 받은 원고료의 총액을 119파운드 8실링으로 기록하고 있다. 그녀가 주로 평론을 싣던 계간지인 『웨스트민스터 리뷰』(*Westminster Review*)에서 편당 받은 최고 금액은 12파운드에 불과했고, 가장 적게 받을 때는 편당 1파운드였던 적도 있었다.[96] 「에이머스 바튼」 연재 1회분 고료 50기니(약 52.5 파운드)는 평론가 시절 그녀의 통상적 1년 수입의 50%에 육박한다. 『블랙우드』 측에서 보내준 "50 기니 수표의 미덕"에 그녀가 "감동"한 것은 당연하다. 이제 평론은 접고 본격적으로 소설만 쓰기 시작한 1857년, 그녀가 연말에 결산한 수입은 무려 443파운드 3실링으로, 이는 1855년에 대비 3.7배 늘어난 액수이다.[97] 평론가 매리언 에번스가 소설가 조지 엘리엇으로 변신하는 과정

96 George Eliot, Margaret Harris and Judith Johnston ed., *The Journals of George Eliot* (Cambridge: Cambridge University Press, 1998) 58, 65.
97 *The Journals of George Eliot* 72.

에서 경제적인 "미덕"이 무시 못할 요인임을 이러한 수입의 변화를 일기에 소상히 기록하며 작가 본인도 시인하고 있다.

그러나 '돈'으로만 모든 것을 설명하는 경제환원주의적 시각은 부르디외가 강조하듯 사안의 이중성을 한 쪽으로만 쉽게 축소하는 오류로부터 자유롭지 않다. 원고 생산자로서는 자신의 작업의 "가치가 그 자체로 있었다는 확인"이 절대적으로 필요하다. 돈의 가치를 인정하면서도 동시에 이를 부인하는 양가적인 태도는 고급 예술가의 정교한 '자기도취적' 창작행위에 기여하기 마련이다. 편집자 · 출판업자 측에서 행여나 창작자의 기를 꺾거나 집필과정에 지나치게 개입할 경우, 팔아야할 문화상품의 고유한 "미덕" 내지는 상품가치가 손상될 위험이 있음을 노련한 출판업자 존 블랙우드는 잘 알고 있었을 것이다.[98] 창작자의 독창성을 키워주는 '격려'를 보내며 동시에 '수정의견'을 전하고 또한 상품의 판매에도 진력해야 하는 편집자 겸 출판업자 존 블랙우드는 부르디외가 말하는 "창작가를 창작하는 자들" 고유의 '기교'와 '기법'을 정교하고도 적절하게 발휘했다. 조지 엘리엇의 동거인은 블랙우드에게 보낸 편지에서 조지 엘리엇이 워낙 "민감하고 자신의 능력을 의심하는 친구(fellow)"라서 자신이 "그 친구(him)가 자신의 재주에 대한 자신감을 갖도록 하려고 얼마나 애를 썼는지를 아마도 모르실 거"라며, 편집자가 너무 강하게 수정을 요구하면 안 될 것이라는 뜻을 간접적으로 전했다(1857년 2월 11일, 295). 숱한 작가들을 다뤄본 존 블랙우드인지라 (블랙우드의 사무실은 에든버러에 있었고 조지 엘리엇 '부부'는 런던에 있었기에) 아직 만나보지 못한 이 무명작가의 성품을 감지했던 것 같다. 예를 들어, 그 해 1월말 블랙우드 "에이머스 바튼의 저자

98 Finkelstein, *The House of Blackwood: Author-Publisher Relations in the Victorian Era* 27.

선생"에게 보낸 편지에서,

> 독자들이란 극히 진기한 동물이어서 이 동물의 맥박을 재는 데 익숙한 사람들은 무엇이 과녁의 정중앙을 맞힐지를 예측하기가 얼마나 힘든지 잘 알고 있습니다만, 저는 밀리의 죽음이 모든 독자들의 심금을 울리지 않는다면 극히 놀랄 것입니다. 이것은 매우 감동적인 임종 장면입니다(1857년 1월 30일, 290).

라며 주로 칭찬과 격려에 주력했다. 편집자의 맘에 쏙 든 이 임종 장면이란, 가난한 시골목사 에이머스 바튼의 헌신적인 아내 밀리(Milly)가 어린 자식들과 남편을 뒤에 남기고 세상을 떠나는 장면으로, 이 중편의 클라이맥스이다. 이 처녀작이 "독자들을 사로잡았음"이 "그야말로 확실"하다고 2월에 블랙우드가 작가에게 보낸 편지에서 전하고 있다. 블랙우드 주변의 "거의 모든 지인들도 하나같이 칭찬하는 목소리들"이었다. 블랙우드는 또한 조지 엘리엇이 "소설 쓰기는 이번이 처음인 것 같다는 인상을 받았다"는 말을 한 직후, "이것은 작품이 생경해서가 아니라 신선함이라는 그 값진 특징(invaluable quality)" 때문이라는 "예찬의 의미"였다며, 작가의 자존심을 건드리지 않으려 조심했다(1857년 2월 10일, 293). '신선도'가 말 그대로 계산할 수 없을 정도로 중요한 가치일 수밖에 없는 문화상품을 거래하는 블랙우드로서는 이 점을 잘 알고 있었다.

그런데, 존 블랙우드는 출판업자일 뿐 아니라 수십 년간 이어온 토리 계열 종합월간지의 편집인이기도 했다. "에이머스 바튼의 저자 선생"의 성격이 민감하건 아니건, 그의 작품이 등장하는 잡지에 실리는 글들이 1장에서 살펴본 대로 초기부터 유지해온 뚜렷한 '개성'을 흐트러뜨

리거나 손상시키지 않도록 할 책임이 블랙우드에게 부여된 권한과 떼어놓을 수 없었다. 『성직생활 소묘』 연작의 두 번째 중편인 「길필 씨의 사랑 이야기」("Mr Gilfil's Love-Story") 연재에 들어간 1857년 2월, 편집자는 아직도 신원이 확실히 파악되지 않은 "성직 소묘의 저자 선생"(To the Author of Clerical Scenes)에게 편지를 보내면서 이 작품에 나오는 젊은 여성 주인공 하나에 대해 "좀 더 품격 있는" 인물로 만들어달라고 주문한다(1857년 2월 16일, 297). 그러나 작가는 편집인에게 보낸 답장에서 단호한 어조로 창작자의 '자유'와 '권한'을 선언했다.

> 저는 인물의 형상화나 성격전개에 관련해서 아무것도 바꿔놓을 수가 없습니다. 제 이야기들은 등장인물 심리를 설정한 토대위에서 만들어지는 것이기 때문이지요. [……] 저의 예술적인 기질은 어디로 보나 흠잡을 데 없는 인물들을 제시하는 쪽이 아니라 복잡한 요소가 혼재된 인물들을 독자들의 너그러운 판단과 동정과 연민을 불러일으키는 방식으로 제시하는 데 맞춰져 있습니다. 따라서 저는 제가 인물의 진실이라고 느끼는 바에 대해서는 단 한 발자국도 물러설 수가 없습니다. 혹시나 선생님이 제가 인간의 모습을 형상화한 것이 진실에서 벗어난다고 생각하시는 부분이 있으면 그것을 제게 지적해 주시지요. 그러면 매우 기꺼이 다시 그 부분을 검토해보겠습니다. 하지만 불행히도 일관성이 없고 인간적인 약점이 넘쳐나는 모습들이 인간의 참모습이 아니던가요!(1857년 2월 18일, 299)

블랙우드도 쉽게 물러설 사람이 아니었다. 그는 이번에는 조지 헨리 루이스에게 3월 초에 편지를 보냈다. "아마도 조지 엘리엇(George Eliot)이 이 단계에서 한 글자라도 고친다는 제안에 대해 펄쩍 뛰며 화를 낼지 모르겠지만. [……] 그가(his) 아끼는 젊은 여주인공"을 좀 더 부드럽게 제시해야 할 것이라고 편집자의 입장을 다시 전했다(1857년 3월 11일, 308).

여기서 첫 번째로 지적할 바는 이 두 편지 사이에서, 즉 1857년 2월 중순과 3월 초 사이에서 "성직 소묘의 저자"에게 "조지 엘리엇"이라는 정식 필명이 부여되었다는 사실이다. 물론 이런 남성 이름을 사용하니 저자에게 남성 대명사가 할당되었다. 왜 남성 필명을 사용했고 왜 굳이 '조지 엘리엇'이냐는 문제보다 더 중요한 것은 이 '조지 엘리엇'이 '만들어지는' 과정이 이렇듯 잡지 오너 겸 편집인이자 출판사 대표 존 블랙우드와 신분을 숨긴 원고 창작자 사이에서 오고 가는 서한에서 등장한 기표라는 것이다. '조지 엘리엇'은 1856년 말에서 1857년 초 영국 문학장의 한 좌표의 명칭, '갑'과 '을'의 특정한 관계가 '편의상' 만들어낸 이름이다. 이 '조지 엘리엇'은 자신의 "예술적인 기질"이나 "인간의 모습"에 대한 소신을 아무런 제약이나 여과 없이 그대로 독자 앞에 제시할 수 있는 주체가 아니었다. '조지 엘리엇'은 존 블랙우드와 둘 사이를 매개해준 조지 헨리 루이스 덕에 수많은 독자를 확보하고 있는 이 잡지 지면에 활자로 구현될 수 있었다. 그녀가 필명으로 '조지'를 선택한 것은 이 친구이자 '남편'인 조지 헨리 루이스에 대한 애정과 고마움이 큰 요인이 되었으리라고 추측할 만하다. 하지만 이에 못지않게 중요한 사실은 '조지 엘리엇'과 존 블랙우드 사이의 상호의존관계이다. 두 사람의 관계는 일방적으로 어느 한쪽이 다른 한쪽의 뜻이나 훈수를 따르는 식의 관계는 아니었음을 강조할 필요가 있다. 위의 2월 18일자 조지 엘리엇의 편지에서 보았듯이, 작가로 변신하기 이전에 평론가 겸 실질적인 잡지 편집인으로 활동했던 매리언 에번스가 무조건 편집자 블랙우드의 의견을 수용할 사람도 애초에 아니었거니와, 사안의 성격상 편집자가 대신 창작을 할 수 없는 한, 창작자의 '자율성'

은 잡지에 실릴 '물건'을 만드는 데 필수적인 요소였다.

이어지는 편지들을 보면 이 둘의 힘겨루기에서 오히려 원고 창작자 쪽이 더 우위를 점했음을 감지할 수 있다. 블랙우드는 『성직생활 소묘』 소설집의 세 번째이자 마지막 중편인 「자넷의 참회」("Janet's Repentance")에 대해서 작가에게 보내는 편지에서, 재미있기는 하지만 "좀 더 쾌적한 그림이면 좋았을 것"이라고 하며, "언제쯤 선생은 진정으로 선하고 활발하고 열심히 일하는 성직자의 모습을 써줄 것이지요?" (1857년 6월 8일, 344~345)라며 대놓고 불만을 토로한다. 작가가 성직자들의 삶을 '인간적'으로 그리기는 하지만 그들의 종교적 권위나 신앙의 진정성을 충분히 인정하거나 부각시키지 않고 있음이 토리주의를 대변하는 『블랙우즈』의 편집인으로서는 당연히 불만스러웠다. 원고 생산자의 대응은 거의 그야말로 "펄쩍 뛰며 화"를 낸다고 할 만한 정도였다. 불과 3일 후인 6월 11일, 여러 장으로 이어진 긴 편지에서 작가 "선생"은 자신의 입장을 강변하면서 한 마디로 자기는 "자신을 바싹 조이는 영향력 하에서는 전혀 글을 쓸 수 없다"고 선언하며, 정 싫다면 연재를 그만 두자고 했다. 단, 잡지 편집자로서 존 블랙우드의 간섭은 거부했지만, 출판업자로서 존 블랙우드의 눈치는 보고 있었다. 이 중편을 "비록 잡지에 포함시키는 위험은 감수하기 꺼려하실지 몰라도 단행본에 포함시키는 데는 별 곤란함을 느끼지 않으실 것이라고 감히 생각합니다"라며 그녀는 유화적인 제스처도 가미했다(1857년 6월 11일, 348). 존 블랙우드는 한 발 물러서서 연재를 계속하자고 하며, "어떤 방식으로건 속박을 받고 있다고 생각하지 마시라"(1857년 6월 14일, 352)며 일단 안심을 시켰다. 그러나 여전히 종교인들의 묘사에 대한 불평을 멈추진 않았다. 작가에게 보낸 편지에서 편집인은, "선생이 묘사한 주교는 진실된 모습이긴 하겠으나 좀 더 나은 인물이 그 역을 맡았으면 좋았으리라고 생각"한다는 의견을 피력했다. 또한 교회의 성례에 대한 묘사도 "불경한 태도로 예식을 우스꽝스럽게 그리려 한다는 비난의 소지"가 있음을 우려한다고 했다(1857년 7월 7일, 360). 조지 엘리엇은 또 다시 자신의 입장을 다음과 같이 소신껏 재천명했다.

> 나는 그저 사안을 있는 그대로, 내 자신의 품성이 내게 준 방법을 통해서 바라본 그대로 제시하려 했을 뿐입니다. [……] 나는 냉소적이거나 불경스런 방법을 통해 사안을 바라봤던 기억은 나지 않습니다. 내가 쓰는 글이 이러한 저급한 정신 상태를 만들어내는 경향이 없기를 희망하지 않을 수 없군요(1857년 7월 13일, 362).

바로 전날, 그녀의 동거인이자 그녀를 블랙우드에게 소개한 중개인인 또 다른 조지, 조지 헨리 루이스도 그 전날 블랙우드에게 편지를 보내며, "엘리엇의 작품들에 대해 아주 심각한 반대를 할 것이 아니면 전혀 반대를 안 하는 쪽이 좋을 것"이고, "그는 워낙 자신감이 약한 터라 매우 쉽게 좌절감에 빠지고 자신의 작품이 제대로 수용이 안 된다고 생각하면 연재를 그만둘 것"이라는 경고성 발언을 전달했다(1857년 7월 12일, 364). 두 '조지'들의 연합 공세에 밀려 블랙우드는 편집인으로서의 권한행사를 자제하고 「자넷의 참회」를 『블랙우즈』에 조지 엘리엇이 쓴 그대로 끝까지 연재해 주었다.

지금까지 살펴본 '조지 엘리엇' 만들기 과정에서 결정적인 역할을 한 사람은 조지 헨리 루이스이다. 앞 문단에 인용한 마지막 편지에서처럼, 매리언 에번스의 신분을 남성 작가 "엘리엇"으로 위장해 놓고 태연하게 "그"(he)로 자신의 내연녀를 지칭하고 있는 루이스의 편지는 법적인 차원에서는 '사기'에 해당한다. 또한 "자신감이 약"하다고 "엘리엇"

의 성격을 설명한 것도 사실을 왜곡하고 있음을 이제껏 살펴본 엘리엇의 예술가로서의 소신과 자신감이 충만한 편지글들이 증언한다. 명확한 예술관과 '싫으면 그만두자'는 고집으로 무장한 이 신예 작가가 여성이라는 사실과 그녀가 이제껏 활동해온 내력을 존 블랙우드가 처음부터 알았다면 루이스의 거간노릇은 성공하지 못했을 가능성도 적지 않다.

3. 『웨스트민스터 리뷰』와 매리언 에번스

『블랙우즈』의 지면에 『성직생활 소묘』 연재가 나가게 되면서 '조지 엘리엇'으로 필명이 정해지기 전 이 저자는 당시 관행대로 익명으로 『웨스트민스터 리뷰』에 서평을 싣던 문필가였다. 평론가 매리언 에반스는 그녀를 '조지 엘리엇'으로 변신시키는 데 적극적인 역할을 맡았던 조지 헨리 루이스와 사실상 부부관계였으나 이미 다른 여자와 결혼한 상태였던 루이스의 성을 정식 부인처럼 갖다 쓸 수 없었다. 그녀가 블랙우드의 잡지와 출판사를 통해 데뷔하여 19세기 후반부에 존경받는 소설가의 지위를 누리다가 삶을 마감했고 후대에 영문학 정전에 포함된 작가로서 많은 독자들과 학생들이 그녀의 작품을 읽게 된 역사를 거친 후의 시점에서 보면 매리언 에번스가 조지 엘리엇으로 변신한 과정이 지극히 적절하고 당연한 것으로 생각되기 마련이다. 20세기 말에 조지 엘리엇의 전기를 쓰는 로스매리 애쉬튼(Rosemary Ashton)이 「조지 엘리엇의 탄생」("The Birth of George Eliot")이라는 장에서 기술하는 바대로,

> 그녀가 37세가 되자 드디어 그녀의 범상치 않은 삶이 결실을 맺었다. 어린 시절 여성간의 우애와 경건성, 자기분석과 자기절제와 남들에 대한 비판적 관찰, 그리고 교육받고 시야가 넓고 회의주의적이고 정통을 거부하는 남성들과의 최근 몇 년간의 교류, 그녀의 어린 시절의 정서적 궁핍함, 그녀의 중년 초기의 성취들, 그리고 그녀가 처한 이율배반적인 처지, 사회의 제약과 배제와 뗄 수 없이 묶여있는 예사롭지 않은 자유, 그녀의 삶의 이러한 손실과 이득들은 작가 조지 엘리엇을 만들어낸 훌륭한 배합이 되었다.[99]

작가의 삶에 일관성을 부여하고 '섭리적인' 사건의 "훌륭한 배합"을 찾아내는 것이 전기 저자의 몫이긴 하지만, 이러한 '거룩한' 작가론은 문학장과 텍스트 생산 및 유통의 실상을 가려버리는 경향이 문제이다. 그러한 위장이 작가의 전기를 하나의 서사로 소비하는 애쉬튼의 독자들에게는 별 문제가 될 것이 없겠지만, 당대 문학장의 모습을 파악하려면 이러한 신성화의 치장들을 걷어낼 필요가 있다. 애쉬튼이 완곡하게 표현한 "이율배반적인 처지"는 이미 앞서 말했듯이 그녀와 조지 헨리 루이스의 동거관계를 지칭한다. 그보다 앞서 거론한 "교육받고 시야가 넓고 회의주의적이고 정통을 거부하는 남성들"에는 루이스 외에도 두 사람이 더 있다. 첫째는 그녀가 고향 뉴니튼을 떠나 코벤트리(Coventry)로 간 후 만난 자유사상가 찰스 브레이(Charles Bray)로, 그에게 '교육'을 받은 결과 그녀는 복음주의적 기독교 신앙을 버리게 되었다. 그녀의 첫 출간물은 브레이의 영향 하에 수행한 다비드 스트라우스(David Strauss)의 『예수의 생애』(*Das Leben Jesu*)의 영어 번역작업이었다. 독일

---

99 Ashton, *George Eliot: A Life* 171.

어 실력이 상당한 수준이었던 이 젊은 여성에게 브레이는 이 책의 번역을 맡겼고, 1846년에 역자의 이름 없이 책이 출간되었다. 그녀가 번역한 서적은 당대의 역사적 고증에 근거해서 예수 그리스도의 신성을 부인하는 책이었기에, 이를 환영하는 쪽도 있었지만 존 블랙우드를 포함한 보수 세력은 물론이요 중도적인 입장의 대부분의 영국인들로서도 받아들일 수 없는 내용이었다. 그녀가 기독교 정통 교리를 와해시키는 데 적극적이었음은 1854년에 초월적인 절대자의 계시를 부인하는 루드비히 포이어바흐(Ludwig Fuerbach)의 『기독교의 본질』(*Das Wesen des Christentums*)을 이번에는 "매리언 에번스 역"이라는 실명으로 출간했다는 사실이 분명히 증언한다.[100] 이 두 번째 책은 브레이의 영향권에서 벗어난 후에 나오긴 했으나 매리언 에번스의 신앙을 흔들어놓은 브레이의 '교육'의 결실이라고 할 수 있다. 두 번째 남성은 그녀가 런던 문단에 진입하는 데 디딤돌 역할을 한 존 채프먼(John Chapman)이다. 1850년부터 조지 헨리 루이스와 동거하게 된 1854년까지 메리언 에번스는 그의 집에서 거주하며 채프먼이 인수한 『웨스트민스터 리뷰』의 편집 실무를 돕는다. 채프먼 역시 브레이와 마찬가지로 전통적인 기독교 교리를 비롯한 영국의 보수주의의 신념들에 대항하길 즐겼던 인물이다. 매리언 에번스가 조지 엘리엇이 되기 전까지의 "범상치 않은

100 뿐만 아니라 매리언 에반스는, 인간과 자연, 우주를 '실체'(substance)로 일원화해서 설명하므로 무신론의 이론적 토대를 마련해준 스피노자(Benedict de Spinoza)의 『윤리학』(*Ethica*)의 번역자이기도 했다. 그녀는 1854년에서 1855년에 걸쳐 이 저서를 완역했으나 생전에는 출간하지 않았다. George Eliot, Rosemary Ashton ed., *Selected Critical Writings* (Oxford: Oxford University Press, 1992) 366. 그녀가 사망한 지 100여년 후인 1981년에야 출판된 이 번역서를 생전에는 묻어두었던 것은 아마도 블랙우드와 협력관계로 진입한 후, 급진적인 전력을 가급적 숨기려 했기 때문일 수 있다. 같은 논리로, 만약에 『블랙우즈』를 통한 조지 엘리엇으로의 변신이 없었고 그녀가 평생 '매리언 에번스'로 살았다면 이 번역서는 아마도 생전에 출간되었을 것이다.

삶"은 쉽게 요약하면, 복음주의적 배경에서 성장했고 독일어가 특별한 장기인 여성 문필가가 진보적인 남성 자유사상가들의 서클에서 활동하며 라이프스타일 역시 당대 기준으로서는 (유부남들의 집에서 같이 살다가 마침내 한 유부남과 사실혼 관계를 맺는) 상당히 자유로운 편이었다고 요약할 수 있다.[101]

매리언 에번스가 채프먼의 집에서 살 당시 비록 잡지의 편집인 이름은 채프먼으로 나갔지만 그녀가 사실상 편집자였다는 것에 대해 학자들은 이견이 없다. 1850년대의 『웨스트민스터 리뷰』가 승계한 같은 이름의 계간지는 전통과 권위에 도전하는 자유주의 전통을 이어가고 있었다. 『에든버러 리뷰』나 『쿼털리 리뷰』 양자 모두에 반기를 들고 등장한 이 잡지의 최초 편집자는 제임스 밀(James Mill)이었다. 그는 공리주의 철학자 제러미 벤담(Jeremy Bentham)을 열렬히 추종하던 동인도회사 고위급 직원이었다. 벤담의 훈수를 받으며 이 잡지를 구상한 제임스 밀은 1824년에 잡지의 제안서를 『에든버러 리뷰』의 런던 출판사였던 롱맨스(Longmans)에 보냈다. 이 제안서에서 밀은 이 새로운 계간지가 휘그를 대변하는 『에든버러 리뷰』와 토리를 지지하는 『쿼털리 리뷰』로 양분된 계간지 언론계를 초월하는 공리주의적 보편성을 추구한다고 하며, "인간행복의 총합을 늘리고 인류의 처지를 개선할 원칙들을 견고하고 변함없이 지지할 것"임을 천명했다.[102] 『에든버러』를 대놓고 공격하는 이 제안서를 롱맨스가 받아들일 수는 없었다. 이 잡지는 대신 볼드윈, 크래독, 조이(Baldwin, Cradock, and Joy) 출판사가 떠맡아서

---

101 Gordon S. Haight, *George Eliot: A Biography* (Oxford: Oxford University Press, 1968) ch.2~ch.6; Ashton, *George Eliot: A Life* ch.2, ch.4, ch.5; John Rignall ed., *Oxford Reader's Companion to George Eliot* (Oxford: Oxford University Press, 2000) 37~38, 49~51, 213~220.

102 George L. Nesbitt, *Benthamite Reviewing: The First Twelve Years of The Westminster Review* (New York: AMS Press, 1966) 35에서 재인용

창간호가 나갔는데, 첫 호가 3,000부 팔리면서 비교적 순조롭게 시작했다. 그러나 편집진 내부에 불화가 일어나고 『에든버러』 측의 지속적인 공격에 밀리면서 1820년대 말에는 그 위상이 흔들리기 시작했다. 1830년대 들어와 제임스 밀이 손수 공리주의 원칙에 의해 홈스쿨링으로 키운 천재아들 존 스튜어트 밀이 편집을 맡으면서 잡지 이름을 『런던 앤 웨스트민스터 리뷰』(*London and Westminster Review*)로 바꾸고 다시 도약을 노렸다. 그러나 밀의 명철한 두뇌에도 불구하고 이 잡지는 대중적인 기반을 마련하는 데 실패했다.[103] 1851년에 존 채프먼이 잡지를 인수할 당시 그 영향력이나 독자 규모는 『블랙우즈』와 비교할 때는 볼품없는 군소잡지였다. 하지만 매리언 에번스 같은 '숨은 인재'의 도움을 받은 덕에 이 잡지는 벤담과 밀 부자의 맥을 이어간다고 할 만한 지적인 수준은 유지했다.[104] 1856년에는 에번스가 잡지의 편집에서 손을 떼고 조지 헨리 루이스와 살던 시절이지만 그녀는 중요한 평론문을 계속 이 잡지에 투고했다. 이 무렵 『웨스트민스터 리뷰』의 모습을 대변하는 제 10권(1856년 7월호) 목차를 보면 다음과 같다.

I. 기독교 선교: 원칙과 실천
  1. 일본과 파라과이에서의 선교 역사. 세실리아 매리 캐들 지음. 번스와 램버트 출판사.
  2. 이교도들 사이에서의 기독교 전파의 역사. W. 브라운 목사 지음.

103 Nesbitt, *Benthamite Reviewing: The First Twelve Years of The Westminster Review* 139, 163.

104 이 잡지 편집인으로서 그녀의 '활약상'에 대한 최근 연구로는 Fionnuala Dillane, "'The Character of Editress': Marian Evans at the *Westminster Review*, 1851~54," *Tulsa Studies in Women's Literature* 30 (Fall 2011): 269~290가 있다.

제 3판. 블랙우드 앤 선스 출판사.

3. 선교와 선교사들. 조세프 킹스밀 지음. 롱맨 앤 컴퍼니 출판사.
4. 선교의 이론. 에드워드 화이트 목사 지음. 벤자민 그린 출판사.
5. 미합중국의 탐험 및 탐사 역사. 찰스 윌크스 지음. 뉴욕: 조지 P. 퍼트넘 출판사.
6. 마키서스 섬 계곡 원주민들 사이에서 지낸 4개월의 기록. 허먼 멜빌 지음. 머리 출판사.
7. 오무. 허먼 멜빌 지음. 머리 출판사.
8. 테 이카 아 마우이, 또는 뉴질랜드와 그 거주민들. 리처드 테일러 목사 지음. 버타임 앤 매킨토시 출판사.
9. 그리스와 터키 여행 중 생긴 일들. J. L. 스티븐 지음.
10. 개인적 수기. F.W. 뉴먼 지음. 『더 리즈너』 31호.
11. 카스 봉쇄. 험프리 샌드위치 지음. 머리 출판사.
12. 선교의 정신. 뉴욕: 대너 앤 컴퍼니 출판사.
13. 선교 헤럴드; 교회 선교 기록; 선교 매거진 앤 크로니클.
14. 크리스천 타임스, 1856년 5월호.

II. 독일인들 삶의 자연사

1. 시민 사회에 대하여. W. H. 릴. 제 3판. 1855.
2. 토지와 민중. W. H. 릴. 제 3판. 1856.

III. 스미스의 라틴어 영어 사전

1. 라틴어 사전, 역사계통적 원칙에 의거하여 문법, 동의어, 고고학적 측면을 고려함. 빌헬름 프로인트 박사의 연구에 의함. 총 8권. 라이프치히, 1834~1840.
2. 비평적 라틴어 영어 대어휘집. 윌리엄 프로인트 박사의 이보다

더 큰 라틴어 독일어 어휘집에 기초하되 게스너, 파치오라티, 숄러, 조지 등의 어휘집의 첨가 및 수정을 반영함. E. A. 앤드류스 편집. 뉴욕, 1851.

3. 라틴어 영어 사전, 포첼리니와 프로인트의 작업에 기초함. 윌리엄 스미스. 그리스와 로마 고전시대 전기와 지리 사전의 편집자, 윌리엄 스미스 지음. 런던, 1855.

IV. 프루드의 영국 역사

잉글랜드의 역사, 울지의 몰락에서 엘리자베스의 죽음까지. 제임스 앤서니 프루드 지음, 옥스퍼드 엑시터 컬리지 펠로우 역임. 제 1권과 제 2권. 런던: 존 W. 파커 앤 선 출판사. 1856

V. 동물과 인간에 있어서의 유전의 영향

1. 신경계의 건강 및 질병의 상태와 관련한 자연 유전에 대한 연구. 프로스페 뤼카스 박사 지음. 총 2권. 파리: 1847~1850.
2. 번식의 생리학에 대하여. 뉴카슬 농사업자 클럽에서의 2회 강연. 레지널드 오튼 지음. 선덜랜드, 1855.
3. 발생에 대하여. M. C. 지루 드 부라쟁 지음. 파리, 1828.

VI. 대중의 오락

VII. 행정부의 책임

영국 정치의 미래. 콩트 드 몽탈랑베르, 프랑스 아카데미 회원. 프랑스어에서 옮김. 런던: 머리 출판사, 1856.

최근 출간물(Contemporary Literature)

1. 신학과 철학

2. 정치와 교육
3. 과학
4. 역사, 전기, 여행기
5. 문학예술[105]

이 잡지의 목차는 1장과 2장에서 살펴본 『블랙우즈』나 이 장의 앞에서 소개한 『콘힐』의 목차와 비교할 때 훨씬 더 전문적이고 학구적이다. 분야별로 섹션을 나눠놓은 점에서도 그러하고 실린 글의 제목들도 보면 교육 수준이 높고 지적인 호기심이 많은 독자들을 위한 잡지임을 이내 알 수 있다. 심지어 「대중의 오락」("Popular Amusements")을 다루면서도 당대 영국인들의 오락과 고전 시대 그리스인들의 놀이문화를 비교하며 필자는 학식을 과시한다. 이렇듯 '어려운' 잡지의 독자층은 『블랙우즈』나 『콘힐』에 비해 많을 리가 없었다. 예를 들어 라틴어 영어 사전 서평에 관심을 갖거나 처음 들어본 독일인 학자의 사회사에 흥미를 느낄 독자들은 전체 독자 인구에서 큰 비중을 차지할 수 없었다. 그래도 모든 출판물 상품은 가급적 많이 팔리기를 바라기 마련, 『웨스트민스터 리뷰』 나름의 대중성을 추구하는 전략을 첫 번째 서평 기사에서 엿볼 수 있다. 기독교 선교를 다룬 이 글은 선교관련 자료들을 대거 수집하여 사실위주로 기술하고 있으나 기독교 교회와 선교에 대해서 곱지 않은 태도를 이면에 깔고 있다. 이 서평이 비판적으로 검토하는 선교 관련 저서 목록에는 블랙우드 출판사에서 나온 『이교도들 사이에서의 기독교 전파의 역사』(*History of the Propagation of*

105 *The Westminster Review*, New Series, Vol. X, July 1856. 출판사는 London: John Chapman, S. King William Street, Strand, 표지에 *The Westminster and Foreign Quarterly Review*도 같이 인쇄되어 있다. 목차 번호는 원래 있는 그대로이다.

Christianity among the Heathen)도 포함되어 있다. 기독교를 거부하거나 기독교로부터 자유롭고 싶은 독자들이 이 첫 꼭지에 이끌려 잡지를 사도록 하려는 기사 배치로 보인다. 이에 맞물려 19세기 중반부부터 본격적으로 종교에 도전장을 던지기 시작한 '과학'을 다섯 번째 기사에서 다룰뿐더러 「최근 출간물」 코너에서도 '과학'을 별도의 항목으로 대접하고 있다. 여기에 덧붙여 인간의 삶과 역사도 '자연사'(natural history)적으로 접근하는 게 타당하다는 주장을 서평의 형태로 펼치는 글이 두 번째 기사, 「독일인들 삶의 자연사」("The Natural History of German Life")이다. 이 평론문의 저자는 이름은 밝히지 않았지만 다름 아닌 매리언 에번스라는 독일어가 뛰어난 여성 평론가이다. 이 서평은 바버라 하디(Barbara Hardy) 등의 20세기 조지 엘리엇 학자들이 이후 '조지 엘리엇'으로 변신할 요소들의 단서를 찾아내느라 중요하게 대접해왔다.[106] 「독일인들 삶의 자연사」는 이후에 '조지 엘리엇'이 탄생한 지면인 『블랙우즈』의 통상적인 기사들과 비교할 때, 당장 독일의 사회사라는 생소한 주제를 다룬다는 점이 일단 다르다. 뿐만 아니라 기회가 있을 때마다 나오는 독일의 기독교적 전통을 폄하하는 발언들이나 때로는 이를 영국의 교회에 대한 비판으로 연결하는 대목들이 등장한다. 말하자면 『블랙우즈』의 편집자나 독자들의 신념이나 성향과는 별로 맞지 않는 글이었다. 예를 들어, 북부 독일 농민들이 옛 중세의 교회 세례명을 고집하기에 동네마다 비슷한 이름들이 넘쳐난다며, 이를 통해 '동식물 분포도'처럼 지역 간의 경계선을 그릴 수 있다고 서평 저자는 소개한다. 이름의 패턴을 통해 북부독일 농민들의 '자연사'를 기술하는 것

106 Barbara Hardy, *The Novels of George Eliot: A Study in Form* (London: Athlone Press, 1959) 16~17.

이 가능하다는 에번스의 진술은 이들이 소중히 간직해온 전통을 존중하거나 높이 평가하는 진술이라고 하기는 어렵다. 또한 독일 개신교 루터교회가 가톨릭교회에 비해 기층 농민들 사이에서 사실상 큰 영향력을 못 미친다는 점을 지적하면서, "이와 유사한 정황이 잉글랜드에도 해당되는데, 우리 중 많은 사람들이 기억하듯이 시골 지방에서는 엄청난 수의 사람들이 글을 모르는 감리교도나 독립교회 목사들에 의해 기독교도가 되었던 반면, 가난한 사람들 사이에서의 국가교회 교구목사의 영향력이란 붉은 망토를 두른 노파 몇 명이나 예외적으로 교회에 출석하는 극소수의 노동자들 몇 명 정도에나 미칠까 말까 했다"고 한다.[107] 영국 국가교회가 할머니들이나 아니면 "극소수의 예외적인" 노동자들을 위한 교회라면 그 존재 이유가 크다고 하기 어려울 것이다. 다른 한편 복음주의적인 비국교도 목사들도 근본적으로 "글을 모르는" 자들이 대부분이라면, 역시 그 쪽에도 기대할 바는 많지 않을 것이다. 이러한 생각을 피력하는 것은 스트라우스의 『예수의 생애』와 포이어바흐의 『기독교의 본질』의 번역자로서는 당연하다. 하지만 『성직 생활 소묘』에서는 『블랙우즈』가 지지하는 영국 국가교회의 시골 목사들을 극적인 효과를 위해서라도 중요하게 다뤄야 했으나, 이때에도 매리언 에번스의 반기독교 정서는 창작에 영향을 미쳤다. 이는 앞서 살펴본 존 블랙우드의 편지가 조지 엘리엇의 성직자들 묘사와 관련한 대목에 대해 보여준 비판적인 반응이 증언한다.

하지만 매리언 에번스가 쓴 소설인지 모르는 상태에서 블랙우드는 원고를 채택했고, 『블랙우즈』 81권 495호, 1857년 1월호의 첫 꼭지를 차지한 것은 「성직생활 소묘—제 1, 에이머스 바튼의 불행한 운명」이

107 George Eliot, "Natural History of German Life," *Selected Critical Writings* 269, 277.

었다. 이 『블랙우즈』 호에서 이어지는 기사들은 『웨스트민스터 리뷰』와 비교할 때 좁은 의미의 '문학'이 압도하는 모습을 보여준다. 두 번째 글은 엘리자베스 브라우닝(Elizabeth Browning)의 장시 『오로라 리』(*Aurora Leigh*)에 대한 평론이고, 세 번째는 이미 진행되고 있던 또 다른 연재 장편소설, 그 다음에는 해양 생물학을 다룬 글이 이어진다. 다섯 번째 자리에는 크리스마스를 소재로 한 단편이 나온다. 본격적인 정치, 경제, 시사 문제를 다룬, 따라서 잡지의 정치적 성향을 부각시키는 기사는 여섯 번째 위치에 배치되어 있다. 그러나 그 다음 이어지는 기사들은 소설 평론과 창작시이다. 마지막 꼭지는 유럽 정치에 대한 논평이지만, 전체적으로 문학 창작 및 비평이 총 9개 꼭지 중에서 6개나 된다.**108** 『블랙우즈』가 독자확보 및 확대를 위해 이렇듯 문학에 기대는 정도가 매우 컸던 형편에서 신원도 확인하지 않은 신예 작가의 원고를 즉각 환영한 것은 이해할 만한 일일지 모른다. 올리펀트의 블랙우드 출판사 역사도 이 점을 확인해 준다. "시대의 분위기가 예전보다 부드러워져서 상대방을 신랄하게 난도질하는 평론은 사라져버린 문학 장르가 되었"던 반면, 소설은 "유달리 강세를 보였"던 시대였기에, 존 블랙우드를 위시한 편집진은 무엇이듯 "잡지의 성공과 명성을 위해 적극적으로

108 『블랙우즈』 81권 1월호 목차는 다음과 같다.

[1] Scenes of Clerical Life—No. I. The Sad Fortunes of the Reverend Amos Barton.
[2] Mrs Barrett Browning—Aurora Leigh
[3] The Athelings; Or, the Three Gifts. Part VIII
[4] New Facts and Old Fancies about Sea Anemones
[5] A Christmas Tale
[6] Routine
[7] John Decastro: A Quaint Réchauffé
[8] Maid Barbara
[9] European Politics

자기 일처럼 뛰어들었다"고 쓰고 있다.[109] 조지 헨리 루이스가 소개한 이 무명의 새로운 소설가가 잡지의 "성공과 명성"에 기여하리라는 '감'을 존 블랙우드는 즉각 잡았고 이 '감'에 의거해 의사 결정을 했다.

그러나 『웨스트민스터 리뷰』에서 활동하던 진보적 자유사상가 '매리언 에번스'가 쓴 원고임을 처음부터 밝히거나, 연재가 끝난 후 소설이 단행본으로 나올 때 작가의 이름으로 '매리언 에번스'를 사용하기를 매리언 에번스 본인이 꺼렸다. 그리고는 '조지 엘리엇'이라는 새로 지어낸 가명 뒤에 매리언 에번스를 숨겼다. 질리언 비어(Gillian Beer)의 표현대로, "조지 엘리엇"이란 이름은 "사람은 없는 이름"으로서 "그녀의 텍스트에서 컨텍스트를 비워내고, 텍스트 자체의 주장과 재현만으로 말하도록 한다".[110] 그러나 이 비워낸 컨텍스트를 재구성하다 보면 '조지 엘리엇'은 분명히 '사람이 있는 이름'으로 복원된다. 단, 이 '사람'은 '조지 엘리엇'과는 이념과 성향이 대립되는 면이 적지 않은 인물이라는 것이 그 자체로 흥미로운 사실이다. 페미니즘 비평의 고전인 샌드라 길버트(Sandra Gilbert)와 수전 구바(Susan Gubar)의 『다락방의 미친 여자: 여성 작가와 19세기의 문학적 상상력』(*The Madwoman in the Attic: The Woman Writer and the Nineteenth-Century Literary Imagination*)은 매리언 에번스가 굳이 '조지' 라는 남성 이름을 택한 사실에 대해, 그녀가 "젠더의 한계를 극복"하려 노력한 것은 인정해주면서도 동시에 여성성을 "포기"한다는 점에서 "가부장적 문화가 여성을 '타자'로 규정한 바를 내면화"한다고 비판한다.[111] 이것은 분명 타당한 지적일 수 있다.

---

109 Oliphant, *Annals of a Publishing House* 2: 453~455.

110 Gillian Beer, *George Eliot* (Brighton: Harvester Press, 1986) 22.

111 Sandra M. Gilbert and Susan Gubar, *The Madwoman in the Attic: The Woman Writer and the Nineteenth-Century Literary Imagination* (New Haven: Yale University Press, 1979) 466.

그러나 어차피 익명 투고의 관행 뒤에 남성이건 여성이건 자신의 '젠더'나 신원을 즉각 밝히지 않을 수 있었던 당시 정기간행물 출판계의 조건을 감안할 때, 또한 '매리언 에번스' 실명으로 출간된 책들이나 그녀가 저자임을 쉽게 알 수 있는 평론들의 성격을 감안할 때, '조지 엘리엇'으로 '신원 세탁'을 확실히 해 두는 것은 단지 가부장제의 압력이 반영된 결과만은 아니었다. 연재소설가로 변신하면 획기적으로 수입을 늘릴 수 있다는 "미덕"을 무시할 수 없었던 당시 문학장의 정황을 감안할 때, 상징자본은 만만치 않게 소유하고 있으나 경제자본은 미미한 『웨스트민스터 리뷰』에서 상징자본과 경제자본 양자를 모두 두둑이 축적한 『블랙우즈』로의 이동은 지극히 '자연스러운' 선택 이었고 선망의 대상이 될 수 있는 '승진'이었다.

제4장

조지 엘리엇 밀어주기

제4장
조지 엘리엇 밀어주기

1. 조지 엘리엇 속의 매리언 에번스

당연한 말로 들리겠지만, 매리언 에번스와 조지 엘리엇은 다른 사람이지만 또한 같은 사람이기에 메리언 에번스 본인의 눈에는 조지 엘리엇으로의 변신이 지극히 자연스러운 일로 비춰진 것으로 보인다. 1857년 12월 19일자 일기에서 그녀는 스스로를 대견해 하며 다음과 같이 한 해의 삶을 정리한다.

> 올해의 두드러진 특징은 내적인 진전과 외적인 이득으로 요약된다. 나는 '성직생활 소묘'−나의 첫 번째 책−를 썼는데, 비록 단행본 출판이 성공할지 여부는 아직 확실치 않지만 '블랙우드'의 독자들이 많이 공감해 주었고 내가 충실한 작업을 좀 한 것에 대해 깊은 만족을 느낀다.[112]

112 *The Journals of George Eliot* 71.

이것은 소설가로의 등단이 성공적으로 이루어진 해 연말에 하는 생각이기에, '조지 엘리엇'의 발언이지 1년 전 소설쓰기를 시도하던 평론가 '메리언 에번스'의 발언은 아니다. 이와 대조적으로 1856년 12월 30일 일기는 사무적인 내용만 담고 있다. "내적인 진전"보다는 "외적인 이득"이 에번스의 주된 관심사였다. 일기의 전문은 다음과 같다.

> 블랙우드로부터 편지를 받았는데 「에이머스 바튼」 원고료 50기니 수표를 동봉하며 이 연재를 단행본으로 내자는 제안을 하며 일정액 인세나 아니면 수익의 반을 주겠다고 함.[113]

일기의 나머지 부분을 그 해 본인이 글을 써서 얻은 수입을 결산한 장부로 사용하고 있다. "충실한 작업"에 대한 자부심보다는 경제적 "이득"을 여성 지식인으로서 이만큼 얻었다는 데 대한 자부심을 이 목록의 수치들에서 읽을 수 있다. 이러한 "외적인 이득"은 그 누구도 무시할 수 없음이 명백한 반면, "내적인 진전" 또한 무조건 그 진정성을 의심할 수는 없다. 메리언 에번스와 조지 엘리엇 간의 동질성이 전제되어야 전자에서 후자로의 변화가 '진전'이거나 아니면 '퇴보'라고 할 수 있다. 이 둘의 관계를 좀 더 구체적으로 살펴볼 필요가 있다.

진보적인 자유사상을 추종하고 이를 전파하는 데 주력한 계간지 평론가 매리언 에번스와 전통적 신념과 가치관을 지킨다는 사명감에 충실한 월간지를 통해 소설가로 데뷔한 조지 엘리엇 사이의 어떠한 공통분모가 있는가? 이에 대한 한 가지 대답은 전자가 후자로 변할만한, 또한 후자는 전자의 요소를 여전히 유지할 만한 '필연적인 우연'이

113 *The Journals of George Eliot* 64.

있었다는 설명이다. 이 개념은 부르디외에게서 차용한 것이다. 조지 엘리엇의 동시대인 플로베르(Gustave Flaubert, 조지 엘리엇보다 2년 늦게 태어나서 같은 해에 죽었다)를 예시의 대상으로 즐겨 사용하는 부르디외는 플로베르의 『감성교육』(*L'Éducation sentimentale*)의 주인공 프레데릭 모로(Frédéric Moreau)에 대한 분석에서, "예술"과 "돈", "순수한 사랑"과 "이득을 노린 사랑" 사이에서 전개되는 "구조적으로 필연적인 우연한 사건들"을 겪게 되는데, 결국 프레데릭의 "교육"이란 "구조적으로 서로 조화될 수 없는 가능성들이 결정되는" 점진적 과정으로 이해할 수 있다고 한다.[114] 프레데릭뿐 아니라 사회적 공간에서 움직이고 있는 그 어떤 개인이건 "가능성"들을 선택하는 주체이긴 하나 그 선택은 본인의 "아비투스(habitus)의 선택"이다. 다시 말해 그 자율성과 자발성은 "심오한 의지의 결과이지만 조정할 수 없는 정서적인 집착들, 사유로 정리할 수 없는 합리성"의 결과들이다.[115] 프레데릭의 방관자적 태도의 비결정성을 부르디외는 문학장의 현실에 속하면서도 속하지 않으려는 이율배반적인 자율성 추구의 알레고리로 제시한다.[116] 직업적인 자의식과 성공의 의지가 프레데렉에 비해 훨씬 더 분명하고 객관적인 사회경제적 지위가 시골 지주 귀족의 아들 프레데릭에 비해 덜 안락했던 매리언 에번스의 조지 엘리엇으로의 변신은 지적자산을 열심히 축적한 지방 출신 여성문필가의 "아비투스의 선택"이며, 그 과정은 "구조적으로 필연적인 우연한 사건"이었다. 또한 "아비투스의 선택"이기에, 신분의 변화가 생긴 뒤에도 매리언 에번스의 "정서적인 집착"과 "사유로 정리할 수 없는 합리성"들은 여전히 조지 엘리엇의 창작과

114 Bourdieu, *The Rules of Art: Genesis and Structure of the Literary Field* 20.
115 Bourdieu, *The Rules of Art: Genesis and Structure of the Literary Field* 67.
116 Bourdieu, *The Rules of Art: Genesis and Structure of the Literary Field* 87~91.

글쓰기의 중요한 요소로 남아 있었다.

평론가 매리언 에번스의 대표적인 서평 중에서 자주 거론되는 글로는 앞서 거론한 「독일인들 삶의 자연사」 외에도 「귀부인 소설가들의 실없는 소설들」("Silly Novels by Lady Novelists")이 포함된다. 『웨스트민스터 리뷰』 1856년 10월 호에 실린 이 글은 몇 달 후에 소설가로 데뷔하기 직전에 출간된 에번스의 마지막 평론 중 하나이다. 제목이 즉각 선언한대로, 이 글은 상류사회를 소재로 다룬 "귀부인 소설가"들을 싸잡아 "실없는 소설"이나 쓰는 축으로 비난하고 있다. 평론자는 이런 소설들이 그 배경만 "당대의 거실"이지 "인물과 사건, 행동의 특징들은 극히 잡다한 로망스의 찌꺼기들에 불과하다"며 혹평을 한 후, "진정으로 교양 있는 여성은, 진정으로 교양 있는 남성과 마찬가지로, 자신이 갖고 있는 지식 때문에 보다 더 단순하고 보다 덜 위압적이며, 자신을 파악할 때나 의견을 개진할 때 적절한 균형을 유지할 것이고, 그녀는 인간과 사물에 대해 모든 것을 파악하고 있다는 착각에 우쭐대지 않고 자신의 지식을 자기 스스로를 제대로 파악하는 발판으로 삼"는다고 한다. 아울러 진정으로 교양 있는 여성은 "교양의 원자료에 불과한 정보를 독자에게 전해주는 것이 아니라 교양의 섬세한 본질인 공감(sympathy)을 전해준다"고 한다.**117** 이러한 묘사는 한편으로는 소설가 조지 엘리엇이 여성 이름을 거부한 단서를 품고 있다. 「귀부인 소설가들의 실없는 소설들」의 저자 매리언 에번스는 소설가로 변신함에 있어서 자신이 "실없는 소설"이나 지어대는 "귀부인 소설가"로 오해받는 일만은 없어야겠다고 결심했을 법하다. 이러한 부정적인 의미의 "여성성"을 "포기"하고 거부하는 것이라면 페미니즘 비평의 입장에서도 탓

117 George Eliot, "Silly Novels by Lady Novelists," *Selected Critical Writings* 310, 313.

할 바는 아니다. 다른 한편 이 주장은 "진정으로 교양 있는 여성"인 작가 조지 엘리엇이 "인간과 사물"을 묘사할 때 신중함과 자기성찰을 버리지 않겠다는 다짐으로도 읽힌다.

소설가 조지 엘리엇이 "귀부인 소설가"들과의 차별성을 성공적으로 유지하는 데는 "진정으로 교양 있는 여성" 평론가 메리언 에번스의 "갖고 있는 지식"에 근거한 논평과 논설의 습성이 상당 부분 기여했다. 조지 엘리엇의 데뷔 시점에서 존경받는 여성 소설가는 마가렛 올리펀트였다. 그녀는 중산층 출신이니 "귀부인 소설가"는 아니었지만 "당대의 거실"에서 벌어지는 여성적인 문제들을 주로 다뤘다. 조지 엘리엇보다 훨씬 전부터 블랙우드 출판사와 인연을 맺고 있었던 올리펀트는 남편과 이탈리아를 여행하는 '귀부인' 급 라이프스타일을 즐기던 중, 피렌체에서 블랙우드에게 보낸 1859년 편지에서 다음과 같이 묻고 있다.

> 저는 무슨 비밀을 파헤치고 싶지는 않지만, 한 가지만 꼭 알려주시길 바랍니다. 저는 「성직생활 소묘」의 저자가 여성이라고는 믿을 수 없습니다. 이 엄청난 추측이 맞지요?[118]

메리언 에번스의 첫 작품은 여성작가들의 작품에서는 볼 수 없는 소재나 서술방식을 구사했기에 이 베테랑 여성 소설가는 서슴없이 작가가 남성일 것이라고 단정했다. 『성직생활 소묘』를 필두로 조지 엘리엇의 소설들에는 "교양의 섬세한 본질인 공감" 못지않게 "교양의 원자

118 Mrs. Margaret Oliphant, Mrs Harry Coghill ed., *The Autobiography and Letters of Mrs. Margaret. Oliphant* (1899; Leceister: Leceister University Press, 1974) 167.

료"도 적지 않게 등장한다. 그러나 그러한 교양의 과시가 남성 비평가들의 편견을 말끔히 넘어설 수준은 아니었다. 앞의 3장에서 인용한 레슬리 스티븐의 『국가 인명 사전』 기사는 이러한 '유식한' 여성 소설가의 '철학'이란 것이 정작 별로 내세울 바는 없는 수준이었다고 평한다.

> 철학에 있어서 그녀는 독창적인 사상가임을 보여준 바는 없는데, 비록 그녀는 사상들을 흡수하는 능력은 범상치 않았으나 그녀는 철학자들 스스로의 자기평가를 그대로 받아들이는 여성적인 경향을 갖고 있었다(그녀보다 더 철저하게 여성적이기도 어려울 정도였다). 가장 일반적인 비판은 그녀가 특정 철학사상의 해석자 역할을 맡고자 하는 욕구가 자기 작품의 예술적 수준에 해를 입혔다는 것이다.[119]

남성 사상가들을 무비판적으로 수용하는 태도가 딱히 "여성적인 경향"인지는 논란의 여지가 많은 주장이지만, 조지 엘리엇이 생각해 낸 독창적 "철학사상"이 없다는 지적이나, 또한 그녀가 주로 받아들인 진보적 독일 철학자들의 "해석자" 역을 즐겼다는 지적은 일견 타당한 면이 있다. 이 두 가지 모두 당대 독일의 최신 사상을 번역, 소개, 논평하는 것이 주특기였던 매리언 에번스의 '아비투스'가 조지 엘리엇에게 남아 있는 측면이었다. 이러한 지적은 비단 19세기 남성 평자들의 평가만은 아니다. 20세기 학자들도 조지 엘리엇이 자신이 "공감"한 사상을 적극적으로 받아들였을 뿐더러 이를 소설에도 적용했다고 보는 이들이 적지 않다. 예를 들어 첫 소설집인 『성직 생활 소묘』는 매리언 에번스가 번역했던 포이어바흐의 『기독교의 본질』을 그대로 갖고 와서 적

119 [Stephen], "CROSS, MARY ANN or MARIAN (1819~1880)" 221.

용한 작품으로, 포이어바흐의 가르침을 따라 연작을 구성하는 작품들은 모두 성직자들을 작품에 등장시키면서도 기독교의 본질을 초월적인 절대자의 계시가 아니라 공감과 연민과 개인 간의 도덕적 책임의 영역에 묶어놓고 있다고 할 수 있다.[120]

매리언 에번스의 첫 소설 「에이머스 바튼」은 이 작품이 『블랙우즈』에 등장하여 『블랙우즈』 독자들의 호의적인 반응을 이끌어냈기에 그녀가 '조지 엘리엇'이라는 문패를 내걸 수 있도록 해준 결정적인 작품이다. 이 소설의 제목 그대로 보면 주인공은 에이머스 바튼이다. 그는 시골 교구의 '비정규직 목사'인 '부목사'(curate)로 박봉을 받으며 자기보다 훨씬 더 많은 수입을 '놀면서' 받고 있는 정규직 목사들의 일을 대리하고 있다. 이러한 비합리적일뿐더러 비기독교적인 관행은 영국 국가교회에 만연해 있었다.[121] 이렇듯 억울한 처지임에도 불구하고 에이머스는 나름대로 열심히 자신의 성직을 수행한다. 물론 서술자가 제 5장에서 공격적으로 변호하듯이, "귀부인 독자"(lady reader)라면 지극히 평범한 이런 촌구석 부목사를 주인공으로 다루는 데 거부감을 느낄 법하지만, "친애하는 부인, 댁의 동포 중 엄청난 다수는 이렇듯 별로 대단할 게 없는 축에 속합니다. 아마도 가장 최근 인구조사 대상이 되었던 영국 성인 남성 중 최소한 100명 중 80명은 유달리 실없거나(silly) 유달리 사악하거나 유달리 지혜롭지 않은 [……] 평범한 사람들입니다"라고 서술자는 가상의 적대적 독자를 몰아친다.[122] 앞서 인용한

---

120 예를 들면 Derek and Sybil Oldfield, "'Scenes of Clerical Life': The Diagram and the Picture," Barbara Hardy ed. *Critical Essays on George Eliot* (London: Routledge, 1970) 2~5.

121 Michael Hinton, *The Anglican Parochial Clergy: A Celebration* (London: SCM Press, 1994) 141~142.

122 George Eliot, "The Sad Fortunes of the Reverend Amos Barton," Thomas A. Noble ed.,

「귀부인 소설가들의 실없는 소설들」의 키워드들인 "숙녀"와 "실없는" 이 다시 등장할뿐더러, 이렇듯 이야기 만드는 소설가의 본업에서 잠시 벗어나서 시사평론가를 연상시키는 논설을 피는 이 대목은 '매리언 에번스'가 '조지 엘리엇' 속에 절절히 녹아 있는 좋은 예이다. 그런데 작가는 딱히 무슨 미덕은 없다고 해도 무슨 큰 잘못도 저지른 게 없는 이 젊고 가난한 시골 목사의 삶에서 가장 중요한 밑천이자 기반인 부인 밀리를 죽게 만든다. 이 비극이 과연 '시적 정의'(poetic justice)에 맞는지는 "귀부인 독자"가 아니더라도 의문을 품을 만한 문제이다. 굳이 에이머스의 '죄'를 추궁하자면 (물론 작가는 대놓고 그런 문초는 하지 않지만) 그가 복음주의적인 저교회(Low Church)파로서 "자신이 의지가 확고하고 의견이 분명한"(26) 축에 속하며 "목을 곧게 세우고 전혀 자신을 의심하지 않았다"는 신앙, 신념, 성격의 경직성을 지목할 수 있다. 반면에 그의 부인은 "온화하고 말할 수 없는 부드러운 여성성"이 넘치는 현모양처로, "이런 축복이 에이머스 바튼 같은 사내의 몫이 되리라고 예상은 못했을 법"하다고 서술자는 둘의 관계를 평가한다. 그러나 곧 이어 "하지만, 나로서는 에이머스 바튼에게 이 선한 부인을 주기를 꺼려하지 않는다"(16)고 일찌감치 선언을 한다. 그럼에도 불구하고 작가는 부인이 무리한 해산의 후유증으로 침상에서 못 일어난 채 세상을 떠나는 쪽으로 플롯을 짠다. 기독교의 본질을 절대자 하느님의 섭리로 이해하는 작가라면, 또한 그렇게 이해하는 주인공 성직자라면, 이 죽음의 종교적 의미에 대해 서술자건 인물이건 최소한 '하느님 저한테 왜 이러십니까?' 같은 원망이라도 할 법한 정황이다. 하지만 주인공 목사

Scenes of Clerical Life (Oxford: Oxford University Press, 1988) 36~37. 이하의 인용에서는 본문에 이 판본 쪽수만 표시함.

는 아내가 숨을 거두는 순간 "죽은 거 아니지?"라고 "정신 나간 가련한 인간"의 "비명을 지른"(59) 후로는 별 말이 없다. 서술자는 이 사건을 "그 무시무시한 인간 숙명의 손 글씨인 질병과 죽음"으로 요약할 뿐이다. 서술자는 '왜 "질병과 죽음"이 "인간 숙명"이 되어야 하는가?'라는 신학적 질문을 제기하지 않는다. 이 비극을 통해 홀아비가 된 목사가 고통스럽게 깨닫는 것은 부인이 자기에게 준 사랑에 비해 자기가 부인에게 준 사랑은 "초라함과 이기심"에 불과함을 깨닫고 이에 대해 뒤늦게 용서를 비는 것이다(61). 그렇다면 이 이야기의 교훈은? 스티븐이 지적한대로, 작가는 본인이 받아들인 "철학사상"에 의거하여 서술자의 입을 빌어 다음과 같이 작품의 의미를 정리해준다.

> 아, 우리가 우리의 죽은 이들에게 애정을 주는 데 인색했고, 이들의 한탄이나 애원을 가볍게 받아넘겼고, 그토록 우리 곁에 가까이 살던 신성한 인간의 영혼, 또한 그것은 하느님이 우리가 알 수 있도록 허용한 가장 신성한 것일진대, 이에 대한 경의를 제대로 표명하지 않았음을 이제는 절대로 속죄(atone)할 수 없다고 생각할 때의 그 고통이라니!(60)

부인이나 가족, 친지 등 사적인 관계 속에서 공감과 애정을 나누는 데 소홀했고 상대방에 대한 배려를 하지 않음이 죄이고, 이 죄는 사랑하는 사람이 죽은 후에는 속죄할 방법이 없으니 '있을 때 잘하라'는 것이 이 이야기의 교훈인 셈이다. 그러나 이러한 교훈은 '기독교의 본질'과는 크게 상관이 없다. 가족이 아니라 생면부지의 남을, 심지어 원수까지 사랑하라고 가르친 예수 그리스도의 십자가와 대속(atonement) 위에 기독교 신앙이 서 있으니 말이다. 또한 신성의 최고 경지가 가족이나 친지의 "신성한 인간의 영혼"이라면 이는 원죄로 인해 인간영혼이 타락했다는 기독교 정통 교리를 폐기하는 주장임은 물론이요, 인간 자체가 "신성한" 존재가 되기에, 이러한 신성함에게는 굳이 하느님이 필요하지 않다. 이렇듯 매리언 에번스의 처녀작 「에이머스 바튼」은 스트라우스와 포이어바흐의 번역자답게 목사와 목사 부인의 죽음을 다루면서도 정통 기독교 신앙이 개입할 틈새들을 교묘히 봉쇄해 놓았다. 『성직생활 소묘』가 단행본으로 나왔고 거기에 "조지 엘리엇"으로 작가의 이름을 표기해 놓았을 때, 작가 본인이나 그녀의 '남편', 그리고 블랙우드 출판사 경영진 등 극소수의 관계자들을 제외하면, 이 "조지 엘리엇"이 스트라우스와 포이어바흐를 번역하고 독일에서 나온 책들의 서평을 썼던 매리언 에번스라는 사실을 눈치 챈 자는 거의 없었다. 『새터데이 리뷰』(*Saturday Review*) 1858년 5월 29일자 서평의 저자는, "이 이야기들을 묶어서 출간하며 조지 엘리엇이란 이름을 달기는 했으나 세간의 호기심을 별로 만족시키지 못했으니, 조지 엘리엇은 가명이 아닌지 상당히 많은 사람들이 의심하고 있는 바, 아마도 케임브리지대학 출신으로 생애의 상당 부분을 시골에서 살았거나 아직도 시골에서 살고 있으며, 한 집안의 가장으로, 고교회파(High Church) 쪽으로 기우는 편이고 아이들을 몹시 좋아하는 사람일 것이라고 대개 추측한다"고 썼다.[123] 저자와 출판사가 독자들을 보기 좋게 속이는 데 성공한 것이다. 이는 물론 평론가들이 이 작품을 안일하게 오독한 결과이다. 이들 평자들이 실제 저자가 영국 국가 교회의 정통교리와 전통적인 가정을 이루고 사는 중년 남성과는 신념과 행동이 전혀 다른 특이한 여성 지식인이었음을 모른 것은 탓할 일이 아닐 것이다. 그러나 『성직생활 소묘』

---

123 Unsigned review, *Saturday Review*, 29 May 1858, David Carroll ed. *George Eliot: The Critical Heritage* (London: Routledge, 1971) 67.

에서 '성직'과 '교회'를 해체하여 기독교를 휴머니즘의 눈높이로 끌어내리는 반정통적 요소는 감지할 수 있었을 것이다. 출판업자 존 블랙우드는 이 새로운 원고 제작자의 '사업성'에 대해서는 확신했지만, 편집자 존 블랙우드는 앞 장에서 살펴본 대로 이 점을 간파하고 있었다.

2. 서평의 힘

『성직생활 소묘』 연재 후에 존 블랙우드와 조지 엘리엇의 관계는 잡지 편집자와 연재소설 작가의 관계가 아니라 인기 작가와 단행본 출판업자의 관계로 변한다. 조지 엘리엇은 더 이상 『블랙우즈』에 소설을 연재하지 않았다. 그녀의 히트작으로 문단의 눈길을 끌고 출판업계에서의 그녀의 주가를 끌어올린 작품은 『성직생활 소묘』가 단행본으로 나온 1858년에 다음 해인 1859년에 연이어 출간된 두 번째 소설 『애덤 비드』(*Adam Bede*)이다. 이 소설부터는 블랙우드가 편집하는 잡지에 미리 원고를 보내서 편집인한테 이런저런 훈수나 지적을 계속 듣는 불쾌한 과정을 건너뛰고, 작가가 완성된 원고를 출판사에 보내면 잡지 편집인이 아니라 출판사 사장 블랙우드는 이를 그대로 출간하는 관계로 바뀌었다. 1858년 1월 『성직생활 소묘』 단행본이 출간된 국면에서, 새 작품 원고 일부를 읽어본 블랙우드는 처음에는 당연히 이 작품도 잡지에 연재할 생각이었다. 존 블랙우드가 3월 31일에 작가에게 보낸 편지에서 "이 작품은 이제껏 우리 잡지에 등장한 그 어떤 작품과도 매우 다른 것 같습니다"라며 기대와 우려가 반반 섞인 반응을 보였다(446). 블랙우드가 저자에게 보낸 4월 3일자 편지는 좀 더 적극적으로 연재를 하자는 제안을 담고 있다. “이야기의 도입부에는 진정한 종교심과 악을 두려워하지 않는 순수한 분위기”가 느껴진다며, “이 작품은 우리 잡지로 가야만 하고, 그것이 피차간에 최선의 일이 될 것”이라며 편집자 겸 출판사 사주는 긍정적인 반응을 보였다.[124] 그러나 『애덤 비드』의 잡지 연재는 실현되지 않았다. 그 이유를 조지 엘리엇 연구의 권위자 중 하나인 고든 헤이트(Gordon S. Haight)는 “아마도 잡지 출간 방식이 부과하는 제약들에 대한 두려움 때문에 그녀가 별도 단행본 출간 쪽으로 기울게 했을 것”으로 추정하지만,[125] 사실은 조지 엘리엇이 아니라 블랙우드 쪽이 그쪽으로 ‘기울었다’고 하는 편이 더 옳다. 잡지에 미리 연재를 하면 출판사나 저자나 좀 더 많은 이득을 취할 수 있었음에도 불구하고 블랙우드 측에서 잡지에 연재하자는 안을 슬며시 거둬드렸다. 연재를 적극 고려하던 위의 편지들에서 블랙우드는 상대방을 여전히 “친애하는 선생께”(Dear Sir)로 남성 취급을 하고 있다. 그러나 얼마 안 있다가 ‘조지 엘리엇’이 매리언 에번스이고 그녀는 조지 헨리 루이스의 동거녀임을 알게 되었고, 또한 남성 이름을 쓰는 “루이스 씨 부인”(Mrs Lewes)은 첫 작품을 연재할 당시에도 편집자의 의견을 거의 받아들이지 않았다는 점도 감안했기에, 블랙우드는 잡지 연재를 더 이상 적극 추진하지 않았다. 단행본으로 곧장 나온 『애덤 비드』는 저자의 정확한 신원이 일반 독자들에게 확실히 알려지지 않은 형편에서 인기리에 팔려나갔다. 그러자 다른 출판사에서 『애덤 비드 속편』(*Adam Bede, Jr*)의 출간을 예고하는 광고가 나가는 해프닝이 벌어지더니 급기야 리긴스(Liggins)라는 자가 자신이 조지 엘리엇이라고 주

124 Martin, “Two Unpublished Letters from John Blackwood on the Serialization of *Scenes of Clerical Life* and *Adam Bede*” 56.
125 Haight, *George Eliot: A Biography* 254.

장하는 지경에까지 이르렀다. 이에 블랙우드는 이제는 조지 엘리엇의 신원을 더 이상 숨기지 말자고 작가에게 요청했다. 런던으로 조지 엘리엇 '부부'를 만나러 찾아온 존 블랙우드는 주변 사람들과 이 '리긴스 문제'와 관련해서 주고받은 편지들을 보여주면서, 아무리 자기가 부인해도 사람들이 『애덤 비드』의 저자는 리긴스라고 믿는다며 사태의 심각성을 알렸다.[126] 조지 엘리엇이 여성이고 이 여성이 일각에서는 매리언 에번스임도 알게 된 후에는 더욱 더 『블랙우즈』 잡지에 그녀의 작품을 연재하는 것은 심사숙고하지 않으며 안 될 일이 되었다. 매리언 에번스가 어떤 사람인지 알 만한 사람들은 알고 있었던 터에, 보수적인 독자층이 고정 고객인 『블랙우즈』 편집자로서는 잡지의 정체성과 독자층의 눈치를 봐야 했다.[127]

조지 엘리엇이 월간지에 장편소설을 연재한 것은 이후로 단 한 건 더 있었다. 그러나 해당 잡지는 앞서 소개한 『콘힐』이지 『블랙우즈』는 아니었다. 연재가 나간 잡지도 달랐지만 연재된 작품도 조지 엘리엇이 친숙한 워릭셔 지방이 배경이 아니라 르네상스 시대 피렌체가 배경인 역사소설 『로몰라』(*Romola*)이다. 첫 작품 이후로 『블랙우즈』에 조지 엘리엇의 소설 연재는 성사되지 않았지만 블랙우드 출판사는 『로몰라』를 제외한 그녀의 모든 작품을 출판했다. 양측은 든든한 동업관계를 꾸준하게 유지한 것이다. 이 중견 출판사는 게다가 당대의 대표적인 월간지 『블랙우즈』의 소유자였다. 이 잡지에 먼저 소설을 연재한 후 단행본으로 찍어내는 방식으로 특정 소설가를 직접 '띄워주는' 방식이 아니더라도, 블랙우드 출판사에서 낸 책을 『블랙우즈』 잡지에서 서평

126 *The Journals of George Eliot* 301.
127 Donald Gray, "George Eliot and Her Publishers," George Levine ed. *The Cambridge Companion to George Eliot* (Cambridge: Cambridge University Press, 2001) 187~188.

을 통해 '밀어주는' 전략도 얼마든지 구사할 수 있는 막강한 '화력'을 '블랙우드 앤 선' 출판사는 소유하고 있었다. 자기 잡지에 연재한 후 칭찬하는 서평을 즉시 싣는 것은 너무나 노골적으로 대놓고 선전하는 꼴이어서 역효과를 낼 수 있지만, 해당 잡지의 출판사에서 낸 책을 자사 출판사 소유 잡지에 서평을 싣는 것에 대해서는 당시 독자들의 거부감이 별로 없었던 것 같다.

앞서 1장에서 살펴본 대로 19세기 영국 문학장에서 서평은 매우 중요한 장르로 정착되어 있었다. 또한 『블랙우즈』의 독자층에는 수입이 안정적인 보수층들이 많았다. 1850년대와 60년대 『블랙우즈』는 매달 약 7만 5천에서 1만 부씩 팔려나갔다.[128] 책 상품 구매력이 있는 『블랙우즈』 독자들이 잡지를 사면 으레 서평이나 서평 형태의 글을 읽을 예상을 했고 서평의 영향을 받을 준비가 되어 있었다. 따라서 『블랙우즈』 같은 주요 잡지에 실리는 서평의 '마케팅 효과'는 적지 않았다. 반면에, 『블랙우즈』는 자신의 구미에 맞지 않은 작가는 일관되게 무시하거나 아니면 적대적인 서평의 공격 대상으로 삼았다. 좋은 예가 디킨스이다. 그의 작품인 『돔비 부자』(*Dombey and Son*)는 런던 사업가 돔비 가족을 중심무대에 등장시킨 후 그를 전혀 매력이 없는 뻣뻣한 인물로 풍자한다. 돔비 씨에게는 딸 플로렌스와 아들 폴이 있다. 첫 부인은 아들 폴을 낳고 산고를 이기지 못해 죽는다. 대를 이을 아들 폴도 제대로 장성하기 전에 병들어 죽고 만다. 이 정도 불행도 모자랐는지, 돔비 씨가 재혼한 젊은 과부 이디쓰를 남편의 서기이자 회사의 제 2인자 카커가 유혹하는 불륜 사건이 터진다. 1846년부터 월간 분철 연재본(monthly part book)으로 시중에 나온 후 1848년에 단행본으로 나

128 Gray, "George Eliot and Her Publishers" 190.

온 이런 불온한 책을 돔비와 이디쓰의 소속 계층을 대변하는 『블랙우즈』가 그냥 좌시할 수 없었다. 1848년 10월호에서 「소설에 대한 몇 가지 지적－대화편」("A Few Words about Novels－A Dialogue)에서 디킨스에 대해서, 그는 "상류층"에 대한 "경멸"을 도모하는 "불순한" 목적과 "천박한" 취향, 그리고 "삶에 대해 매우 그릇된 시각"을 보여주는 점이 늘 문제였다고 운을 뗀다. 그런데 그의 최근작 『돔비 부자』는 이제껏 나온 것 중에서 "가장 큰 실패작"으로, 결미가 형편없으며, 이디쓰의 행동거지는 "전혀 사실에 맞지 않는다"는 혹평을 한다. 이런 이유로 디킨스는 "세상에 대한 정이 떨어지게 만드는" 작가로 단정한다. 그러면서 당부하기를, 풍자의 화살을 상류층에 겨냥하지 않았던 그의 첫 장편 『피크윅 문서』(*Pickwick Papers*)가 보여준 "순박함"을 회복하라고 권한다(64권, 1848년 10월호: 468~469). 『블랙우즈』의 이러한 부정적인 서평은 다소 예외적이었다. 대부분의 서평은 호의적이었고, 이 인기 작가의 소설 판매에 『블랙우즈』의 공세는 별 영향을 미치지 못했다.[129] 그러나 대중이 선호하건 말건, 『블랙우즈』의 지면은 디킨스에 대한 긍정적인 평가에는 늘 인색했다. 조지 엘리엇의 『성직생활 소묘』 제2편인 「길필 씨의 사랑 이야기」가 나간 1857년 4월 호에는 공교롭게도 「디킨스에게 항의함」("Remonstrance with Dickens")이란 제목의 긴 서평이 실렸다. 1850년대에 나온 디킨스의 사회비판적인 소설들에 대한 거부감을 잔뜩 풀어놓은 이 서평에서, "우리는 우리의 진지한 항의와 깊은 한탄을 기록하며 『막내 도릿』(*Little Dorrit*)의 황무지에만 머무를 수 없

129 색커리의 『허영의 시장』과 같은 해에 나온 『돔비 부자』의 월간 연재 분철본 판매부수가 25,000에서 34,000였다. 이는 색커리의 분철본 판매부수 보다 다섯 배 이상 되는 수치다. Paul Schlicke ed., *Oxford Reader's Companion to Dickens* (Oxford: Oxford University Press, 1999) 187.

는 터, 이 황무지에 주저앉아, 아 『피크윅』 그대를 기억하며 눈물 흘리노라!"고 외친다. 『돔비 부자』보다 더 심각하게 권력과 재력을 장악한 상류층들을 풍자하고 공격한 『막내 도릿』을 처참한 "황무지"로 비유한 이 서평은, "야당 신문 사설 대여섯 편에서 잘라낸 글들을 아무데나 막 집어넣는" 식으로 디킨스가 사회비판을 한다며 "당신이 잘 모르는 영역에서 방황"하기를 그치고 "예전의 자연스럽고 유머 넘치고 생생하고 감동적인" 세계로 돌아가라고 충고한다(81권, 1857년 4월호: 496, 502). 앞서 소개한 1866년 3월 호의 「종교적 소설」은 디킨스에 대한 글이 아님에도 불구하고 디킨스를 영국사회의 모습을 "그로테스크하게 왜곡하고 전혀 얼토당토하지 않게 그리는" 대중적 작가들의 대표로 지목한다. 디킨스가 "사회의 위아래 계층을 말도 안 되게 뒤섞어 놓고 말도 안 되는 플롯을 만든다"는 것이 비판의 핵심이다(99권, 1866년 3월호: 275~276). 디킨스는 워낙 문학장에서 요지부동의 위상을 지키고 있었으니 『블랙우즈』의 공격에 피해를 입지 않았다. 하지만 다음 장에서 살펴볼 토머스 하디처럼 문학장에서의 위상이 상대적으로 취약한 작가들에게는 이 잡지의 호된 서평이 상당한 타격을 줄 수 있었다.

디킨스나 하디의 경우와는 대조적으로 조지 엘리엇은 『블랙우즈』 서평의 전적인 지원을 받으며 1859년에서 1860년 사이에 문학장 내의 견고한 자리를 차지하는 데 성공했다. 이 잡지의 지면을 통해 등단했고 이 잡지의 출판사에서 단행본으로 출간한 '『성직생활 소묘』의 작가'가 본격적인 첫 장편소설 『애덤 비드』를 1859년 2월 같은 출판사에서 출간하자, 『블랙우즈』의 4월호는 신속하게 이 작품 서평을 실었다. 이 글은 당시 서평 관행대로 인용을 풍족하게 집어넣어서 소설을 읽지 않은 독자들도 작품의 묘미를 맛보게 하고 또한 책을 사볼 구미를 당기게 하는 전형적인 '밀어주기' 서평 양식을 취했다. 반면에 책을 '죽이려면' 가급적 원문을 적게 인용하거나 인용을 해도 이상한 대목만 골라서 제시하는 것이 서평의 일반적인 전략이었다. 예를 들어 위에서 거론한 매리언 에번스의 적대적인 서평 「숙녀 소설가들의 실없는 소설」은 원문 인용이 별로 없는 편이고 인용문 길이도 짧다. 반면에 「애덤 비드」에서는 심지어 페이지 한 단을 전부 채우거나 한 단을 넘어가는 길이의 (거의 '발췌' 수준의) 인용도 서너 번 나온다. 물론 작품의 플롯이나 인물 분석도 아주 상세하게 해주므로 책의 진가를 다각적으로 부각시킨다. 『애덤 비드』의 작가를 "엘리엇 씨"(Mr Eliot)로 지칭하는 평론가는, "엘리엇 씨"의 소설을 길게 인용한 다음 평가하기를,

> 우리는 여기에 가장 눈에 띄는 인물들을 골라서 제시했으나 이 책들은 온통 이렇듯 개별화된 인물들로 가득하니, 이들을 세심히 구현하거나 묘사한 솜씨는, 이제 독자 여러분이 지금쯤은 충분히 동의할 것이라 믿는 바, 대가(master)다운 면모이다(「애덤 비드」["Adam Bede"], 85권, 1859년 4월호: 500).

라고 한다. 연이어 발췌 수준의 장문 인용이 이어진 다음, 평자는 말하기를, "『애덤 비드』의 크나큰 미덕은 시골 생활의 이러한 전형적인 디테일을 탁월하게 우아한 솜씨로 다뤘다는 데 있음을 이내 파악할 수 있을 것이다"(501)라고 한다. 다시 긴 인용으로 이어지는 지면을 채우기 전에, 평론가는 이 저자를 "대가"의 반열에 올려놓는 수사법을 다시 되풀이한다.

> 기차역 가판대에서 파는 어설픈 쓰레기들을 흡족해하며 삼켜먹는 자들 중에는 혹시나 『애덤 비드』를 다 읽고 책을 내려놓은 후 별로 유익한

동반자였다는 의식이 없을 수도 있다. 하지만 보다 사려 깊은 독자라면 그가 대가의 발등상에 앉아있음을, 독창적인 힘이나 진실에 있어서 견줄 책이 드문 그런 책을 읽고 있음을 즉시 깨달을 것이다. 그는 이 책을 내려놓지 않을 것인데, 이보다 더 극적인 흥미를 주는 많은 소설들의 운명이 이런 취급을 받는 것인 반면에, 이 책은 매번—이 점은 우리가 약속할 수 있다—다시 읽을 때마다 즐거움이 더 증가할 것이고, 한가할 때 그 잔잔한 유머와 진실된 감성과 현명하고 넉넉한 철학을 즐기게 될 것이다. 이 책들의 지면에는 영국 문학 그 어떤 작품과도 견줄만한 나름대로 완벽한 보석들이 담겨있다(501).

참으로 대단한 찬사가 아닐 수 없다. 아직 저자가 누구인지에 대해 속 시원하게 밝히지 않은(또는 매리언 에번스의 실명을 숨기고 신원을 '남성'으로 위장해 놓은) 형편에서 첫 장편 한 권만 들고 곧장 그(녀)를 "영국 문학 그 어떤 작품과도 견줄만한" 빼어난 "대가"로 인정해 주고 있으니, 노골적으로 작가를 '밀어주는' 소위 '주례사 비평'이라고 할 만하다. 물론 이런 주장은 인용으로 제시한 대목들이 어느 정도 이러한 평의 근거가 되리라는 확신이 있어야 할 수 있는 발언들이긴 하다. 하지만 미적 판단은 늘 주관적일 수밖에 없다. 똑같은 책도 거부감을 갖고 적대적인 시선으로 읽다 보면 덜 성공적인 대목들이 눈에 들어올 것이고 "대가"가 아니라 어설픈 '신인'의 티를 찾아낼 수도 있었을 것이다. 그러나 이 평자는 일관되게 너그럽고 아첨 수준에 육박하는(예컨대 "대가의 발등상" 운운하는) 언사로 이 작품을 치켜세우고 있다.

『블랙우즈』의 서평은 『애덤 비드』의 예술적 성취뿐 아니라 그 내용과 교훈에 대해서도 품질과 '안정성'을 보증한다. "이 책에서 가장 리얼한 요소 중 하나는, 그 진정성을 경험해 본 이들은 모두 느끼는 점일 것인데, 시골 마을의 종교적 감성의 상태를 그려준 방식이다"(85권, 1859년 4월호: 502)라고 운을 뗀 다음, 직간접 인용으로 한 단을 꽉 채운다. 그리고서 종합적인 평가를 하며 글을 마무리하는 단계에 들어가기 직전, 이 소설이 "소위 '종교적 소설'"은 아니지만, "작품의 종교적 원칙은 맘이 넉넉한 자비심에 담겨 있다"고 하며, 이것이야말로 "허구를 담은 소설에서 종교 문제를 취급하는 가장 올바른 맥락"이라며 작품의 휴머니즘적 비종교성을 옹호한다(503). 『블랙우즈』의 편집자나 고정 독자들이 민감하게 생각하는 영국 국교 및 기독교 정통 교리 수호 문제를 이렇게 비껴나간 후에 작품 및 작가에게 부여한 최종 평가는 다음과 같다.

> 그(He)는 인간의 연약함을 숨기거나 변명하려 하지 않는다. [……] 그러나 우리가 작중 인물들과 헤어질 때는 정직한 동정심, 아니면 최악의 경우에도 온화하고 눈물 섞인 연민만 남는다. 이 소설에서 발견하는 고무적인 면은, 또한 불행히도 요사이 찾아보기 매우 드문 그런 면은, 숙달된 해부 학자처럼 우리의 약한 속살의 비밀을 들춰내면서도 그 손이 확실하고 듬직할 뿐 아니라 여성의 손길처럼 부드럽다는 것이다. 또한 매우 유쾌한 점은 이 작품에서 풍자가의 힘이 인간적 자비심의 친절한 온기와 배합되어서 그 합쳐진 불빛으로 인간들의 약점을 밝혀낸다는 것이니, 그것을 숨기지 않지만 보다 가혹한 구석들을 완화시키고 눈이 부시지 않게 빛을 조절하여 이전에는 의식하지 못했던 아름다움을 끌어내고 있음을 우리는 발견한다(504).

이렇듯 유려한, 또한 철저히 호의적인 평론의 지원을 받으며 블랙우드 출판사에서 나온 『애덤 비드』는 절찬리에 팔려나갔다. 4월에 블랙우드 출판사가 발행하는 잡지에 서평이 나가기 전, 이미 2월에 『어시니엄』(*Athenaeum*), 『새터데이 리뷰』 등에 호의적인 서평이 나갔고 작품에 대한 평론가들의 반응은 대체로 좋았다.[130] 따라서 『블랙우즈』 서평 덕에 이 소설이 '뜬' 것은 아니었다. 그러나 『블랙우즈』에 신속하고 호의적인 서평이 실린 것이 작품 흥행에 날개를 달아주는 데 기여했음은 분명하다.

이와 같은 『블랙우즈』의 조지 엘리엇 '밀어주기'는 꾸준히 지속되었다. 이 잡지의 지면을 이용해 조지 엘리엇을 '대가'의 대열에 올려놓는 담론은 1859년 7월호에서도 이어졌다. 이 호에는 조지 엘리엇의 중편 「들어 올린 베일」("The Lifted Veil")이 두 번째 꼭지에 실렸다. 익명으로 게재된 작품이긴 하지만 작가, 출판사, 잡지가 서로 유기적인 협조체제를 유지하고 있었음을 보여주는 순간이다. 이 호의 여섯 번째 꼭지는 「제인 오스틴의 소설」("The Novels of Jane Austen")이라는 평론이다. 제인 오스틴의 소설을 예찬하는 이 글의 저자는 막 등장한 신예 작가 조지 엘리엇을 이 선배 여성 소설가와 같은 급에 올려놓는다. 「에이머스 바튼」에서 한 대목을 인용한 후에, "조지 엘리엇 씨(Mr George Eliot)"는 "오스틴 양에 비해 이야기 전달 기술 내지는 우리가 '예술의 경제성'이라고 부른 면에서는 떨어지지만, 진실됨, 극적인 복화술, 유머에서는 오스틴과 대등할뿐더러, 교양과 사유의 폭, 정서적 감성의 깊이에 있어서는 한참 더 우월하다"고 평가한다(1869년 7월호: 104). 전속 출판사가 운영하는 잡지가 이렇듯 작가를 띄워주는 동안 작가는 두 번째 장편을 쓰고 있었다. 그녀의 일기장을 보면 "새 소설을 다시 시작했는데, 첫 두 챕터를 다시 쓸 작정이다"라는 『플로스강의 물방앗간』(*The Mill on*

---

130 *The Journals of George Eliot* 76; Rignall ed. *Oxford Reader's Companion to George Eliot* 2.

the Floss)에 대한 첫 번째 언급이 4월 27일자 일기에 나온다. 블랙우드는 초판 4천 부에 대한 선인세로 2천 파운드의 두둑한 금액을 제시했고, 이 조건을 수락한 작가의 소설 집필은 그 다음해까지 이어져서, 1860년 2월 21일에 이 작품을 탈고했다.[131]

그 해 4월에 『플로스강의 물방앗간』이 3권짜리 단행본[132]으로 시중에 나오자마자, 『블랙우즈』 5월호에는 이 소설에 대한 서평이 신속하게 실렸다. 『애덤 비드』 때와 마찬가지로 칭찬 일색인 이 서평은 시작 부분에서 최근 논란이 되었던 작가의 신원 문제(위에서 언급한 '리긴스' 사건)를 거론하면서도 작가가 누구인지 흔쾌히 밝히지는 않은 채, "'플로스강의 물방앗간'은 '애덤 비드'의 저자"가 쓴 것임을 재차 확인하는 선에 머문다. 그리고는 이 새 작품의 가치부여에 들어간다. 첫 장편 『애덤 비드』를 '밀어줄' 때 보다 이번에는 작업이 좀 더 수월하다. 아래 인용이 예시하듯, 이미 가치를 인정받은 『애덤 비드』와의 비교를 통해 새 상품의 수준을 가늠하면 되기 때문이다.

> 우리가 이 작품을 순전히 소설의 측면에서만 본다면, 극적인 흥미에 있어서는 『애덤 비드』보다도 비교할 수 없이 우월하다. 이전 작품과 똑같이 자연에 대한 예리한 안목, 묘사의 깊이와 힘, 밝고 우아한 유머가 이 작품에서도 발견되지만, 이야기가 『애덤 비드』에서는 책의 다른 매력들에 비해 부차적이었던 반면, 이번에는 소설의 가장 큰 매력 중 하나이다. 이전처럼 삶의 투쟁을 하는 인물들과 우리가 동행하기 전에, 미리 아주 세심하게 독자에게 이들을 소개해서 이들과 충분히 친숙해진 다음에야

131 *The Journals of George Eliot* 77, 84.

132 이 당시 장편소설 초판본은 소위 "triple decker"라고 불리는 3권 세트(three-volume set)로 출간하는 게 관례였다. 값이 비싼 3권 세트가 다 팔리고 나면 나중에 1권짜리 '저가본'을 출간했다. Eliot, "The Business of Victorian Publishing" 53~54 참조.

> 이야기가 시작되도록 붙잡아놓는다. 그러나 그 덕에 우리는 이들을 워낙 친밀하게 알게 되기에 끝까지 이들에 대한 우리의 공감대는 견고하게 유지된다. 그리고 독자의 관심이 한번 촉발된 다음에는 사건이 신속하게 진행되지는 않지만 절대로 이야기가 처지지 않는다(「플로스강의 물방앗간」["The Mill on the Floss"] 87권 1860년 5월호: 611).

『애덤 비드』 서평과 마찬가지로 이 글도 긴 발췌 인용과 상세한 소개에 주력하며 이전 작품과 새 소설을 비교하므로 작품의 가치를 평가하는 전략을 일관되게 적용한다. 이 서평은 이 새 소설이 제공하는 인물들의 초상화는 "일련의 미세한 터치를 통해 완성되는데, 이것은 그야말로 완숙한 예술적 경지를 보여준다"며, "인물간의 대화가 독자들이 보기에 마치 실제 사람들의 대화를 그대로 기록한 듯 자연스럽고 유연하게 제시"되기에, "지금 소개하는 책은『에덤 비드』보다 더 우월하다고 생각된다"고 평가한다(614). 이미『애덤 비드』에서 이 작가의 솜씨를 맛본 독자들이건, 아니면 이 작품을 읽진 않았어도 적어도『애덤 비드』에 대한 호의적인 서평을 읽어본 독자라면, 이 작가의 최신작은 "『애덤 비드』에서 그토록 분명히 보여주었던 놀라운 분석력과 표현력을 심지어 더 많이 담고 있다"(620)는 말을 듣고 책 구매를 적극 고려할 법하다. 또한 내용의 '건전함'도 보장하는 것을 잊지 않는다. "이 책의 교훈은 강압적이지 않다. 아마도 독자 각자의 성향에 따라 그것은 다를 것이다. 그러나 어떤 식으로 이 책을 읽건 간에, 독자는 오로지 유익한 생각만을 이 책에서 얻게 될 것"(622)이라고 확언한다. 풍자의 요소가 작품에 없지 않으나, 직접 거명은 하지 않았지만 당대 최고의 대중적인 인기를 누리던 디킨스와 비교할 때 전혀 다른 급과 성격임을 마지막 마무리 부분에서 다음과 같이 강조한다.

능력은 대등하지만, 조지 엘리엇은 풍자에 있어서 우리의 또 다른 대단한 소설가 중 한 사람과 얼마나 그 능력을 사용하는 방식이 다르던가! 그는 똑같은 수준의 예리한 관찰력과 보편적 질병에 대한 식견을 가지고 예민한 피부를 무자비하게 칼로 째며, 마치 전문가적 만족감을 신나게 느끼는 듯이 그 속에 도사리고 있는 해악을 우리에게 제시한다. 이 작품에서는 그에 못지않게 확실하고 기교가 뛰어난 솜씨를 발견하지만, 암이 커가는 부위까지 깊이 메스를 가하면서도 그 이면에 건실한 생명이 있다는 신념에서 해부에 임한다. 플로스 강변에 사는 우리 이웃들의 실상을 여러 말로 꾸짖은 후에도 이 작가는, 마치 이 작품의 주인공 매기처럼, 이들 중 가장 속이 좁은 사람에게도 용서의 말을 전해주고야 헤어지려는 것 같은 느낌을 받는다. [……] 참으로 놀라운 점은 이 작품이나 '애덤 비드'에서 그 어떤 인물들이건 이들을 만든 작가의 시선에는 시적 정의에 의한 통상적인 처벌을 받을 만큼 악을 저지른 사람이 없다는 것이다(623).

앞서 살펴보았듯이 『블랙우즈』가 별로 호의적으로 받아준 적이 없는 디킨스와 조지 엘리엇을 비교하며, 전자에 비해 후자의 너그러움과 따듯함을 강조하며 서평을 마무리한다. "우리의 또 다른 대단한 소설가" 디킨스와는 달리, 이제 불과 세 번째 소설을 낸(장편으로서는 두 번째) "조지 엘리엇 씨(Mr.)"는 『플로스강의 물방앗간』 초판본 표지에 소개한대로, "『성직생활 소묘』와 『애덤 비드』의 저자"일 뿐, 아직은 문학장에는 생소한 이름이다. 반면에 디킨스는 누구던가. 그는 1836년에 『피크윅 문서』로 데뷔한 이후 이 서평이 나가던 1860년 봄 기준, 무려 12편의 장편을 출간한 작가이자 『올 더 이어 라운드』(*All the Year Round*)라는 주간지의 소유자 겸 편집자였다. 한 마디로 당대 문학장의 상당한 지분을 점유하고 있던 작가였다. 작가이자 편집자이기도 했던 디킨스는 "조지 엘리엇"이라는 새로운 소설원고 제작자에게 즉각 관심을 보였고, 자기가 운영하는 『올 더 이어 라운드』에 이 새 작가의 소설을 연재하자는 제안을 하기도 했다. 이 제안은 조지 엘리엇 측에서 사양해서 성사되지 않았으나, 이 두 사람, 두 이름이 당시 문학장에서 차지하는 위상의 차이를 확인할 수 있는 사건이긴 하다.[133] 한 사람은 소설가에 불과하지만 다른 사람은 인기 소설가이자 잡지 오너 겸 편집자였다. 그러나 『블랙우즈』가 보기에는 둘을 '문학적 가치'로만 재면 "조지 엘리엇씨"가 디킨스에게 밀릴 게 없었다. 죽은 선배 "오스틴 양"보다도 못할 게 없고 시퍼렇게 살아있는 당대 최고의 문인 디킨스와 "능력은 대등하지만" 디킨스와는 달리 "무자비하게 칼로 째"지 않는 이 신진 소설가는 기교에서만 대가가 아니라 '심성'과 '사상'에서도 대가임을 이 서평은 보증한다.

이렇듯 매리언 에번스는 조지 엘리엇으로 문패를 바꿔단 후 블랙우드 출판사 및 이 출판사가 운영하는 잡지의 적극적인 '밀어주기'에 힘입어 순탄하게 문학장에서 부상했다. 소설가로 활동하기 시작한 1858년에서 1860년 사이에 그녀의 수입은 본인이 일기에 기록하고 있듯이 획기적으로 증가하며 놀라운 성장률을 유지했다. 1855년 평론가 매리언 에번스는 119파운드 8실링을 벌었다. 1856년에는 서평 원고료에 더해 연말에 「에이머스 바튼」 원고료가 합쳐지자 수입이 두 배가 넘는 254파운드 10실링으로 늘었다. 1857년에는 『성직생활 소묘』 소설집 초판본 인세로 443파운드를 받았으니 1년 사이에 약 74% 수입이 증가했다. 1858년에는 『성직생활 소묘』와 『애덤 비드』 단행본 인세를 합쳐

133 Haight, *George Eliot: A Biography* 310~311; Rignall ed., *Oxford Reader's Companion to George Eliot*, 95~96.

서 무려 1,745파운드를 받았다. 전년도 인세 수입 대비 무려 400%에 근접하게 수입이 급증한 것이다. 어디 이 뿐인가. 1860년에 『플로스강의 물방앗간』이 이미 나온 두 책에 가세하자 그 해 총 인세 수입은 8,330파운드로 결산되었다.[134] 전년도 대비 477%가 늘어난 수치이다. 이 수입은 5년 전인 1855년 메리언 에번스가 번 돈의 70배에 해당되는 거금이다. 이렇듯 짧은 기간에 상당한 규모의 경제 자본을 축적한 고속성장이 본인의 '뛰어난 솜씨'에 대한 정당한 대가라고 후대 평자와 학자들은 쉽게 믿고자 한다. 그러나 블랙우드가 차지하는 문학장에서의 위치가 아니면 이는 가능치 않은 이야기였다. 천재적 작가의 성공적인 노동의 가치를 무시할 수는 없으나 거기에만 시선을 고정할 때 우리는 문학사의 일면만을 보게 된다. 물론 조지 엘리엇 '만들기'와 '밀어주기'를 단순한 인과관계로 파악하는 것 또한 문학사의 실상을 왜곡하는 것이다. 당시 특정 사회적, 역사적 국면과 결합한 개인사적인 요소들(무엇보다도 조지 헨리 루이스와의 동거)과 문학장의 객관적인 조건들이 서로 결합해서 만들어내는 "구조적으로 필연적인 우연한 사건"으로 이 전 과정을 파악하는 것이 보다 합당한 일일 것이다.

134 *The Journals of George Eliot* 58, 65, 72, 75, 88. 블랙우드 출판사 쪽에서도 조지 엘리엇 덕을 톡톡히 봤다. 그녀가 쓴 책은 1860년대부터 1900년대까지 이 출판사의 총 이익금의 평균 30% 이상에 꾸준히 기여했다. Finkelstein, *The House of Blackwood: Author-Publisher Relations in the Victorian Era* 34.

3. "『그리스도의 생애』"와 「노동자들에게 전하는 필릭스 홀트의 연설」

"필연적인 우연"도 우연은 우연이다. 매리언 에반스의 조지 엘리엇으로의 성공적인 변신 및 정착이 얼마나 우연적이었고 심지어 모순적이기까지 한 것이었는지를 우리에게 일러주는 『블랙우즈』 기사 둘이 있다. 블랙우드 출판사에서 출판하고 『블랙우즈』 잡지 지면이 칭송하는 '조지 엘리엇'이 아직 매리언 에번스이던 시절 그녀가 출간한 첫 번째 책은 앞서 살펴보았듯이 스트라우스의 『예수의 생애』이다. 이 책은 예수의 신성과 기적을 부인하는, 따라서 『블랙우즈』 같은 보수성향의 잡지가 보기에는 '불온한' 책이었다. 이 책은 원래 그녀의 친구인 루파 브래번트(Rufa Brabant)가 시작한 번역을 떠맡은 것이긴 하나 본인이 책의 내용과 주장에 매력을 느끼지 않았다면 맡지 않았을 것이다. 번역의 거의 전부는 매리언 에번스(아직은 고향에서 사용하던 이름인 '매리앤'으로 불리던 시점이다)의 작품이다.[135] 『예수의 생애』가 1846년 역자의 이름은 물론이요 출판사 이름도 없이 출간되었을 때 평단은 침묵으로 대응했다. 그러나 이 책이 세상의 관심에서 완전히 벗어난 것은 아니었다. 1854년 『웨스트민스터 리뷰』 편집자 존 채프먼은 포이어바흐의 『기독교의 본질』을 출간하며 표지에 역자를 "매리언 에번스"로 밝히면서, 그 이름 옆에 "'스트라우스의 예수의 생애' 번역자"라고 소개했다.[136] 매리언 에번스가 옮긴 스트라우스의 『예수의 생애』는 미국

---

135 Haight, *George Eliot: A Biography* 53.

136 Ludwig Feuerbach, *The Essence of Christianity* / translated from the Second German Edition, by Marian Evans, Translator of "Strauss's Life of Jesus" / London: John Chapman, 1854.

뉴욕에서 캘빈 블랜처드(Calvin Blanchard) 출판사가 1860년에 다시 출간했는데, 초판본에서는 밝히지 않았던 역자의 이름을 "메리언 에번스, 포이어바흐의 '기독교의 본질' 번역자"로 소개하고 있다.[137] '매리언 에번스'의 번역서가 다시 부활한 이 해에 '조지 엘리엇'은 뉴욕의 하퍼 출판사가 『플로스강의 물방앗간』 출판권 값을 지불했고 독일에서 『애덤 비드』 번역에 대한 로열티 계약을 하는 등 국제적인 명성을 얻고 있었고, 두둑한 인세 수입 덕에 '남편' 조지 헨리 루이스와 세 달간 이탈리아에서 "신나는 여행"을 하고 돌아오는 등,[138] '매리언 에번스'나 '매리 앤 에번스' 시절에는 전혀 생각할 수 없는 윤택한 삶을 즐기고 있었다. 자신의 첫 출간물인 『예수의 생애』의 최근 근황에 대해서 매리언 에번스/조지 엘리엇이 알고 있었는지는 확인할 문건이 없다. 그녀의 일기나 편지에서 이에 대한 언급은 찾아볼 수 없다. 하지만 새로운 소설의 '대가'로 부상하던 시기인 1861년 11월호 『블랙우즈』에서 이 책에 대해 언급하고 있는 대목은 읽었을 가능성이 크다. 스트라우스와 유사하게 예수 그리스도와 기독교에 대해 '역사'와 '과학'이 설명하지 못하는 부분은 걸러내어 폐기하는 데 주력했던 프랑스 학자 에네스트 르낭(Ernest Renan)의 1859년 책인 『도덕 및 비판 에세이』(*Essais de morale et de critique*)와 『종교역사 연구』(*Études d'histoires religieuse*, 1857)를 논평하는 글에서 "스트라우스의 유명한 『그리스도의 생애』(*Life of Christ*)"에 대한 르낭의 "극히 정당한 비판"을 소개한다(「에네스트 르낭 씨」["M. Ernest Renan"], 90권, 1861년 11월호: 635). 물론 이 서평의 저자는 책 제목

137 *The Life of Jesus, Critically Examined*, by David Friedrich Strauss, / translated from the Fourth German Edition by Marian Evans, Translator of Feuerbach's "Essence of Christianity." / New York: Calvin Blanchard, 1860.

138 *The Journals of George Eliot* 85.

부터 잘못 표기하고 있으니("그리스도의 생애"가 아니라 "예수의 생애"이기에) 스트라우스의 책을 본인이 읽기나 했나 하는 의혹을 살만하다. 우리의 관심사는 이 서평가나 그가 소개하는 르낭의 평가가 옳고 그름이 아니라 이런 논의를 지면에 포함시키는 『블랙우즈』의 성격과 입장이므로 이 '실수' 그 자체가 큰 문젯거리는 아니다. 아니면 역사적 인물 '예수'를 무조건 메시아 '그리스도'로 생각하는 이 서평의 저자이기에 책 제목을 이렇게 틀리게 알고 있지 않았나 하는 추측도 가능하다. 그렇다면 이 오독 자체가 해당 서평 집필자 및 잡지의 성격을 드러내주는 지표의 하나로 볼 수 있다.

스트라우스의 책 제목을 줄곧 "그리스도의 생애"로 지칭하는 이 평론가는 르낭이 스트라우스를 비판하는 대목을 자신이 영어로 옮겨서 발췌 인용하기 전, 이 책이 영국 독자들에게 별 주목을 끌지 못한 이유를 분석한다. 그것은 무엇보다도 "영국인들의 정신에는 어떤 상식적인 공감대(common sense)가 있어서, 그리스도의 삶을 다룬다면서도 한 때 살아있던 역사적 인물을 우리에게 제시하려는 시도를 전혀 하지 않는다는 점에 즉각 반발했"기 때문이라고 한다. "사리가 분명한 영국인들로서는 [……] 무엇이 역사적 진실이었는지를 제시하려는 힘겨운 노력이 없다고 알려진 이 책을 거부했다"고 한다. 즉,

> 스트라우스 본인이 신화나 전설이라고 부르는 바들에 대한 해설적 비평에 꼭 동의하진 않더라도, 차분하게 다 듣고 난 후에도, 그렇게 전설적인 부분들에 대한 그러한 해설이 필요하다고 가정한다 해도 꼭 전설적 부분에 대한 해설이 그리스도의 전기를 구성한다고 하기 어렵다(90권, 1861년 11월호: 636).

고 생각하는 것이 영국인들의 건전한 상식이라는 것이다. 이어서 인용되는 르낭의 비판은 스트라우스의 관념철학적 논변을 논리적으로 반박하는 대목으로, 그 결론은 성서 복음서에 담긴 예수에 대한 기술들의 상당 부분이 옳다고 가정하는 쪽이 더 논리적이라는 것이다. 이어진 서평가의 발언은 다음과 같다.

> 계시를 믿는 사람들도(가장 확고히 믿는 사람들과 본 잡지는 언제나 같은 대열에 나란히 설 것인데) 르낭 씨만큼 이렇게 분명한 주장을 하기가 어려울 것임은 굳이 지적할 필요가 없다. 스트라우스가 기적에 대해 갖는 생각에 동의하는 사람이 이렇게 비판하고 있으니 말이다. 그러나 이 역사를 어떤 방식으로 바라보건 간에 어떤 위대한 인물이, 아니면 위대한 살아있는 영혼이 그 이면에 존재하고 있음이 분명하다는 점은 지적할 만하다. 그 누구건 그리스도의 전기를 쓰려는 자는 이 위대한 실상을 우리에게 제시해야할 것이다(637).

건전한 상식과 합리성을 공통적으로 갖고 있는 영국인들이 독일의 급진적인 철학자의 추상적인 "해설적 비평"에 별로 관심을 기울이지 않은 것은 당연하다는 이와 같은 주장을 통해 필자는 영국의 '민족성'을 규정하고 있다. 아울러 『블랙우즈』는 기독교 정통을 "가장 확고히 믿는" 정기간행물임을 재천명하고 있다. 이러한 『블랙우즈』의 시각에서 볼 때 "스트라우스의 유명한 『그리스도의 생애』"는 자신과는 정반대 진영에 서 있는 서적이다. 또한 이 스트라우스와 같은 성격의 책인 포이어바흐의 『기독교의 본질』 번역자로 출판계에 소개된 메리언 에번스(1854년에 이 두 번째 번역서가 나왔을 때 책 표지는 그녀가 스트라우스의 번역자임을 만천하에 공표했다)도 『블랙우즈』나 이 잡지의 출판사로서는 경계하고 거부해야할 인물이 될 것이다. 그러나 이미 그녀는 '조지 엘리엇'으로 이 잡지의 지면을 통해 등단했고 출판사가 인세를 듬뿍 집어주며 잡지의 서평으로 '밀어주는' 고정 작가 중 하나가 되었다. "'스트라우스의 예수의 생애' 번역자" 매리언 에번스와 "제인 오스틴 양"을 능가하는 대가 "조지 엘리엇 씨," 이 두 저자의 이름 사이의 간극을 블랙우드 측이나 조지 엘리엇 측에서 얼마나 의식했는지는 정확히 진단하기 어렵다. 하지만 두 이름이 당시 문학장의 이질적일 뿐더러 심지어 이념적으로 대척적인 거리를 각기 점유하고 있다는 점은 분명하다. 그 간극이 보여주는 바는 한 작가의 정략적인 선택이나 심지어 정치적 '변신'이라고 할 수는 없다. 이 장의 첫 부분에서 살펴보았듯이, '조지 엘리엇' 속에는 여전히 '매리언 에번스'가 남아 있었다. 다시 말해 둘 간의 괴리는 내재적인 것이 아니다. 오히려 그 간극 내지는 괴리는 당시 영국 문학장의 역동성의 지표이다. 디킨스보다 나은 새로운 대가이자 수천 파운드 씩 버는 인기 소설가 조지 엘리엇이 점유한 위치는 희한하고 이단적인 외국서적이나 번역하던 '매리언 에번스'가 서 있던 지점과는 한참 떨어져 있는 먼 거리에 있었다. 이렇듯 한 지점에서 다른 지점으로의 이동이 얼마든지 가능한 유동성과 신축성이 이 문학장의 특징이자 힘이었다.

『블랙우즈』의 독자들이 위에서 살펴본 서평이 언급한 "스트라우스의 『그리스도의 생애』" 번역자가 누구인지를 기억하거나 알아챘을까? 블랙우드 출판사에서 나온 『애덤 비드』나 『플로스강의 물방앗간』의 당대 독자들이 저자 '조지 엘리엇'이 다름 아닌 "메리언 에번스, 포이어바흐의 '기독교의 본질' 번역자"이자 "'스트라우스의 예수의 생애' 번역자"임을 알았을까? 이러한 질문들에 대해 정확한 대답을 제시하기는 어려울 것이지만, 분명한 것은 잡지나 출판사나 저자 쪽에서 가급적 그런 사실을 굳이 밝히거나 남들이 알아차리기를 원하지 않았고, '조지 엘리엇'은 '매리언 에번스'가 아닌 '조지 엘리엇'으로만 알려지길 바랐다는 것이다. '조지 엘리엇'은 더 이상 메리언 에번스 시절 썼던 평론을 그 어디에건 발표하지 않았다. 물론 소설만 써도 넉넉히 수입을 올릴 수 있었기 때문이었겠으나, 디킨스의 예가 보여주듯, 잘 나가는 소설가라고 해서 정기간행물을 통해 직접적인 발언을 하지 말라는 법은 없었다. 또한 블랙우드 출판사 및 잡지 『블랙우즈』와 인연이 깊었던 마가렛 올리펀트는 이 잡지 연재소설가일뿐더러 이 잡지에 서평 기고자로 생애를 마칠 때까지 꾸준히 활동했다.[139] 올리펀트보다 몇 배 더 학식이 깊은 조지 엘리엇이 원한다면 얼마든지 『블랙우즈』에 서평을 실을 수 있었으리라는 추측은 쉽게 할 수 있다. 그러나 조지 엘리엇은 매리언 에번스가 하던 서평집필과는 인연을 끊었다.

굳이 따지자면 한 가지 예외가 있기는 하다. 서평은 아니지만 시사평론 하나를 『블랙우즈』에 실은 적은 있다. 이 글은 여러모로 매우 흥미롭고 그 자체가 예외적인 형식의 특이한 산문이다. 앞서 1장에서 본 대로, 『블랙우즈』는 1832년 1차 선거법 개정, 1867년 2차 선거법 개정 등 19세기 영국 정치사의 전환점마다 선거권 확대를 반대하는 데 열중했다. 특히 도시지역 성인 남성 모두에게 소유한 재산과 상관없이 투표권을 부여하는 1867년 선거법 개정은 『블랙우즈』로서는 도저히 용인할 수 없는 일이었기에, 1장에서 언급했듯이 1866년 봄부터 이와 관련된 기사들을 매 호 실으며 공세를 펼쳤다. 이 국면에서 조지 엘리엇은

139 Solveig C. Robinson, "Expanding a 'Limited Orbit': Margaret Oliphant, *Blackwood's Edinburgh Magazine*, and the Development of a Critical Voice," *Victorian Periodicals Review* 38 (Summer 2005): 199~200.

1832년 선거법 개정이 작품의 역사적 배경으로 설정한 '정치적' 소설 『필릭스 홀트, 급진주의자』(*Felix Holt, the Radical*)를 썼다. 이 책은 한참 정치문제로 시끄럽던 1866년 6월에 블랙우드 출판사에서 나왔다. 책이 나오자마자 블랙우드 출판사 소유 잡지에서는 7월 호에 곧장 서평을 실었다. 어떠한 정치적인 분위기에서 이 소설의 출간을 이 잡지가 환영했고 작품을 선전했는지 감지하려면 먼저 이 호의 목차를 살펴볼 필요가 있다. 같은 호에 실린 기사들은 다음과 같다.

[1] 니나 발라트카: 한 프라하 처녀 이야기, 제 1부
[2] 미국의 투쟁에 있어서의 원칙과 쟁점들
[3] 브룩 포스브룩 경
[4] 웨스트민스터 스쿨, 제 4부
[5] 시티의 공황
[6] 필릭스 홀트, 급진주의자
[7] 코닐리어스 오두드의 남과 녀 및 기타 문제들에 대한 견해
[8] 석탄을 어찌할 것인지?
[9] 와해 (100권, 1866년 7월호: 목차)

이렇게 아홉 개 꼭지로 구성된 이 잡지의 글 중 첫 번째와 세 번째는 연재소설이고, 다섯 번째는 명문 사립학교인 웨스트민스터 스쿨의 역사이다. 나머지는 어떤 식으로건 시사성을 띠는 글들이다. 두 번째 글은 시사평론으로, 그 전 해인 1865년에 북측의 승리로 끝난 남북전쟁(『블랙우즈』를 비롯한 영국의 보수 언론은 남부를 지지했다)을 다루면서 북측의 독재적 경향을 우려하고 비판한다. 다섯 번째 글은 시티 금융가 및 국가 재정 정책을 다루고 있다. 일곱 번째와 여덟 번째도 시사적인

글들로, 하나는 세태를 풍자하는 내용의 만담, 다른 하나는 석탄의 부족을 우려하는 시사적인 시이다. 이 잡지의 편집자 및 독자들이 가장 관심을 갖는 문제인 선거법 개혁 문제는 마지막 기사인 「와해」 ("Collapse")에서 집중적으로 다룬다. 하원에서 가장 진보적인 그룹인 '자유주의파'(Liberals)의 지도자 글래드스턴이 선거법개정법을 제출했으나 그를 그간 지지하던 휘그당의 이탈로 법안도 부결되고 그의 지도력도 '와해'된 최근의 사건을 다루는 이 글은, "글래드스턴 씨는 자기 측 지지자들도 늘 좋아하는 사람은 아니"며, "하원의 원내대표로서는 실패할 것으로 예상"되는데, 그 이유로 "너무나 무절제하고, 너무나 충동적이며, 너무나 거침없는" 독불장군 같은 그의 성격을 지적한다. 이러한 사람이 추진한 법안은 "당연히 실패했으니, 이는 그것을 제출한 유별난 방식 때문에, 또한 만약에 이것이 법이 되었다면 영국인의 민족적 성격을 기괴하게 개악할 것이었기 때문"이라고 단언한다(100권, 1866년 7월호: 117, 132). 이러한 글들에 합류한 조지 엘리엇의 최신작 『필릭스 홀트』 서평은 어떤 점을 특히 부각시켰는가? 이 작품의 주인공 필릭스 홀트는 일반적인 의미에서의 '급진주의자'가 전혀 아니다. 그는 진지하고 온건한 사회개량주의자로서 오히려 급진주의자들의 선동에 반대하다가 살인죄 누명을 쓰고 옥살이를 하는 선거법 개혁 시위의 피해자이다. 이 서평은 통상적으로 '대가' 조지 엘리엇에 대해 붙여주는 '진실 되고 균형 잡인 인물들을 만들어냈다'는 투의 찬사들 외에도 "급진주의자이긴 하지만 천성적으로 신사인"(「필릭스 홀트, 급진주의자」["Felix Holt, the Radical"], 1866년 7월호: 101) 필릭스 홀트을 칭찬한다. 게다가 다음과 같이 노골적인 정치성을 드러내는 시사적 발언이 심심치 않게 작품 품평 사이에 등장한다.

> 혹시 우리 잡지가 정치색을 바꿀 일이 있다면 존 브라이트보다는 필릭스 홀트를 따라갈 것임이 분명하다. 소위 '대중선동가'들이 단상 위에 올라서서 선거권 없는 계급들에게, 이들이 정치적 자유를 향해 가는 첫 번째 단계는 스스로의 정신을 무지와 편견에서부터 자유롭게 하는 것이고, 투표권이란 것이 이들을 진정으로 저급하게 만드는 해악들에 대한 만병통치약이 아님을 가르쳐줄 때, 그리고 이러한 가르침을 차분하게 받아들일 때, 이들이 정치적 주권을 행사할 적합한 상태인지 여부에 대한 논란이 상당히 잠재워질 것이다(103).

가명을 쓰는 소설가 조지 엘리엇이 지어낸 인물인 필릭스 홀트를 실제 자유주의자 정치인인 존 브라이트(John Bright)와 비교하는 이런 발언을 하며 필자는 문학비평의 영역을 벗어나서 정치이념투쟁에 끼어들고 있다. 다수 근로 대중들이 "투표권"을 요구하기 전에 먼저 둘러보고 고쳐야 할 "이들을 진정으로 저급하게 만드는 해악들"은 무엇을 두고 하는 말인가? 소설의 내용을 보면 '막걸리 선거'에 놀아나는 낮은 민도와 주벽이 떠오르지만, 이 잡지의 1867년 2월호에 나온 「노동 계급들」("The Working Classes")에 의하면 노동자들의 단체행동도 거기에 포함된다. 이 기사는 "노동과 자본 사이의 오래된 대립은 구매자와 판매자 사이의 대립과 마찬가지로"(100권, 1867년 2월호: 222) 불가피한 것일진대, "영국 노동조합들의 경우, 노동자 집단이 자신들이 선출한 과두체제의 노예가 되고 각자 개인을 저급하게 낮추므로 이들이 속한 계급이 집단으로서 강력해지기를 바라"는 것은 옳지 못하다고 한다. 이는 달리 말해 "보편적 선거권이 독재체제로 치닫는 친숙한 이야기"를 반복하는 꼴이라며, "노조에 가입하는 회원 각자는 사실상 노예이거나 폭군, 아니면 동시에 둘 다"라고 주장한다. 그 이유는 이들이 자신의 "개인성"을 포기한 채 "큰 바다 속 물방울 하나"에 불과한 존재가 되기 때문이라는 것이다(224).

'자본'의 노예가 오히려 '노조'의 노예로 둔갑한 이 왜곡된 논리를 서슴없이 개진하는 『블랙우즈』는 선거법 개정이 통과되어 새로운 정치질서가 펼쳐지지 시작한 1868년 1월 신년 첫 호 첫 꼭지에 「노동자들에게 전하는 필릭스 홀트의 연설」("Address to Working Men, By Felix Holt")을 실었다(103권, 1868년 1월호: 1~11). 노동자들이 '주제를 알고', 집단행동의 해악에서 벗어나도록 가르치는 '대중선동가'로 필릭스 홀트를 소개했던 1866년 7월호 서평 그대로, 이 똑같은 필릭스 홀트가 바로 이와 같이 새롭게 주권을 행사하는 노동계급들을 훈계하는 이 글의 저자는 필릭스 홀트를 지어낸 조지 엘리엇이다. "1832년 선거법 개정 후에 나는 투표장난동 와중에 있었기에, 공공질서가 흔들리면 어떤 상황이 벌어지는지 나름대로 잘 알고 있다"며, 이러한 폭동은 "민중의 편에 선다고 하지만 부정직한 자들의 사주"가 주된 원인이라고 일반화한다.[140] 이 '사실'은 물론 소설의 내용을 지칭한다. 따라서 조지 엘리엇 소설 밖에서도 이러한 정치적인 명제가 입증되었는지 여부는 조지 엘리엇이 지어낸 인물로서는 밝힐 의무가 없다. 이제 어차피 선거권이 "우리"에게 주어진 상황에서는(원작에서 필릭스 홀트는 생존을 위해 임금노동에 안 나설 자유가 없는 노동계급 출신이 아니라, 본인이 원해서 시계공으로 살기를 자처한 시골 청년이다) "첫 번째로 생각할 것은 우리의 무거운 책임"(339)인 바, "많은 것들에 대해서 불만들을 우리가 갖고 있었"고 그럴 만했지만, 그럴수록 "우리가 스스로에게 부여하는 책임은 커진다"(340)고 조지 엘리엇은 필릭스 홀트의 입을 빌어 말한다.

140 *Selected Critical Writings* 345, 이하 인용은 본문에 이 판본 쪽수로 표시함.

"우리"들은 신중해야할뿐더러 세상의 이치를 제대로 깨달아야 한다고 이 글의 저자는 역설한다. 또한 "인간의 삶이 서로 얽혀있"고, "우리가 겪는 고통은 우리보다 앞서 살던 사람들의 잘못 때문이고, 아울러 우리는 서로의 잘못 때문에 고통을 겪는다"는 것이 인생과 세상의 "법"임을 알아야 한다고 가르친다(341). 게다가 "어떤 사회이건 한 개의 계급으로 구성될 수는 없고, 인간의 신체처럼 사회는 모든 다양한 부분들이 서로 의존해 있는 놀라운 생명체처럼 우리 앞에 서 있"음도 알아야 한다(342). 그러니 "우리" 계급의 이익만을 추구하는 것은 자연의 법에 역행하는 어리석은 짓이다. 무엇보다도 인간은 이기적일 수밖에 없음을 인정해야 한다. "사회가 점진적으로 개선되고 우리의 가장 심한 해악들을 줄어들게 할 유일하게 안전한 방법은 기존의 존재하는 계급적 구분과 이득을 곧장 폐기하는 것"이 아니라, "계급적 이해관계를 계급적 기능과 의무로 전환하는 것"이라고 "필릭스 홀트"는 설파한다(344). 이 글을 쓸 당시 "필릭스 홀트"나 그가 동일시하는 "우리"보다 사회적인 신분이 한참 위인 부유한 작가 조지 엘리엇 본인의 "계급적 이해관계"를 그대로 드러내준 발언이라는 의심을 할 만한 대목이다. 그녀는 아예 대놓고 유산계급을 존중할 것을 충고한다. "받은 게 없는 다수 근로대중들의 주장 속에 미래의 모습을 정할 원칙들이 담겨 있다고 한다면, 받은 게 있는 계급들이 과거로부터 물려받은 유산을 통해 소중한 자원들을 갖고 있고, 이것들 없이는 그 어떤 값지고 고매한 미래도 구성해낼 수 없다"는 것이 "사물의 변할 수 없는 지고의 속성"(353)이라고 한다. 이 지점에서 조지 엘리엇과 『블랙우즈』는 거의 서로 구분할 수 없는 합일의 경지에 이른다.

물론 「노동자들에게 전하는 필릭스 홀트의 연설」은 도덕성을 강조하고 사회를 유기체로 파악하며 사회의 점진적 발전을 믿으며 물려받은 문화적 유산에 대한 경의를 품고 이를 열심히 공부한 매리언 에번스도 할 법한 주장들을 담고 있기도 하다. 「독일인들 삶의 자연사」에서 농민을 "소위 '계몽'하려는 거짓된 체제"를 비판하며, "농민들의 전통과 대대로 내려온 애착심"을 무시하고 "아직 이들 속에 개발되지 않은 논리적 이해력"에만 호소하는 것은 "이들의 농민적 성격을 와해 및 붕괴시키는 결과만을 낳을 뿐"이라고 쓰던 그 손길이 여전히 이 글도 쓰고 있다.[141] 『블랙우즈』가 발굴하고 지지하고 '밀어준' 조지 엘리엇은 『블랙우즈』와는 많은 면에서 대척점에 서 있던 매리언 에반스와 역시 같은 사람이다. 그렇긴 해도 조지 엘리엇은 『블랙우즈』의 이념과 성향에 맞춘 시평을 이 잡지에 기고하므로 『웨스트민스터 리뷰』 시절의 메리언 에번스가 아니라 『블랙우즈』가 지지하는 작가 조지 엘리엇의 정체성에서 벗어나지 않았다. 그러나 메리언 에번스와 조지 엘리엇의 문학장에서의 존재양태, 이 두 이름의 객관적 의미는 사뭇 다르다. 상대적으로 소수의 독자들이 읽을 생소한 독일 책 서평을 쓰며 독일 농민들의 '계몽'을 비판하던 평론가는 당대 문학장의 최고의 권위를 유지하던 『블랙우드의 에든버러 매거진』의 신년 첫 호 첫 꼭지에서, 새롭게 선거권을 얻어서 이를 방금 행사한 영국 도시 노동자들에게 경고성 설교를 하는 "필릭스 홀트"의 저자와는 전혀 다른 위상에 있었고 그 발언의 수사적, 담론적, 정치적 효과도 전혀 다른 층위에서 구현되었다. 『블랙우즈』가 누린 상징자본과 경제자본의 결합이 얼마나 대

141 *Selected Critical Writings* 276. 이 텍스트의 행간에서 "반항적인" 조지 엘리엇과 순응적인 '필릭스 홀트'의 입장 간의 괴리와 거리를 읽으려는 시도들도 있으나, 그러한 "혼종성"은 '조지 엘리엇'과 '메리언 에번스' 간의 차이점 및 유사성의 이중성으로 설명할 수 있다. Hilda Hollis, "Felix Holt: Independent Spokesman or Eliot's Mouthpiece?" *ELH* 68 (Spring 2001): 158, 162.

단한 것이었고, 거기에 근접하여 이 잡지와 출판사의 지원을 받는 일이 얼마나 쉽지 않은 특권이었는지는 이어지는 장에서 확인할 수 있을 것이다.

제5장

토머스 하디 배척하기

제5장
토머스 하디 배척하기

1. 잡지 "지휘자" 디킨스

런던 문학장에서 서평가로 활동하다가 한 순간 '대가급' 소설가로 변신하는 데 성공한 메리언 에반스/조지 엘리엇과 달리 토마스 하디가 근 30년에 육박하는 긴 세월동안 소설가로 활동하면서 블랙우드 출판사나 『블랙우즈』 잡지와 인연을 맺는 데 성공한 건수는 단 하나, 단편소설 「말라버린 팔」("The Withered Arm")이 1888년 1월호에 실린 것이 전부였다. 하디는 총 18권의 장편소설 및 소설집을 냈다. 조지 엘리엇이 8권을 쓴 것에 비하면 양적으로는 두 배 이상의 작품을 지었으니 19세기말 가장 중요한 영국소설가로 자부할 만했으나 그에게 『블랙우즈』는 호의적인 적이 거의 없었다. 하디와 『블랙우즈』의 관계는 이 잡지의 지면을 통해서 등단하고 서평의 지원을 받으며 부상한 조지 엘리엇과 지극히 대조적이다. 따라서 이 정반대의 경우를 살펴보므로 당대 문학장의 폭과 이면을 측정해 볼 수 있을 것이다.

앞서 「프롤로그」에서 논의했듯이, 소설가는 본인의 주관적인 자기 평가와는 상관없이 객관적인 형편만을 고려한다면 기본적으로 글을 써서 시장에 팔아야하는 원고생산 자영업자이다. 아무리 좋은 원고를 썼다고 하더라도, 또는 본인이 그렇게 생각하더라도, 원고가 인쇄물의 형태로 변신하여 시중에서 팔려야 그는 지속적으로 소설원고 생산업자로서 생활을 할 수 있다. 이런 정황은 19세기 후반부 영국이나 21세기 초 한국에서나 구조적으로는 다를 바 없다. 21세기 초 한국에서는 원고를 바로 단행본으로 만든 후 이를 팔아보려고 블로그에 올리거나 신문에 광고를 내거나 심지어 시내버스에 책 광고를 붙이고 다니기도 한다. 반면에 19세기 후반부 영국의 경우, 이미 살펴보았듯이 고정 독자를 확보하고 여론형성에도 적지 않게 기여하는 『블랙우즈』나 『콘힐』 같은 월간지에 특정 원고가 연재물로 채택되는 것이 가장 확실한 예술적 인정 및 경제적 보상의 방법이었다. 주요 잡지에 작품을 연재하고 이에 대한 평론가들이나 일반 독자들의 반응이 호의적인 경우, 해당 작가는 전업 작가로 활동할 '문화자본' 및 경제적 수입을 축적할 수 있었다.

앞서 조지 엘리엇의 성공담을 소개하기 전에 만나보았던 체신청 공무원 겸 소설가 트롤롭의 『자서전』으로 잠시 다시 돌아가자. 트롤롭은 색커리가 초대 편집인이었던 『콘힐』의 출범과 함께 『프램리 목사관』을 이 잡지에 1860년 1월부터 연재했다. 이때 받은 돈 1천 파운드는 그가 이전에 잡지연재를 거치지 못한 채 곧장 단행본을 내면서 받던 돈과는 비교할 수 없는 거액이었다. 이 연재는 트롤롭을 "문학계에 신속하게 입문하게 해주는" 역할을 했다. 이 연재 덕에 "콘힐과 피카딜리에 자주 드나들며 나와 같은 직종에 종사하는 이들과 같이 살 수 있게 되었다"고 트롤롭은 회고한다. 이렇듯 『콘힐』을 통해 문학장의 중심부로 진입한 트롤롭은 1867년 『세인폴스 매거진』(*Saint Paul's Magazine*)이라는 새로운 월간지의 편집자로 위촉된다. 연봉 1천 파운드에 잡지에 글을 투고할 경우 별도의 원고료를 주는 조건이었다. 이 조건을 받아들인 트롤롭은 드디어 30년 넘게 몸담았던 체신청을 떠난다.[142] 장편소설만 무려 47개를 지은 이 작가의 작품 중 5개는 『블랙우즈』에서 연재되었다.[143] 트톨롭의 성공이 조지 엘리엇처럼 『블랙우즈』나 블랙우드 출판사와 직접 연관된 것은 아니었다고 해도, 『콘힐』 연재로 주목을 끌게 된 이후 『블랙우즈』 연재가 그의 문학장에서의 위상을 공고히 해주었다고 할 수 있다. 반면에 하디는 『콘힐』 연재로 문학장에 한 자리를 확보하기는 했으나 『블랙우즈』의 영역에는 진입하지 못했다.

이 시대 문학장에서 정기간행물이 얼마나 중심적인 위치를 차지하고 있었고 이들 정기간행물에서 연재소설의 비중이 얼마나 컸는지를 반증하는 또 다른 예가 디킨스이다. 일찍이 30대부터 인기작가로 이름을 날리며 다수의 독자층을 확보한 이 소설가는 거기에 만족하지 않고 1850년에 자신이 직접 편집하는 주간지 『하우스홀드 워즈』를 출범시켰다. 그리고 이 잡지의 판매가 다소 부진하다고 생각될 때는 본인이 직접 장편 연재를 거기에 실어서 흥행을 부추겼다. 『하우스홀드 워즈』는 월간지들인 『블랙우즈』나 『콘힐』과는 달리 주간지로서 몸체가 얇았을 뿐더러 가격도 2페니였다. 파격적인 염가공세로 일반 대중들에게 바싹 다가갔던 이 잡지는 오락, 시사, 사회비판 등을 적절히 가미하는 편집자의 성향을 잘 반영했다. 이 잡지는 제목에서부터 늘 "찰스 디킨

---

142 Trollope, *An Autobiography* 92, 174, 178
143 R. C. Terry ed. *Oxford Reader's Companion to Trollope* 55.

스가 지휘하는(conducted) 주간지"임을 선전했기에, '디킨스'라는 '상표'에 맞는 내용이 들어가기를 독자들이 당연히 기대했던 까닭이다. 디킨스가 『어려운 시절』(*Hard Times*)을 연재하기 시작하던 1854년 4월 1일자 목차는 이 주간지의 전형적인 모습을 보여준다.

[1] 어려운 시절. 찰스 디킨스 지음
[2] 오렌지와 레몬
[3] 낫 갈기
[4] 우리의 마부선생
[5] 다들 어디 간 걸까?
[6] 여성의 권리와 억울함
[7] 난파선 조각. 병속에 담긴 메시지
[8] 그녀를 두고 떠났네

이렇게 여덟 개 꼭지에서 당연히 시선을 끄는 것은 유일하게 실명을 밝힌 디킨스의 새 소설이다. 몇 주 전부터 "수요일 3월 29일에 하우스홀드 워즈에 찰스 디킨스 씨의 새로운 이야기가 실릴 것"이고 "'어려운 시절'이라고 불리게 될 신작 소설의 첫 연재분"이 나갈 것을 광고로 계속 알려왔다. 이제 드디어 예고한 새 디킨스 소설이 출범했다. 『어려운 시절』 첫 연재의 내용은 중북부 공장도시를 배경으로 공리주의자들을 풍자하는 것이다. 이어지는 두 번째 글은 오렌지와 레몬이 어떻게 영국인들 식단에 전달되고 그 영양가는 무엇인지에 대한 '상식'을 담은 글이다. 세 번째도 '상식'을 풍족하게 키워주는 글로, 데본셔(Devonshire)에서 낫 가는 돌 채취하는 사람들에 대한 일화들을 담고 있다. 일곱 번째 글 「난파선 조각. 병속에 담긴 메시지」("Chips. The Bottle at Sea")는 해당 주제에 대한 재미있는 일화 위주로 구성되어 있다. 네 번째 글 「우리의 마부선생」과 8번째 「그녀를 두고 떠났네」("The Girl I Left Behind Me")는 해학적인 시들이다. 이를 보면 대체로 '재미'와 '가벼운 상식'이 이 주간지의 주요 메뉴임을 알 수 있다. 이렇듯 이 잡지의 주류를 이루는 '교양과 오락'에 세태를 꼬집는 풍자가 가세했다. 다섯 번째 글 「다들 어딘 간 걸까?」("Where Are They?")와 이어지는 「여성의 권리와 억울함」, 그리고 물론 첫 번째 꼭지 『어려운 시절』이 이런 역할을 하고 있다. 「다들 어디 간 걸까?」는 그 이전 해 언론에 보도되었던 각종 사기꾼들, 특히 음식에 불순물을 타서 팔다가 걸린 자들이 다 어디 갔느냐고 물으면서 이들을 다시 한 번 꾸짖고 있다. 「여성의 권리와 억울함」은 "Rights and Wrongs of Women"이라는 제목이 시사하듯, 여성들의 권리 주장을 다소 해학적으로 다루고 있다. 어느 정도 "억울함"은 해소해줘야 하지만 한계는 지어야 한다는 것이 글의 논조로, 예를 들어 "여의사선생(doctoress)"이 등장하는 것은 뭔가 기괴한 상황이 아니겠냐며, 여성은 "독립한 개업전문가라기보다는 의료 보조원을 하는 편이 더 나을 것"인데 그 이유는 "여성들의 봉사는 지시를 내리는 쪽보다는 지시에 순종하는 쪽에서 더 빛을 발하"기 때문이라고 주장한다.[144]

이렇듯 오늘날의 잣대로 잴 때 딱히 '진보적'이라고 할 수는 없지만 『블랙우즈』에 비해 문체나 편집방향이(잡지의 가격은 물론이요) 문화자본이나 경제자본을 많이 축적하지 않은 독자들로서도 부담 없이 사볼 수 있는 것이 "찰스 디킨스가 지휘하는 주간지"의 성격이었다. 그리고 이 주간지는 1859년 3월까지 매주 수요일마다 발행되었고, 3만 부에서

144 "Rights and Wrongs of Women," *Household Words* 210 (Saturday, 1 April 1854): 159.

많을 때는 8만 부까지 매 호가 팔려나갔다.[145] 1859년 4월부터는 『하우스홀드 워즈』를 폐간하고 "찰스 디킨스가 지휘하는 주간지"의 레이블을 『올 더 이어 라운드』라는 새 제목에 붙였다. 이 주간지는 이름만 달라졌지 이전과 유사한 내용을 계속 독자들에게 제공했고, 디킨스가 죽은 후에도 20여 년을 더 살아남아서 1893년까지 이어졌다. 이 잡지를 출범시키기 위해 디킨스는 『두 도시 이야기』(*A Tale of Two Cities*)를 여기에 1859년 4월 30일호부터 11월 26일호까지 연재했다. "지휘자" 본인의 작품 기고에도 불구하고 이 잡지가 『하우스홀드 워즈』에 비해 판매가 부진한 편이라고 생각했던 디킨스는 1860년 12월 1일부터는 『올 더 이어 라운드』 지면에 또 다른 신작 소설 『막대한 유산』(*Great Expectations*)을 연재했다. 『막대한 유산』 첫 호가 나간 1860년 12월 1일 목차를 보면 이 소설 외에도 『하루 길: 인생의 로망스』(*A Day's Ride: A Life's Romance*)라는, 유머와 눈물을 적당히 섞은 여행소설 연재를 만나게 된다.[146] 『콘힐』 같은 월간지들처럼 소설 연재를 한 호에 동시에 두 개씩 돌리는, 주간지로서는 매우 과감한 편집을 하고 있음을 볼 수 있다.

---

145 Schlicke ed., *Oxford Reader's Companion to Dickens* 282.

146 *All the Year Round. / A Weekly Journal. / Conducted by Charles Dickens. / With Which Is Incorporated Household Words*. 아래는 『막대한 유산』 제 1장이 실린 84호 (1860년 12월 1일) 목차이다.

[1] Great Expectations. By Charles Dickens
[2] A Roman Cook's Oracle
[3] The Wolf at the Church Door
[4] A Day's Ride: A Life's Romance
[5] Five Hundred Years Ago. Dress and Food
[6] Inconveniences of Being a Cornishman

소설가 디킨스가 주간지 편집자이자 경영자(디킨스는 『올 더 이어 라운드』의 75% 지분을 소유했다)[147]를 겸했던 것은 매우 예외적이다. 색커리나 트롤롭처럼 잡지 편집자를 겸하는 경우에도 잡지 경영자는 아니라 고용된 '월급쟁이'였으니 디킨스는 모든 면에서 예외적인 인물이었다. 디킨스를 제외한 나머지 소설가들은 다른 사람이 편집하고 경영하는 잡지가 자신의 글을 실어주기로 해야 작품이 연재될 수 있었다. 이들은 말하자면 언제나 '을'의 입장에서 잡지 편집자 '갑'의 선택을 기다려야 했다. 매리언 에번스는 첫 소설 원고를 넘기면서 가장 권위 있는 잡지 중 하나인 『블랙우즈』 편집자 앞에서 상당히 강하게 자신의 예술적 소신을 고집했다. 그녀는 이 점에 있어서도 특이한 작가이다. 1870년대와 1880년대에 들어갈수록 『블랙우즈』를 상대하는 '을'들은 대부분 '갑'의 눈치를 보며 편집자의 뜻을 순순히 따랐다. 예를 들어 디킨스의 친구였던 찰스 리드(Charles Reade)는 『여성 혐오자』(*A Woman Hater*, 1877)라는 작품을 『블랙우즈』에 연재하기 희망한다는 편지를 보내면서, 편집인 존 블랙우드의 수정의견을 전적으로 받아들이겠음을 천명했다. 주요 잡지 편집인과 원고 작가의 관계는 주요 잡지에 작품을 연재하는 것이 서로 경쟁하는 소설가들이 '성공'하는 창구로 굳어짐에 따라, 양자 간의 동반자적인 성격은 약해지고 서로 밀고 당기는 비즈니스 협상의 성격이 강해졌다.[148] 뒤에서 보게 되겠지만, 하디의 경우도 이 점에서 리드와 다를 바 없었다. 그는 20세기에 들어와서는 '대가급' 소설가로 대접받았지만 19세기 당대 문학장에서는 편집인 겸 출판사 '갑'의 눈치를 보는 숱한 '을'들을 대표하는 전형적인 원고 창작가였다. 모든

---

147 Schlicke ed., *Oxford Reader's Companion to Dickens* 8.

148 Peter Keating, *The Haunted Study: A Social History of the English Novel 1875~1914* (London: Secker & Warburg, 1989) 253.

면에서 예외적인 조지 엘리엇이나 디킨스, 또는 마지막으로 살펴볼 콘라드 같은 특수한 사례만을 검토할 때는 눈에 들어오지 않는 전업 작가들의 곤경과 불안정한 처지는 하디의 경우에 적나라하게 그 실상을 드러낸다.

2. 하디와 틴슬리

조지 엘리엇이 되기 전에 매리언 에번스는 독일어에 능통한 번역가 겸 평론가이었으니 그녀는 말하자면 '문과 출신'이었던 반면, 토마스 하디는 건축업자로서 먹고 살 교육을 받은 '이과 출신'이었다. '건축업자'(builder)라고 하면 오늘날에는 설계와 디자인을 하는 고급 전문직이거나 부동산 개발업자를 돕는 사업가 등의 이미지를 떠올리게 될 것이지만, 당시 이 직종의 사회적 지위와 기능은 지금과는 다소 달랐다. 하디의 부친도 '건축업자'였으나 그는 '석공'(stonemason) 일을 겸하는 일종의 육체노동과 정신노동의 경계선에 서 있는 위치였다. 이 직종의 상층부에는 직접 노동을 하지 않고 설계만 하는 사람들도 있었으나 하층부에서는 직접 현장에서 일하는 사람들도 적지 않았다. 이들 석공 겸 건축가들이 주로 맡는 일은 오래된 석조건물들 특히 영국 국가교회 건물들의 개보수였다. 석공 겸 건축업자 토마스 하디(부친의 이름도 같다)의 장남으로 태어난 토마스 하디는 중등교육을 마친 후 부친의 가업을 이어가기 위해 16세 때 도체스터(Dorchester)의 건축가 존 힉스(John Hicks) 밑에 도제로 들어간다. 그러나 이 직업에 만족하지 않던 젊은이는 혼자 독학으로 그리스어를 배우며 문학에 빠져들었고 글도 지어보며 작가로 성공할 꿈을 꾸기 시작했다. 그러나 그 꿈이 곧장 실현되지는 않았다. 도제생활을 마치고 22세가 되던 해인 1862년부터 런던의 제법 유명한 고급 건축가인 아서 블럼필드(Arthur Blomfield) 밑에서 일을 하다가 다시 1867년에는 도체스터로 돌아와서 힉스에게 고용된다. 그 다음 해인 1868년, 여전히 건축 일을 하며 먹고 살던 하디는 『가난한 남자와 귀부인』(*The Poor Man and the Lady*)이라는 첫 장편을 써서 중견 출판사인 맥밀런(Macmillan)에 보냈지만 퇴짜를 맞는다. 다시 채프먼 앤 홀(Chapman and Hall) 출판사에 원고를 보냈으나 결과는 마찬가지였다. 1869년에는 『콘힐』을 출판하던 스미스 엘더 출판사의 문을 두드려 본다. 또 다시 헛수고였다. 이에 하디는 이들 중견 출판사들보다 한 급 아래인 틴슬리 브라더스(Tinsley Brothers)에 원고를 보내보지만 그 결과도 다르지 않았다. 그 와중에서 하디는 두 번째 장편소설 『절박한 구제책』(*Desperate Remedies*)을 쓴다. 이번에도 원고를 먼저 맥밀런에게 보내지만, 다시 거절당한다. 이에 눈높이를 낮춰서 틴슬리에게 보내자 그쪽에서는 받아주었다. 그리하여 1870년, 그의 나이 30세 때 첫 작품이 출간되었다.[149] 그러나 곧이어 살펴보겠지만 계약의 조건은 출간비용을 사실상 저자가 떠맡는 극히 불리한 내용이었다. 건축사무소 직원 하디의 소설가로의 변신은 평론가 매리언 에번스의 조지 엘리엇으로의 변신과는 대조적으로 지극히 힘겨운 과정이었다.

그의 첫 번째 소설인 『가난한 남자와 귀부인』은 이후에도 출간된

149 이상의 전기적인 사실들의 출처는 하디 본인의 자서전인 Michael Millgate ed., *The Life and Work of Thomas Hardy by Thomas Hardy* (London: Macmillan, 1985) 57~68; Paul Turner, *The Life of Thomas Hardy: A Critical Biography* (Oxford: Blackwell, 1998) 13~26; Norman Page ed. *Oxford Reader's Companion to Hardy* (Oxford: Oxford University Press, 2000) 170~173, 341~342.

적이 없고 원고도 남아있지 않아 그 내용을 노년기에 자서전을 쓰던 하디 본인도 정확히 기억하고 있지는 못했다. 그러나 이 소설이 '귀부인' 및 상류층에 대한 강한 풍자와 비판을 담고 있는 청년 건축업자의 작품이었기에 상업적인 이윤추구가 일차적인 존재이유인 출판사들로서는 시중에 내 놓기 꺼릴 만했다는 점은 분명하다. 특히 '가난한 남자'들이 1867년 제 2차 선거법 개정으로 투표권을 행사하게 되자 이들에 대한 불안감이 팽배하던 국면이었기에, 소설책 구매자들인 중산층 및 상류층의 눈치를 출판사들이 보는 것은 당연했다.[150] 그의 원고를 제일 먼저 읽어본 맥밀런 출판사 사장 알렉산더 맥밀런(Alexander Macmillan)과 그를 자문해주던 『포트나이틀리 리뷰』(*Fortnightly Review*)의 편집자 존 몰리(John Morley)는 일단 이 젊은 문필가의 필력은 인정했다. 그러나 이들은 하디의 원고가 상류사회를 심하게 왜곡하고 있다고 느꼈다. 맥밀런은 하디에게 1868년 8월 10일자 편지에서 충고하기를, "그렇게 한 계급 전체에 도매금으로 먹칠을 할 것이면 풍성하고 친밀하게 이들을 잘 알아야만 그것이 정당화될 것"이라고 하며 "발자크와 색커리"를 모범으로 삼기를 권했다. 편지의 마지막에서는 "아마 이것이 선생님의 첫 작품이라면 작품을 계속 더 쓰는 게 좋겠다고 생각합니다"라고 격려의 말도 잊지 않았다.[151] 그러나 실무적인 차원에서 맥밀런이 하디에게 권한 것은 일단 서평을 써보라는 것이었다. 말하자면 매리언 에번스가 수행하던 역할을 맡기려 한 것이다. 맥밀런은 당시에 주간 서평지로서 상당한 영향력을 행사하던 『새터데이 리뷰』 편집자에게 하디를 소개해주겠다고 제안했다. 하디가 회고록 『토마스 하디의 삶과 작품, 토

---

150 Turner, *The Life of Thomas Hardy* 14.

151 편지 출처는 Charles Morgan, *The House of Macmilan (1843~1943)* (London: Macmillan, 1943) 88~89, 91.

마스 하디 지음』(*The Life and Work of Thomas Hardy by Thomas Hardy*)에서 쓰고 있듯이, "하디는 건축 일 뿐 아니라 언제나 부친의 집으로 돌아가면 되었기에 생업수단이 필요했던 처지는 아니었다".[152] 당장 먹고 살 수단은 갖고 있던 그는 매리언 에번스의 생업은 거절한 채 조지 엘리엇의 직업으로 곧장 전환할 꿈에 계속 도전했다. 그의 두 번째 소설『절박한 구제책』도 맥밀런이 퇴짜를 놓자, 하디는 그래도 안면이 있던 채프먼 앤 홀 출판사를 알아보지 않고 곧장 틴슬리에게 원고를 보낸다. 이에 대해 하디는 회고록에서는 "아마도 자기 작품이 그 자체의 미덕으로만 평가받기를 바라는 모험심"의 발로였던 것 같다고 회상하지만, "본인을 크게 고생하게 만든 실수"였다고 적고 있다. "고생"과 "실수"는 주로 금전적인 차원에서의 고통이었다. 틴슬리는 이 무명작가의 무명 원고가 성공할 가능성을 확신할 수 없으니 보증금으로 75 파운드를 미리 내라고 요구했다. 만약 책이 잘 팔려서 출판비용이 회수된다면 보증금을 돌려줄 것이고, 그 이상으로 수입이 날 경우 수입의 반을 준다는 조건이었다. 하디는 이 조건을 수락한 후 75 파운드라는 본인으로서는 상당히 큰 거금을 출판사에 송금한다. 당시 그의 전 재산이 123 파운드였으니 그는 엄청난 희생을 감수하는 '절박한 선택'을 하면서까지 작가가 꼭 되고 싶었다. 이 어리숙한 젊은이가 그마나 덧붙인 것은, "말씀하신 비용에 통상적인 광고비용이 포함되는 것인지요, 그리고 제가 그 돈을 보내드리면 얼마 후에 책이 나오는지요?"라는 질문이었다.[153] 1871년 3월, 드디어 책이 나오긴 했으나 평단의 반응은 별로 좋지 않았다. 이중에서『스펙테이터』에 실린 냉혹하고 신랄한 서평은

152 *The Life and Work of Thomas Hardy by Thomas Hardy* 61.
153 *The Life and Work of Thomas Hardy by Thomas Hardy* 79, 85~86.

그렇지 않아도 무명인 이 작가의 작품 판매에 부정적인 영향을 줄 수밖에 없었다. 출판업자 틴슬리는 출간된 지 1년 후에 정산을 해보니 초판 500부 중에서 겨우 370부가 팔렸다며, 하디가 최초에 지불한 75파운드 보증금 중에서 60파운드만 돌려주었다. 이에 대한 젊은 하디의 반응을 늙은 하디는 회고하기를, "정산을 뭐 자세히 검토해보지도 않았지만 하디는 그가 자신의 노동과 현금 15파운드만 손해 봤다는 점을 발견하고는 상당히 흡족해 했다"고 쓰고 있다.[154]

큰돈은 못 벌어도 "노동과 현금"에 있어 손해를 보지 않은 하디의 첫 작품은 1872년에 나온 세 번째 소설 『푸른 숲 나무 밑에서』(*Under the Greenwood Tree*)였다. 장편소설을 두 개째 썼고 그 중 두 번째는 출간이 되긴 했지만 아직 문학장에 확실히 진입했다고 하기 어려운 1871년 8월, 하디는 이 세 번째 소설의 원고를 이번에도 먼저 맥밀런에게 보내면서 이렇게 작품을 소개하고 있다.

> 저는 기차 편으로 '푸른 숲 나무 밑에서'라고 불리는 이야기 원고를 보내드렸습니다.
>
> 이것은 전적으로 시골 생활 이야기이고요, 인물들을 희화화하지 않고 해학적으로 구현하려고 시도했습니다(1871년 8월 7일, 11).[155]

이전 원고들과는 달리 이번에는 별로 우려할만한 풍자나 비판이 없고 독자들이 누구나 좋아할만한 "시골 생활 이야기"를 다룬 무난한

154 *The Life and Work of Thomas Hardy by Thomas Hardy* 90.

155 하디 편지 출처는 달리 명시하지 않은 한, Richard Little Purdy and Michael Millgate ed., *The Collected Letters of Thomas Hardy* Vol. 1: *1840~1892* (Oxford: Clarendon, 1978)이다. 이하에서는 본문에 날짜와 쪽수를 표시하기로 한다.

내용임을 먼저 강조한 작가의 전략은 먹히지 않았다. 하는 수 없이 하디는 『절박한 구제책』을 내주면서 본인에게 극히 불리한 계약을 하며 한 푼도 손해 보지 않는 상술을 부린 윌리엄 틴슬리에게 원고를 보냈다. 작가는 첫 작품에 대한 서평을 거론하며 자신의 작품의 장점을 다음과 같이 내세운다.

> 저의 '푸른 숲 나무 밑에서'를 보내드립니다. 이 이야기의 방식이나 소재가 '절박한 구제책' 평론가들이 하나같이 저의 강점이라고 지적했던 면들이니, 다른 이유는 없다고 해도 그런 지적들만으로도 저는 이런 부류의 글을 계속 쓸 이유가 있다는 점을 사장님이 알아주시기를 바랍니다(1872년 4월 8일, 16).

"다른 이유는 없다고 해도"는 달리 말해 '소설로 돈은 못 벌더라도'이다. 부정적인 서평 속에서도 그나마 긍정적인 지적을 했던 몇 마디에 매달려서 계속 소설을 쓰고 싶다는 이 젊은 작가의 애절한 집념에 틴슬리가 감동했는지는 알 수 없으나 계약은 성사되었다. 하디는 30파운드를 받고 저작권을 틴슬리에게 넘겼다.[156] 1872년에 나온 이 책에 대한 반응이 이전보다 나은 것을 보고서 틴슬리는 하디에게 자신이 운영하던 월간지에 연재소설을 써달라고 제안한다. 『블랙우즈』나 『콘힐』 급은 아니지만, 앞서 살펴보았듯이 그 어떤 잡지에건 작품을 연재하는 것이 소설가들이 문학장의 인정과 안정된 인세를 얻는 필수 코스였기에, 하디로서는 반길 일이었다. 그러나 이제껏 틴슬리한테 끌려 다니며 늘 불리한 거래만 했던 하디는 이번에는 제대로 계약을 해보고자 "코

156 Page ed., *Oxford Reader's Companion to Hardy* 451.

핀저의 저작권법" 책을 사서 계약 전날 밤새 읽는다. 저작권 공부를 하고 난 하디는 틴슬리에게 『파란 두 눈』(*A Pair of Blue Eyes*)을 『틴슬리즈 매거진』(*Tinsley's Magazine*)에 연재하는 조건으로 200파운드를 제시한다.

회고록은 이 대목을 소설의 한 장면처럼 생생하게 재구성하고 있다. 다음날 하디는 틴슬리를 찾아가서 제시한 금액에 소설을 쓰겠다고 한다. 단, 이 금액은 잡지 연재에만 국한된 것이지 그 뒤에는 모든 출판권이 저자에게 돌아가는 것임을 분명히 했다. 이어지는 장면은 다음과 같다.

> "그럼 난 망했군!" 틴슬리가 씁쓸하게 웃으며 말했다. "좀 물어봅시다, 도대체 무슨 귀신이랑 뭘 상의하고 온 거요, 하디 선생, 어제 날 만난 이후로 말이에요?"
>
> 하디는 '아무도 안 만났어요'라고 말했다(사실이 그렇긴 했다, 비록 문자 그대로만 봤을 경우에 한하지만).
>
> "좋소, 하지만, 이거 봐요 하디 선생, 너무 나한테 박하게 구는 거 아니야? 이건 너무 박해! 하지만 당신 글을 내가 좋아하니, 잡지 권리에다 3권짜리 단행본 건까지 한데 묶는다면 나도 동의하겠소."**157**

하디는 틴슬리에게 보낸 편지에서 계약조건을 다음과 같이 확인했다.

> 분량은 매달 20쪽 정도.
>
> 이야기는 12개월간 연재.
>
> 출판사는 12개월간 이런 형태로 이야기가 등장한 다음에 3권짜리 단행

157 *The Life and Work of Thomas Hardy by Thomas Hardy* 92.

본으로 출간할 권리를 가짐. 그 이후로는 모든 권리가 저자에게 귀속됨 (1872년 7월 27일, 17).

잡지연재 원고료로만 200 파운드를 받고 단행본 인세는 별도로 챙기려는 하디의 계획은 실패했지만 아무튼 이 계약 덕에 이전하고는 단위가 다른 금액을 하디의 손에 쥐어주었다. 이는 하디의 비즈니스 감각이 그 사이 급속히 발전했거나 아니면 틴슬리의 인품이 변해서가 아니라 순전히 문학장의 상업적인 논리가 그러했기 때문이다. 원고 값으로 몇 십 파운드가 아니라 몇 백 파운드 돈을 지불할 만큼 소설을 잡지에 연재할 때 갖는 경제적 가치는 곧장 단행본으로 출판할 때와는 다른 차원이었다.

하디는 네 번째 소설에 이르러 드디어 잡지 연재 계약을 따냈고, 당대 문학장에서 '인정받는 소설가'의 동의어나 다름없었던 잡지 연재 소설가의 대열 한 끄트머리에 합류했다. 『틴슬리스 매거진』 1872년 9월호부터 1873년 7월호까지 『파란 두 눈』이 (계약 사항과는 달리 12개월이 아니라) 11개월간 전면 삽화 1개씩을 달고 연재되었다.[158] 『파란 두 눈』의 첫 호가 나간 1872년 9월의 이 잡지 목차는 다음과 같다.

[1] 파란 두 눈, '푸른 숲 나무 밑에서', '절박한 구제책'의 저자 지음
[2] 낚아채가다!
[3] 지난 반세기의 음악 회고, 제 18장, 1852~1856년
[4] 아름다운 이름들, 제 12, 그웬돌린
[5] 홈 스위트 홈, 제 23장

158 Richard Little Purdy, *Thomas Hardy: A Bibliographical Study* (London: Oxford University Press, 1954) 10.

[6] 시골 다리

[7] 제목들에 대하여

[8] 헤어짐

[9] 모범

[10] 성 마틴의 여름

[11] 런던의 심장. B. L. 파전(Farjeon), '선물', '조슈아 마블', '풀입'의 저자, 제 24~26장

[12] 리하르트 바그너와 그의 음악론

[13] 두 번째 메이블

[14] 그릇된 교육

[15] 고전의 현대 버전(사포의 단장): 사랑하는 이에게[159]

이 잡지의 표지를 보면 상단에 '가격 1실링'이 눈에 띤다. 『블랙우즈』의 가격이 2실링 6페니였던 반면 『콘힐』은 1실링이었으니, 이 잡지도 『콘힐』 가격대에 끼어있었다. 잡지의 정식 제목은 "틴슬리스 매거진: 삽화 월간지(illustrated)"이다. 하디의 소설이 연재되기 시작한 1872년에 9월호는 제 9권에 해당된다. 이 잡지는 1868년에 창간되었으니 『블랙우즈』는 물론이요 『콘힐』보다도 역사가 짧고 문학장에서의 위치도 상대적으로 덜 견고한 편이었다.[160] 그러나 다른 월간지들과 마찬가지로 『틴슬리스 매거진』도 연재소설을 통해 독자를 확보하는 데 진력했다. 다만 대체로 문학적인 컨텐츠에 대한 의존도가 『블랙우즈』나 『콘힐』보다 더 많고 꼭지도 더 많다는 점이 이들 '1등급' 잡지들과 눈에 띄는 차이점이다. 목차의 (5)와 (11)은 또 다른 장편 연재소설이다. 하

159 *Tinsley's Magazine: an Illustrated Monthly*, vol. 9 (Sept 1872).

160 Page ed., *Oxford Reader's Companion to Hardy* 429.

디의 작품까지 합치면 3개의 장편소설 연재를 돌리고 있었다. 이 중 「런던의 심장」("London's Heart")도 하디의 작품과 마찬가지로 1페이지 전면 삽화가 포함되어 있다. 그밖에 (13)은 단편소설, 그리고 시가 (15) 사포의 시 번역물까지 (2), (4), (6), (8), (10)번 등 무려 6개 꼭지를 차지하고 있다. 나머지 논평 성격의 기사들도, (3)과 (12)는 음악론, (7)은 문학평론이니, 문학과 예술에 경도되어 있다고 할 만하다. 문학이나 예술이 아닌 일반적인 시사 문제를 다룬 기사는 (8)과 (14)뿐이다 (후자는 대중교육의 확산과 질의 저하를 우려하는 시사평이다). 당시 잡지들이 다 그렇듯이 잡지의 매 호 4쪽에서 6쪽 정도는 각종 광고로 채워져 있다. 이와 같은 목차를 보면 『블랙우즈』와 비교할 때 대체로 '부담 없이' 소설과 시, 예술론 등을 삽화와 함께 즐기고 싶은 독자층을 겨냥한 편집방향이라는 분석이 가능하다. 『틴슬리스 매거진』의 성격도 나름대로 흥미로운 분석 대상이 될 수 있겠지만, 우리의 눈길을 끄는 것은 연재소설의 저자 소개 방식이다. 첫 번째 꼭지인 「파란 두 눈」을 "'푸른 숲 나무 밑에서', '절박한 구제책'의 저자 지음"으로 소개하며 저자의 실명을 밝히고 있지 않은 반면, 11번째 자리에 들어간 「런던의 심장」은 "B. L. 파전(Farjeon), '선물', '조슈아 마블', '풀입'의 저자"로 실명을 밝히고 있다. 그래도 5번의 「홈 스위트 홈」("Home, Sweet Home")과는 달리 작품의 저자를 구체적으로 소개하고 있으니 이 잡지에 등장하는 하디는 완전히 '무명'은 아니다. 말하자면 '무명'과 '유명'의 중간지대에 놓여 있다고 할 수 있다. 토마스 하디가 "B. L. 파전(Farjeon)"처럼 자신의 이름을 내거는, 문자 그대로 '유명' 작가가 되는 계기는 당대의 대표적인 잡지 중 하나였던 『콘힐』에 소설을 연재하면서부터이다.

3. 레슬리 스티븐과 『콘힐』 연재

비록 1급 지면은 아니었지만 잡지에 하디가 첫 소설을 연재하던 1870년대 초는 19세기 영국소설의 전환기였다고 할만하다. 1870년 6월에 디킨스는 『에드윈 드루드의 비밀』(*The Mystery of Edwin Drood*)을 쓰던 중 갑자기 사망했다. 1871년에는 조지 엘리엇의 가장 완성도가 높은 걸작 『미들마치』(*Middlemarch*) 분철본이 시중에 나오고 있었다. 색커리는 1863년에 비교적 일찍 세상을 떠났으니 살아있는 소설가 중 가장 존경받는 이름은(소설가로 활동한지 12년 정도밖에 안된) 조지 엘리엇이었다. 평단 쪽에서는 『미들마치』가 등장하던 같은 해인 1871년부터 『콘힐』의 편집을 맡은 레슬리 스티븐의 시대가 시작된 시점이기도 했다. 스티븐이 『콘힐』을 맡은 초기에 '발굴'해서 '만들어낸' 작가 중 한 사람이 토마스 하디였다. 『틴슬리스 매거진』에 『파란 두 눈』 연재가 마무리된 1873년 7월로부터 불과 5개월 이후인 1874년 1월부터 12월까지 소설가들이라면 누구나 선망할 『콘힐 매거진』 지면에서 하디의 『광란의 군중을 멀리하고』(*Far from the Madding Crowd*)가 연재되었다. 게다가 8월, 10월, 11월호를 제외하면 늘 제일 첫 번째 꼭지에서 이 소설이 독자들을 맞이했다. 『광란의 군중을 멀리하고』가 '선두주자'의 자리를 내준 이 세 달 동안은 『세 깃털』(*Three Feathers*)이라는 다른 연재소설이 맨 먼저 등장했으나, 이때도 제일 마지막 꼭지에 하디의 작품이 배치되었기에 다른 글들에 묻힐 염려는 없었다. 당시 『콘힐』의 관행대로 작가의 이름은 목차나 본문에 나가지 않았으나 이는 하디에게만 해당된 것은 아니었기에 그를 특히 푸대접한 것은 아니었다.[161]

161 *Cornhill Magazine*, vol. 29 (Jan~June 1874), vol. 30 (July~Dec. 1874) 목차.

유수 월간지 『콘힐』의 지면에 자신의 작품이 1년 내내 계속 연재된 것은 하디 연구의 권위자인 마이클 밀게이트(Michael Millgate)의 지적대로, "하디의 경력에서 가장 결정적인 사건"이었다.[162] 그뿐 아니라 이 연재가 잡지 측과 작가 모두 흡족할만한 결과였기에, 1875년 7월부터 하디의 또 다른 장편소설 『에셀버타의 손』(*The Hand of Ethelberta*)이 다음 해 5월까지 연재되었다. 또한 『광란의 군중을 멀리하고』부터 1880년 『나팔장』(*The Trumpet-Major*)을 거쳐 1886년 『카스터브리지의 시장』(*The Mayor of Casterbridge*)까지 5권의 장편소설이 『콘힐』의 출판사인 스미스 엘더에서 나왔다.[163] 『블랙우즈』와 이 잡지 출판사가 조지 엘리엇을 '만들었다'고 할 수 있듯이, 『콘힐』과 이 잡지의 출판사가 유명 소설가 토마스 하디를 '만들었다'고 할 수 있다.

'하디 만들기'에서 핵심적이며 또한 주도적인 역할을 한 사람은 『콘힐』의 편집인 레슬리 스티븐이었다. 하디의 회고록에서는 "『콘힐』의 편집인이 자신의 잡지를 위해 연재소설을 요청하는" 편지가 당시 도셋 지방 시골에 머물던 하디에게 가까스로 전달되었다고 적고 있다. 지방 체신 서비스가 "원시적"이던 시대라, "지나가던 노동자가 진흙길에서 집어서 전해준" 이 편지를 아예 전달받지 못할 뻔 했다고 회고한다.[164] 하디가 흙을 떨어내고 펼쳐본 편지지에는 "'푸른 숲 나무 아래'의 저자"에게 보낸 "레슬리 스티븐(콘힐 잡지 편집인)"의 다음과 같은 반가운 제의가 담겨 있었다.

---

162 Michael Millgate, "Thomas Hardy: The Biographical Sources," Dale Kramer ed., *Cambridge Companion to Thomas Hardy* (Cambridge: Cambridge University Press, 1999) 9.
163 Purdy, *Thomas Hardy: A Bibliographical Study* 13, 20, 21~22, 24, 31, 50.
164 *The Life and Work of Thomas Hardy by Thomas Hardy* 98.

> 저는 최근에 선생의 이야기를 상당히 흥미롭게 읽었습니다. 시골생활 묘사가 훌륭하던데, 사실 새로운 작가의 작품이 이렇게 큰 즐거움을 제게 선사해준 것은 제법 오랜만입니다.
>
> 또한 제 생각에는, 그리고 바로 이 이유에서 선생님에게 편지를 직접 쓰고 있는 것입니다만, 이런 글이라면 아마도 '콘힐 매거진' 독자들도 저와 마찬가지로 즐거워할 것이라고 생각합니다(1872년 11월 30일).[165]

이렇듯 고무적인 편지를 받고 하디는 "시골생활 묘사"가 장점인 또 다른 장편, 『광란의 군중을 멀리하고』 집필에 들어갔고 원고를 본 스티븐은 이를 『콘힐』에 연재해주기로 했다. 스티븐의 청탁도 그렇지만 계약이 성사되는 과정도 하디로서는 모두 어리둥절할 정도로 생소했다. 이제껏 거래하던 틴슬리와는 전혀 다른 상대이고 작품이 등장하는 지면의 수준도 달랐다. 하디는 잡지 출판사에 보낸 편지에서 원고료나 인세 등에 대해 "내 생각은 좀 정리가 안 된 편"이라고 실토하며, 그 이유는 "자신의 글의 가치가 이야기를 쓰기로 동의한 이후로 변했기 때문"이라는 흥미로운 발언을 하고 있다. 틴슬리에게 몇 푼 못 받고 넘겨준 『푸른 숲 나무 아래』의 저자가 아닌 『콘힐』의 연재소설 저자로서 그의 "글의 가치"는 분명히 달랐다. 다만 문화자본의 가치를 금전적으로 환산할 자신이 없었던 작가는 "귀하의 경험이 제 판단보다 훨씬 더 값을 제시하는 데 좋은 안내자"(1873년 11월 20일, 22)일 것이라며 출판사 측에게 먼저 조건을 제시하라고 양보했다. 그가 『콘힐』에 연재 소설가로서 받은 원고료는 『틴슬리스 매거진』에 『푸른 두 눈』을 연재할 때 받은 200파운드의 두 배인 400파운드였다.[166] 문학장에서 두 잡

165 편지 출처는 Purdy, *Thomas Hardy: A Bibliographical Study* 336.
166 Turner, *The Life of Thomas Hardy* 43.

지가 차지하는 위치가 이렇듯 현저히 차이가 났기에 그의 "글의 가치"는 그저 달라진 정도가 아니라 두 배로 늘어난 100% 고속 성장을 기록한 것이다.

하디는 시골 기차역 서점에서 『콘힐』을 사서 펼쳐보자 자신의 작품이 "잡지의 맨 앞부분에 시선을 사로잡는 삽화와 함께 배치된 것을 보고 깜짝 놀랐다"고 회상한다.[167] 하디를 기분 좋게 놀라게 한 이 잡지 1874년 1월호의 목차는 다음과 같다.

[1] 광란의 군중을 멀리하고, 제1장에서 5장
[2] 남부 시베리아 민담들
[3] 청년 브라운, 제 4권 8장에서 5권 2장
[4] 살림
[5] 제비들
[6] 에드윈 랜드시어 경
[7] 젤다의 운명, 제 7장에서 마지막 장[168]

『콘힐』은 일단 위에서 소개한 『틴슬리스 매거진』에 비해 목차가 간소하다. 이 점은 『블랙우즈』와 유사하다. 다만 『콘힐』은 정치적 '개성'을 오랜 세월 대대로 꾸준히 유지해온 『블랙우즈』보다 정치색은 약한 편이지만 『블랙우즈』에 밀릴 것 없는 양질의 문학 컨텐츠 제공에 중점을 두었다. 하디의 소설 외에도 세 번째와 일곱 번째 꼭지는 목차에 나온 제목만 봐도 알 수 있듯이 장편 연재소설들이다. 세 개의 장편을 돌릴 정도의 '재력'과 '섭외력'을 갖춘 거물급 잡지의 면모라고 할

167 *The Life and Work of Thomas Hardy by Thomas Hardy* 100.
168 *The Cornhill Magazine*, vol. 29, Jan 1874.

수 있다. 이밖에도 다섯 번째 꼭지는 서정시, 여섯 번째는 화가의 전기, 두 번째도 러시아 국제정치가 아니라 러시아 민담에 대한 문학비평이다. 정치색은 대체로 찾아볼 수 없는 편집이다. 세 연재소설들의 면모를 보면, 하디는 앞서 말했듯이 "시골생활 묘사"가 장기라는 점에서 이어지는 「남부 시베리아 민담들」("South Siberian Stories")과 '시골풍경'과 '이국취향'의 측면에서 서로 통한다. 세 번째 꼭지인 「청년 브라운」("Young Brown")은 인도 식민지를 배경으로 제인 오스틴 식의 연애와 결혼을 다룬 작품이다. 이 연재소설은 지금까지 첫 번째 꼭지를 차지하고 있었으나 해가 바뀌자 새로운 연재물 『광란의 군중을 멀리하고』에게 자리를 빼앗겼다. 「젤다의 운명」("Zelda's Fortune")도 유럽각지를 배경으로 유한층의 연애와 결혼을 다루는 소설로, 『청년 브라운』과 배경은 다르지만 플롯과 설정은 유사하다. 독자들이 부담 없이 읽을 수 있는 소설을 세 개씩 연재하며 독자들을 붙잡아두는 1870년대의 『콘힐』은 정치적인 입장에 있어서는 대체로 중도에 가까웠다. 1874년 6월 하디의 작품과 같은 호에 등장한 기사 중 「농촌 노동자」("Agricultural Labourers")의 필자는 노동자들과 이들을 고용하는 농사업자 간의 갈등을 언급하며, "이 잡지를 읽는 독자들이 현재 서로 전쟁상태인 이 두 세력을 중재하여, 필경 재앙을 야기하기 마련인 이 분쟁의 상처를 치유하기를 바란다"는 발언을 하고 있는 것이 좋은 예이다.[169] 같은 해 9월에 『광란의 군중을 멀리하고』에 이어 두 번째 꼭지에 들어간 「잡역 하녀와 통계청 보고」("Maids-of-all-Work and Blue Books")는 여성 가정부 중 최하층에 해당하는 이들 잡역 하녀들의 열악한 노동조건을 상세히 기술한 후 다음과 같은 결론을 내린다.

169 "Agricultural Labourers," *Cornhill Magazine*, vol. 29 (June 1874): 696.

> 우리 각자에게 달리 적용될 엄숙한 책임과 의무의 법도가 아니더라도, 우리가 인도적이라고 하지만 사실은 하늘이 주신 선물이 또 하나 있는데, 곧 자선을 확대하고 쇄신하는 것, 동정과 선의 선물이 그것이다. 아무리 대상자의 숫자가 어마어마하더라도, 비록 우리 주님이 굶주린 군중들에게 나누어주라고 주신 빵과 생선이 이들의 필요에 비해 턱없이 부족하다고 해도, 이 선물은 힘을 발휘하기 마련이다.[170]

이 잡지의 독자들이라면 대개 집에서 한 둘은 데리고 있을 하녀들에게, 예수 그리스도의 '오병이어의 기적'을 언급하며, "하늘이 주신 선물"인 자선과 구빈을 적극 실천하자는 이 제안은 매우 현실적이고 또한 효과적인 '사회개량주의'를 지지한다. 이렇듯 『콘힐』 편집자 및 출판사가 『블랙우즈』에 비해 '가난한 자'들에 대해 포용적인 태도를 취했기에 시골에서 직접 장사하고 손으로 노동하는 인물들이 중심 무대를 차지하는 하디의 작품에 대해서도 호의적일 수 있었다는 추론이 가능하다.[171]

신예 소설가 하디에 대해 중견 평론가 겸 편집인 레슬리 스티븐은 상당히 예의바르고 조심스럽게 대했던 것으로 보인다. 스티븐이 하디에게 수정의견을 제시하는 방식은 『성직생활 소묘』의 저자에게 작품 내용을 수정하라며 거의 '지시'하듯 편지를 쓰던 존 블랙우드와는 대조적이다. 스티븐은 하디에게, "내가 교정지 마지막에 한 두 줄을 뺐습

170 "Maids-of-all-Work and Blue Books," *Cornhill Magazine*, vol. 30 (Sept, 1874): 296.

171 하디의 작품이 보여주는 "건전하고 성숙한 합리적 보수주의"가 편집자의 성향과 통했다고 Linda Shires는 지적한다. Linda Shires, "'And I Was Unaware': the Unknowing Omniscience of Hardy's Narrators," Phillip Mallett ed., *Thomas Hardy: Texts and Contexts* (Basingstoke: Palgrave Macmillan, 2002) 43. 보다 정확히 말하자면, 하디가 스티븐의 "합리적 보수주의"에 맞추어 작품을 썼다고 해야 할 것이다.

니다. 나도 창피하게 생각하지만 내숭을 떠는 독자들 눈치를 안 볼 수 없으니까요"라며, "대중들의 아둔함을 감안하는 저급함"을 이해해 달라고 한다(1874년 3월 12일). "나는 평론가가 아니라 편집자로서 반대할 뿐입니다. 즉, 아둔한 독자들의 시각에서 말이지요, 제 취향에서가 아니라"(1874년 4월 13일) 등의 발언도 이 편집자의 성품을 잘 보여준다.[172] 블랙우드에게 맞서던 조지 엘리엇과는 달리, 편집인 스티븐의 안내를 하디도 비교적 순순히 따랐다. 연재 초기에 스티븐에게 보낸 편지 중 하나에서 하디는 스티븐에게 이렇게 쓰고 있다.

> 사실 저는 전체를 같이 읽을 때는 바람직한 요소들을 연재물로 읽는 독자들을 위해서는 포기할 의향이 매우 강합니다. 아마도 언젠가는 제가 보다 더 고매한 목표를 추구하며 완성된 작품 전체의 예술적 균형을 고집할지 모르지만, 현재 조건하에서는 연재물을 잘 쓰는 작가 정도가 되는 것이 제 바람입니다(1874년 2월 18일, 28).

"연재물을 잘 쓰는 작가 정도"가 되는 것이 전업 작가의 수입에 직결되는 문제이며 그런 부류에 끼는 것 자체가 전혀 쉬운 일이 아니었음을 하디도 이미 경험한 바 있었다. 또한 '연재물 작가'로 자신을 이해하고 있었기에 연재물을 실어주는 편집자와 원활한 협력관계를 유지했다. 더 나아가 두 사람은 인간적으로도 친분을 쌓게 된다. 연재가 끝나던 1874년 겨울에 하디가 런던에 갔을 때 스티븐 집에 손님으로 초대받았

172 Purdy, *Thomas Hardy: A Bibliographical Study* 338~339. 물론 그렇다고 스티븐이 본인의 판단에 의거해서 하디가 수정을 확실히 하도록 유도하지 않았던 것은 아니다. 스티븐을 '고집스런' 인물로 보는 시각으로는 T. R. Wright, *Hardy and His Readers* (Basingstoke: Palgrave Macmillan, 2003) 79~81이 있다.

다. 하디의 회고록에서 요약했듯이, 스티븐의 "철학은 하디 자신의 철학에도 여러 해 동안 그 어떤 동시대인들보다 더 큰 영향을 미쳤다." 스티븐의 서재에서 둘은 "쇠퇴하고 수명이 다한 신학들, 사물의 기원, 물질의 구성, 시간의 비사실성 및 기타 유사한 주제들"에 대해 담화를 나누곤 했다.[173] 스티븐은 단순히 잡지 편집인이 아니라 하디의 '멘토' 역할도 했음을 하디 본인이 인정하고 있고 이것은 후대 평자들도 대체로 동의하는 사실이다.[174]

스티븐과 하디가 좋은 인간관계를 맺게 된 것은 둘의 성향과 인품이 서로 맞아서이기도 했지만 그것은 이 둘의 '합작'이 성공했다는 사실에서 파생한 결과였다. 『콘힐』에 『광란의 군중을 멀리하고』 연재가 나가자마자 1874년 1월 『스펙테이터』 지는 이 작품에 주목하며 "아마도 조지 엘리엇의 펜이 지은 것"이라는 추측을 했다.[175] 시골사람들을 사실적이고 생생하게 묘사했기에 그런 반응이 나온 것이다. 『스펙테이터』는 바로 3년 전인 1871년 『절박한 구제책』을 공격해서 책을 '죽인' 주범이었다. 이 새 연재소설의 저자가 누구인지는 연재되는 잡지에 명시되어 있지 않았어도 평론가가 모를 리 없었겠지만 『콘힐』에 나갔다는 점 때문에라도 평가가 달라졌다고 추정할 수 있다. 그 사이 하디의 소설기법이나 문체가 현저히 달라졌다고 할 수는 없기 때문이다. 그렇다고 해도 『스펙테이터』 서평은 이 익명의 작가를 잘 알려진 존경받는 '시골생활 전문' 작가 조지 엘리엇과 비교하므로 글의 가치를 매길 잣대를 제공했다는 점에서 『콘힐』 측이나 작가로서는 반가운 일

---

173 *The Life and Work of Thomas Hardy by Thomas Hardy* 102, 109.

174 Robert Schweik, "The Influence of Religion, Science, and Philosophy," *Cambridge Companion to Thomas Hardy* 65.

175 *The Life and Work of Thomas Hardy by Thomas Hardy* 100.

이었다.[176] 이어지는 서평들도 대체로 유사하게 『광란의 군중을 멀리하고』를 조지 엘리엇의 『애덤 비드』나 『플로스강의 물방앗간』과 비교하는 논법을 채택했다. 『콘힐』이 점유하고 있던 문학장에서의 위상 및 서평들의 호의적인 반응 덕에 책이 1874년 11월 단행본으로 나왔을 때 1,000부가 이내 소진되었고, 그 다음 해는 다시 500부를 더 찍었다.[177] 『콘힐』에 연재를 했던 숱한 소설가 중에는 조지 엘리엇도 포함된다. 블랙우드 출판사를 잠시 버리고 1862년에서 1863년까지 『콘힐』에서 그녀의 역사소설 『로몰라』를 연재했고 이어서 스미스 엘더에서 단행본으로 책을 냈다. 16세기 피렌체를 배경으로 한 이 소설은 연재를 할 때나 단행본으로 나온 후에나 썩 좋은 반응을 얻지는 못했다. 조지 엘리엇과 스미스 엘더 측의 거래는 이후로 끊겼고, 블랙우드가 다시 그녀의 전속 출판사가 되었다.[178] 그렇긴 해도 조지 엘리엇은 『콘힐』 지면에 소설을 연재한 하디의 선배라고 할 수는 있다. 반면에 『블랙우즈』나 블랙우드 출판사는 하디를 조지 엘리엇의 후배로 맞아들이기를 극히 주저했다. 하디가 『콘힐』을 통해 어느 정도 주목할 만한 이름으로 부상한 후에도 『블랙우즈』는 하디를 배척했다.

176 물론 나름대로 자존심이 강한 작가 하디로서는 조지 엘리엇과의 비교가 무조건 달갑기만 한 것은 아니었다. 그는 조지 엘리엇에 대해서 "위대한 사상가"이긴 해도 "전혀 타고난 이야기꾼은 아니"라고 평가했고, 그녀의 "시골 사람들"은 진짜 "촌놈들이 아니라 소도시 사람들 같다"고 비판한다. *The Life and Work of Thomas Hardy by Thomas Hardy* 100. 또한 조지 엘리엇의 여성이 "고매함"만을 보여주지 그 "다른 면", 즉 "여성적 악의의 비밀은 거의 다루지 않음"을 문제로 지적한다. Lennart A. Björk ed. *The Literary Notebooks of Thomas Hardy* (London: Macmillan, 1985) 1: 152.

177 Cox, R. G. "Introduction," *Thomas Hardy: Critical Heritage* (London: Routledge, 1979) xv.

178 Rignall ed,, *Oxford Reader's Companion to George Eliot* 357~358.

4.『블랙우즈』의 하디 배척하기

틴슬리 출판사에서 불리한 조건을 감수하며 소설 단행본을 내므로 소설가 생활을 시작한 하디는 '중위권' 잡지 『틴슬리스 매거진』에 연재소설을 내는 위치로 올라간 후, 다시 그 다음 단계인 상위권 잡지인 『콘힐』을 통해 본격적으로 문단의 인정을 받고 괜찮은 수입을 얻는 작가의 지위에 올랐다. 그가 이제 바라볼 '고지'는 1860년대에 등장한 『콘힐』보다 역사가 유구하고 정치적 영향력이 막강하며 오래된 고정 독자들을 거느린 『블랙우즈』, 문화자본과 경제자본의 최고 수준을 동시에 점유한 이 월간지였다. 하지만 매리언 에번스는 그토록 우연하게도 손쉽게 진입한 『블랙우즈』의 장벽을 하디는 넘는 데 실패했다. 이미 문학장에서는 알만한 이름이 된 시점인 1877년에 하디는 존 블랙우드에게 자신이 새로 쓴 작품 『토박이의 귀환』(*The Return of the Native*) 원고를 봐달라며 다음과 같은 편지를 보낸다.

> 그 잡지에 혹시 연재물 자리가 비어 있으면 언제든지 알려주시길 희망합니다. 그러신다면 저는 투고자로서 크나큰 기쁨을 누릴 것입니다, 이따금 거처를 옮기는 것이 새로운 독자들을 끌고 온다는 사실과는 별개로 말입니다. 그리고 제게 혹시 그럴 기회가 열리고 거기에 적합한 작품이라고 생각하신다면 선생님께 제 원고를 제안하고 싶습니다. 아울러 저는 최근에 한적한 시골 생활을 다룬 이야기를 쓰기 시작했는데, 작품의 품성은 대략 "광란의 군중을 멀리하고"와 유사합니다, 아직 제가 보내드릴 만큼 쓴 분량이 충분치는 않습니다만. 제가 이 작품을 다른 데 알아보려고 하기 전에 혹시 제게 이런 부류의 이야기나 풍경이 선생님의 잡지에 소개할만한 것이라고 생각하시는지 말씀해주시면 감사하겠습니다(1877년 2월 13일, 47).

이렇듯 정중하고 겸손하고 신중한 편지를 받은 블랙우드는 일단 원고를 한번 보자고 답장을 했고, 이에 하디는 4월에 『토박이의 귀환』 첫 15개 장을 긴 편지와 함께 동봉했다. 블랙우드에게 보낸 편지의 내용은 당연히 원고가 꼭 채택되기를 희망한다는 것이었지만, 이에 덧붙여 일체의 수정의견은 모두 받아들이겠다고 미리 다음과 같이 약속했다.

> 혹시나 블랙우드 잡지의 일반적인 음조와 불협화음을 일으킬만한 단어나 생각을 우연히 발견하신다면 선생님께서 맘대로 원하시는 대로 잘라내셔도 좋다는 말씀을 아울러 드리고자 합니다. [……] 하지만 그럴 대목과 마주치실 일은 없으실 것으로 생각합니다. 이야기는 거의 문명에서 단절된 세계를 다루고 있고, 게다가 작품을 시작할 때부터 이것은 특히 『블랙우즈』를 염두에 두고 쓰기로 작정했던 터이니까요(1877년 4월 12일, 49).

이렇듯 간절하게 거의 아부의 수준에 이를 정도로 편집자의 눈치를 보는 편지를 보냈건만, 블랙우드는 원고를 거절한다. 하디의 회고록의 1877년 부분에서는 이러한 사실을 전혀 언급하고 있지 않다. 다만, 이 작품을 "(어이없게도) 『벨그레이비아』(*Belgravia*)에서 연재하라고 채토 앤 윈더스 사에 보냈다"고만 쓰고 있는 대목이 블랙우드에게 퇴짜맞고 수준이 낮은 잡지에 원고를 보낸 실망감을 간접적으로 표현한 구절로 읽힌다.[179] 이 소설을 하디가 『블랙우즈』를 염두에 두고 썼다고 하지만 블랙우드가 받아들일 수 없는 내용들이 적지 않았다. 서로 엇갈린 불행한 결혼과 유부남과 유부녀의 사랑이 이 소설의 중심에 자리

179 *The Life and Work of Thomas Hardy by Thomas Hardy* 120.

잡고 있으니 말이다. 아무리 "거의 문명에서 단절된 세계"에서 벌어지는 일이라고 해도 엄연히 영국의 한 시골로 설정이 되어 있는 사실주의적 작품이었다. 존 블랙우드에게 거절을 당한 후 작품의 앞부분을 레슬리 스티븐에게 보여준 후 『콘힐』 연재를 타진했으나 스티븐 역시 작품의 중심 플롯인 남녀 삼각관계가 관련 당사자들이 이미 결혼을 한 몸들이기에 "가정용 잡지로서는 너무 '위험한' 수준으로 발전할 수 있으니 작품을 끝까지 다 보기 전에는 일체 보류하겠"다고 답장했다. 이 제안은 받아들일 수 없었기에, 이 일을 계기로 하디와 스티븐의 관계에도 금이 가기 시작했다.[180]

당대 문학장의 주류 잡지들과 점차 과감해지는 자신의 소설 소재나 플롯 사이에 간극이 생기기 시작했음을 나타내는 이와 같은 징조들을 무시했거나 아니면 감지하지 못했는지, 하디는 다시 또 1879년에 블랙우드에게 재차 또 다른 소설 연재 가능성을 묻는 편지를 보냈다. 이번 작품은 『나팔장』으로, 이 작품은 『블랙우즈』에 등장해도 좋을 법한 내용이긴 했다. 이 소설은 나폴레옹 전쟁을 배경으로 용맹스런 영국 군인들이 한 여인을 두고 벌이는 쟁탈전을 다루고 있고, 비극적인 종말이나 불행한 결혼, 유부남 및 유부녀의 연애 같은 '위험한' 소재는 모두 배제되어 있다. 하디의 편지도 이 점을 부각시키고 있다.

> 얼마 전에 선생님께서 제 원고 하나를 친절히 읽어주셨는데 거기에 대한 논평을 읽으며 제가 향후 미래 시점에 또 다른 원고, 좀 더 선생님의 취향 기준에 근접한 작품을 보내드려도 좋겠다는 느낌을 받았습니다 (1879년 6월 9일, 64).

---

180 Purdy, *Thomas Hardy: A Bibliographical Study* 27.

그러나 이번에도 헛수고였다. 이 작품은 다시 또 "어이없게도" 『굿워즈』(*Good Words*)라는 또 다른 군소 잡지에 1880년 1월부터 12월까지 연재되었다.[181] 이후로 하디의 작품은 『콘힐』이나 『블랙우즈』 등 최상급 잡지에 연재되는 경우는 없었다.

소설가 하디의 마지막 시기의 대표작들로 후대 평자들의 칭송을 받은 『카스터브리지의 시장』과 『더버빌의 테스』(*Tess of the D'Urbervilles*)는 대중적 주간지인 『그래픽』(*Graphic*)에 각기 1886년과 1891년에 연재되었다. 『무명의 주드』(*Jude the Obscure*)는 영국 잡지가 아닌 (런던에서도 동시에 발간되는) 미국 주간지 『하퍼스 뉴 먼슬리 매거진』(*Harper's New Monthly Magazine*)에서 1894년 12월부터 다음 해 11월까지 연재되었다.[182] 『카스터브리지의 시장』이 연재된 『그래픽』은 1869년에 창간되었으니 하디의 등단과 비슷한 시기에 문학장에 좌판을 깐 주간지였는데, 제목이 강조하듯 정식 잡지명은 "더 그래픽: 삽화 주간 신문"("The Graphic: An Illustrated Weekly Newspaper")이다. 판매가격은 6펜스이니 디킨스의 『올더 이어 라운드』의 2페니보다는 비쌌지만 삽화 제작비를 감안하면 저렴한 편이었다. 하디의 소설 첫 호가 나간 『그래픽』 1886년 1월 2일자의 모습을 묘사하면 다음과 같다(이 잡지는 '목차'로 소개하기에는 너무나 번잡한 편집이다). 잡지 표지에는 "세르비아와 불가리아 사이의 전쟁"을 그린 삽화가 위아래 두 개 배치되어 있다. 그 다음 페이지에서 "금주의 토픽"을 간단하게 소개한다. 페이지를 넘기면 "오락"에 대한 소식과 "삽화"에 대한 촌평이 나온다. 이어서 "리시엄 극장에서 공연하는 파우스트" 한 장면을 그린 전면 삽화가 한 페이지를

181 Purdy, *Thomas Hardy: A Bibliographical Study* 32.
182 Purdy, *Thomas Hardy: A Bibliographical Study* 51~52, 68~69, 87.

차지한다. 그 다음은 시사, 다른 잡지 리뷰, 그 전해의 온도 기록이 나오고, 다시 페이지를 넘기면 연극과 기타 잡담 기사들이 담겨 있다. 이어지는 두 페이지는 삽화들로 채워져 있다. 잡지의 중간 지점인 10쪽과 11쪽은 "해외소식", "궁정소식", "교회", "음악", "소일거리", "시골소식", "법정", "날씨정보" 등의 내용이 담겨있다. 이어지는 두 쪽은 또 다른 삽화 그림들이 채우고, 그 다음 페이지에서 지난 해 사건사고에 대한 논평이 나온다. 이어지는 두 페이지를 온갖 상품광고가 차지한 다음, 드디어 17쪽에 가서야, "카스터브리지의 시장 / 토마스 하디 지음 / '광란의 군중을 멀리하고', '푸른 두 눈' 등등의 저자"라는 큰 글씨 밑으로 이 소설의 1장과 2장이 19쪽까지 이어진다. 잡지의 남은 부분은 그림 삽화들이 두 페이지를 가져가고, 이어서 두 단을 기사로 채운 다음 마지막 두 페이지는 또 다른 광고들에게 내어준다.[183] 이렇듯 '정보 시장판'이나 다름없이 정신없는 잡지의 지면에 끼어있는 『카스터브리지의 시장』은 『콘힐』의 정연한 목차들을 이끌던 『광란의 군중을 멀리하고』와는 매우 대조적인 모습이다. 잡지에 실린 유일한 연재소설이라는 점에 만족할 수는 있을지 몰라도, 삽화와 단신과 광고에 의존하는 이 잡지의 몸체를 빌어 독자들에게 다가가는 이 연재소설의 처지는 『콘힐』이나 『블랙우즈』 같은 고급 월간지에 실린 연재소설들에 비하면 궁색하다고 아니할 수 없다. 『더버빌의 테스』와 『무명의 주드』가 연재된 잡지의 구성이나 내용도 이와 크게 다르지 않다.

하디의 소설은 과감함과 파격성이 심해질수록 문학장의 주변부로 밀려나고 있었다. 『카스터브리지의 시장』은 술김에 부인을 경매에 내다 파는 장면으로 시작한다. 이후로 그가 술을 끊고 열심히 살아서

183 *The Graphic*, no. 840 (2 January 1886).

'카스터브리지의 시장' 자리에까지 오르고 원래 부인과 여러 해 후에 다시 결혼식을 올리지만, 이런 이야기는 『블랙우즈』는 물론이요 『콘힐』 독자들도 부담스러운 내용이었다. 그래도 『콘힐』과는 1870년대에는 하디가 좋은 인연을 맺었었다. 하지만 『블랙우즈』에 하디의 글이 실린 것은 단 한 건에 불과하다. 존 블랙우드가 1879년 10월에 사망하고 출판사와 잡지 경영권이 창립자의 손자인(존 블랙우드의 조카) 윌리엄 블랙우드 3세(William Blackwood III), 즉 3세 경영자에게 넘어간 국면에서 하디는 젊은 편집자에게 단편 「말라버린 팔」이라는 고딕풍의 괴담을 투고한다. "제가 방금 쓴 단편 원고를 감히 보내드립니다, 제 생각에는 '블랙우즈 매거진'에 잘 맞을 작품 같습니다"라고 하디는 윌리엄 블랙우드에게 보낸 편지에서 쓰고 있다. 또한 "다소 기괴한 내용이긴 하지만 요즘 독자들의 취향이 그런 쪽으로 가고 있는 것 같으니 그런 특징이 결격사유가 되지는 않을 것 같습니다"라는 말도 덧붙였다(1887년 10월 1일, 168). 하디의 예상은 적중했다. 아마도 편집진은 이 글이 국내 시골을 배경으로 삼기는 하지만 앞서 2장에서 소개한 대로, 19세기 '세계' 변방의 이상한 풍습들을 다루는 '이국적인' 글들을 즐기던 독서 취향과 통할 수 있다고 판단했을 법하다. 이 "기괴한" 단편은 이 잡지 1888년 1월호에 수록되었다. 두 번의 장편 투고를 존 블랙우드에게 거절당한 끝에 조카 윌리엄 블랙우드에게 얻은 미미한 '보상'이었다.

그러나 하디와 블랙우드 출판사의 불운한 관계는 이렇게 조용히 끝나지 않았다. 그의 원고를 거절하던 존 블랙우드의 잡지는 하디의 말년 소설들인 『더버빌의 테스』와 『무명의 주드』에 비판적이거나 후자의 경우 적대적이기조차 한 서평으로 대응했다. 그것은 작품의 내용이 『블랙우즈』가 신봉하고 유지하고자 했던 전통적인 종교와 도덕, 미풍양속에 심각한 도전을 하고 있었다고 판단했기 때문이다.

1892년 3월호 『블랙우즈』의 「오래된 응접실」("The Old Saloon," 151권, 1892년 3월호)이라는 서평 코너에 마가렛 올리펀트는 익명으로(그러나 문학 종사자들은 쉽게 저자가 누구인지 알 수 있었다) 하디의 최신작 『더버빌의 테스』를 비평하는 데 글의 반을 할애했다. 『블랙우즈』를 대표하는 복수 대명사를 사용하며 그녀는 다음과 같이 거부와 칭찬을 섞은 발언을 했다.

> 우리는 하디 씨가 소설에 있어서 우리가 가장 선호하는 작가 중에 속하지는 않음을 시인하는 바이고, 그의 새 책이 우리의 취향에 별로 맞지 않는다는 점도 밝힌다. [……] 우리는 '테스'에 대해서 반대할 것이 상당히 많다. 못된 대목들이라고 부를 수밖에 없는 것들은 은밀히, 노인용 서평잡지라고 해도 좋을 지면에 인쇄한 후 나머지는 모든 사람이 읽을 수 있는 쾌활한 젊은 신문에 실렸다는 점 그 자체가 우리의 구식 눈으로 보기에는 엄청나게 반대할 일이다. 이런 모든 것에도 불구하고, 교훈적인 로망스의 창백한 허구와 대조적으로 이 작품은 어찌나 생생하고 실감나게 살아있는 현실의 향내를 풍기며, 또한 몸체가 어찌나 견고하고 존재가 어찌나 사실인지 감탄한다(151권, 1892년 3월호: 465).

적어도 작품의 진정성만은 인정해준 이러한 평가에 대해 하디는 매우 고맙게 생각했던 것 같다. 그의 회고록에서는 언급하고 있지 않지만, 윌리엄 블랙우드에게 그 다음 달인 1892년 4월에 편지를 보내어서,

> 내가 이 소설의 서평을 여러 개 읽어봤지만 그 중에서도 저와는 의견을 달리 하는 비평가가 사안의 진실된 원리들을 이렇게 잘 인정해준 것은 기억할 수 없습니다. 즉, 진솔하게 의견의 차이 등을 언급한 다음 작품을 순전히 예술적인 차원에서만 비평했으니 말입니다(1892년 4월 29일, 259).

라고 인사말을 보냈다.

그런데 올리펀트는 단지 『더버빌의 테스』가 본인은 상상하기도 싫은 강간, 이중결혼, 살인, 기독교 비판 등의 내용이 나온다는 점 외에도 "노인용 서평잡지"라고 에둘러 언급한 단행본 출간과 "쾌활한 젊은 신문"이라고 묘사한 『그래픽』에 실린 버전이 매우 달랐다는 점이 직업상 용납할 수 없는 비열한 짓이라고 생각했다. 하디는 『그래픽』에 이 작품을 1891년 7월 4일부터 12월 26일까지 24회 연재하면서, 하디의 표현대로 "성인 독자들을 특별히 겨냥한" 두 에피소드가 잡지 편집인이 보기에 부적합했기에, 이를 다른 잡지에다 따로따로 마치 단편소설처럼 출간했다. 이후 단행본으로 낼 때는 이들을 모두 다시 원래 자리에 갖다 놓았다. 문제가 되는 에피소드 중 하나는 알렉 더버빌(Alec D'Urberville)이 테스를 유혹해서 정조를 빼앗는 부분으로 에든버러의 『내셔널 옵서버』(*National Observer*) 1891년 11월 14일 특별 문학부록에 「아카디아에서의 토요일 밤」("Saturday Night in Arcady")이라는 제목으로 나갔다. 또 다른 에피소드는 테스의 아이가 태어나고 죽는 이야기로, 「심야의 유아세례, 기독교의 한 측면 연구」("The Midnight Baptism, A Study in Christianity")라는 제목으로 『포트나이틀리 리뷰』 1891년 5월호에, 그러니까 『그래픽』 연재가 개시되기 2달 전에 실렸다.[184] 단행본에는 이 두 대목이 모두 제 자리에 포함되었다. 이에 대해 하디는 회고하기를 "하디는 그 해 8월과 가을에 『더버빌의 테스』를 단행본 형태로 교정보느라 상당한 시간을 소모했는데, 이 과정은 원래 원고에는 있었으나 잡지 연재물 형태로 나갈 때 삭제되었던 대목과 장들을 제자리에 복귀시키는 것이었다"고 쓰고 있다.[185] 올리펀트의 비난이 정당하건

184 Purdy, *Thomas Hardy: A Bibliographical Study* 68~69.

아니건 간에, 이 사실이 말해주는 바는 하디가 이런 수고와 '편법'을 감수하면서까지 잡지 연재는 절대적으로 포기할 수 없는 '판촉' 방식임을 굳게 믿었다는 것이다. 만약 그렇지 않았다면 별로 문단의 인정을 받는 고급 잡지도 아닌 잡다한 시사 주간지에 자기 작품을 연재할 수 있도록 하기 위해서 작품의 플롯 상 중요한 장면들을 잘라내고 나중에 다시 붙이는 수고를 했을 리 없다. 또한 이러한 편법이 필요한 만큼 이미 하디의 마지막 소설들은 19세기 영국 잡지 문화와는 맞지 않는 '파격'과 '이질성'을 노정하고 있다는 점도 지적할 수 있다. 이 모든 것을 문학장의 권위적인 위치를 점유한 『블랙우즈』의 서평은 은근히 꼬집으며 비꼬고 있다. "우리가 가장 선호하는 작가" 축에 끼어서 이 잡지의 지면에서 연재되며 작품 홍보의 혜택을 보지 못한 이 작가의 문학장에서의 불안정한 위상을 비아냥거리는 어조가 "쾌활한 젊은 신문" 운운하는 대목에서 느껴진다.

그러나 『블랙우즈』의 『더버빌의 테스』 비평은 『무명의 주드』 서평에 비하면 비교적 부드럽게 넘어간 셈이었다. 1894년 12월부터 다음해 11월까지 12개월 간, 앞서 말했듯이 영국에서도 동시에 출간되는 미국 주간지 『하퍼스 뉴 먼슬리 매거진』에 연재 첫 호는 『순진한 자들』(*The Simpletons*)이라는 제목으로, 그리고 두 번째 연재부터는 다시 제목을 고쳐서 『봉기하는 가슴들』(*Hearts Insurgent*)이라는 제목으로 하디의 신작 소설이 등장했다. 이 작품이 단행본으로 나올 때는 『무명의 주드』로 제목이 또 바뀌었다. 하디는 잡지 연재를 위해 제목을 바꿀뿐더러, 플롯의 앞뒤도 잘 맞지 않을 정도의 엄청난 가위질을 감수했다.**186** 이

185 *The Life and Work of Thomas Hardy by Thomas Hardy* 250.
186 Purdy, *Thomas Hardy: A Bibliographical Study* 87~88.

번에도 『더버빌의 테스』 때와 마찬가지로 잡지 편집자의 반대 때문에 일이 그렇게 복잡해진 것이다. 편집자 H. M. 올든(Alden)이 하디에게 보낸 편지에는 다음과 같은 솔직한 입장표명이 담겨있다.

> 제가 반대하는 것은 (저 말고 우리 독자들의) 순결주의에 근거한 것들인데요, 이곳은 영국보다 의심의 여지없이 더 경직되어 있답니다. 우리의 원칙은 이 잡지가 어떤 가정 모임에서건 크게 낭독할 수 없는 것들은 포함하면 안 된다는 것입니다. 이 점은 우리 모두가 맹세한 바이지요(1894년 8월 29일, 90).

하디는 정 그렇다면 계약을 파기하자고 했으나 출판사 쪽에서는 대체 연재물을 찾을 시간이 없으니 그냥 진행하자고 우긴 결과, 기형아가 먼저 연재되고 작품의 원래 모습은 이후에 복원되었다.[187] 『무명의 주드』의 내용은 오늘날도 가족들이 옹기종기 모여 앉아 읽을 수 있는 것이 아님은 분명하다. 다른 것은 다 차치하더라도 이복동생을 목 졸라 죽이고 자신도 자결하는 어린 아이가 나오는 소설은 읽기에 보통 거북한 것이 아니다. 이에 곧 죽음을 맞게 될 원로 여성문인 마가렛 올리펀트는 『블랙우즈』 1896년 신년 첫 호에 「결혼 반대 연맹」("The Anti-Marriage League," 159권, 1896년 1월호)이란 제목의 비평문을 기고하여, 『무명의 주드』의 부도덕성을 질타했다. 이 소설에 대한 비판이 필요한 것은, 글을 시작하며 지적하듯이, "소설이 오늘날 출판물 중에서 매우 중요한 부분을 차지하게 되었"고, 찰스 다윈에서 "메이페어의 바느질 여공"까지 모든 사람들이 소설을 읽는 시대이기에, 소설에 담

---

187 *The Life and Work of Thomas Hardy by Thomas Hardy* 287~288.

긴 "인간의 속성에 대한 의견이나 관점"의 영향력이 적지 않기 때문이라는 것이다(1896년 1월호: 135).[188]

> 이 책의 엄청난 퇴락은 '테스'를 추종하면서 그 저급함, 불결함, 끔찍함을 더 강화한 데 기인한다. 예리한 안목을 갖춘 사람이 이렇듯 근본적인 실수를 저지르게 한 이유는 무슨 이론을 지어내어야 설명이 가능할 것 같으나, 실수는 저질러졌고, 이렇게 해서 예술이 불결함을 묘사하는 데 진력할 때 어떤 지경에 이르는지를 암묵적으로 기괴하게 예시한다. [……] 이전에도 인간의 속성을 이보다 더 역겹고 더 불경스럽게 그려주는 책들이 오물을 탐닉하는 애호가들이 자신들의 취향에 맞는 쓰레기를 뒤지는 그 어두운 구석에서는 있었을지 모른다. 하지만, 다시 강조하건대, 대가의 손길에서 그런 것이 만들어진 적은 이제껏 없었다(138).

동시에 연재와 단행본이 큰 차이가 나는 변칙적인 출간방식도 『더버빌의 테스』 때보다 더 심하게 비난했다.

> 이러한 거래는 독자들을 모독하는 것이다. 이 저급한 물건을 다른 이름을 달아 슬쩍 팔면서 숨겨뒀던 대목들을 모두 복원시키다니, 마치 중고책 상인들 카탈로그에서 흔히 하는 말대로, 불결한 책 애호가들에게 '옛

188 소설 비평이 19세기 말 『블랙우즈』가 역점을 둔 담론 중 하나임은 같은 호에 또 다른 소설론 「최근 프랑스 소설들」("Recent French Novels")이 실렸다는 사실이 말해준다. 이 글은 「결혼 반대 연맹」에서 주장하듯 "프랑스 소설"이 "프랑스 사회의 타락"(159권, 1896년 1월호: 135)에 연루되었음을 예시하는 데 맞춰져 있다. 알퐁스 도데(Alphonse Daudet) 등이 포함된 작가들을 다루며 당대의 프랑스 소설을 "병적인 문학"으로 진단하거나(63), 칭찬을 해줘도 "인간의 심성을 한없이 암울하게 그려준"(70) 묘사라는 정도에 머문다. 후대 문학사에서 기억되는 작가인 도데에 대해서도 "실감이 결여되었다"(80)는 한계를 지적한다.

날 스캔들 이야기'를 추천하는 꼴이다. 하디 씨가 이런 편법을 동원한 것은 이번이 처음이 아니다. 만약 영국의 독자들이 그의 이런 관행을 지지해준다면, 어린 여자아이들이나 젊은이들 뿐 아니라 보통 독자들, 잡지를 읽는 남녀, 우리가 이 페이지를 통해 대화하는 독자들이 보기에 적절치 않다고 시인하는 바들을 수치스럽게도 좋아하고 받아들인다는 것을 시인하는 꼴이 될 것이다(140).

21세기를 사는 독자들은 쉽사리 하디의 편을 들고 『블랙우즈』를 비난할지 모른다. 하지만 이 준엄한 비판에는 『블랙우즈』를 위시한 잡지의 공공성에 대한 책임의식과 독자와의 관계를 암묵적인 언약에 근거한 신뢰의 관계로 파악해온 오래된 전통의 목소리가 담겨있다. 정기간행물을 통해 독자들과 대화하고 이들을 즐겁게 해주지만 동시에 적절한 방식으로 독자들을 이끌고 계도할 사명감에 충실했던 이 '보수주의'의 모습은 이후 시대의 '보수' 대 '진보'의 이분법으로는 충분히 음미할 수 없다. 『블랙우즈』는 하디를 과도하게 경계하고 배척했다. 그러나 동시에 하디 본인이 『블랙우즈』가 대변하는 정기간행물 문학장의 암묵적 합의와 규칙들을 위반했다는 점도 인정해야 할 것이다. 그러한 규칙 위반은 위반자에게도 힘겨운 경험이었다. 이렇듯 극단적으로 변칙적인 형태로 원고를 편집하면서까지 연재에 매달려 힘겹게 등장한 『무명의 주드』를 마지막으로 하디는 사실주의 소설 창작에서 손을 떼었다.

제6장

조셉 콘라드 끼워주기

제6장
조셉 콘라드 끼워주기

1. 코즈모폴리턴 콘라드와 『코즈모폴리스』

19세기 말에서 20세기 초까지 영국에서 소설가로 활동한 조셉 콘라드(Joseph Conrad)는 우크라이나에서 태어나 '조지프 테오도르 콘라드 코제니오프스키(Józef Teodor Konrad Korzeniowski)'란 이름을 받은 폴란드인이다. 영어가 모국어인 사람들도 구사하기 힘든 고급 영어로 본인의 다채로운 경력에서 가져온 이야기 거리들을 문학적으로 형상화한 이 특이한 이민자가 영국 문학장에서 성공한 것은 일차적으로는 본인의 탁월한 재능 덕분이지만 『블랙우즈』의 지면에 작품을 실었던 것이 결정적인 계기가 되었다. 이 점에 있어서 문학장의 한 구석에서 오랜 세월동안 번역과 잡지 편집, 평론활동을 했던 매리언 에번스의 경우와 유사한 반면, 『콘힐』 연재를 통해 주목을 받기 시작했으나 결국 『블랙우즈』에 나온 글은 겨우 단편 하나에 불과한 토마스 하디와는 대조적이다. 콘라드가 태어난 해인 1857년은 매리언 에번스가 "『성직 생활 소묘』의 저자 조지 엘리엇"이라는 새로운 명패를 내건 해이다. 하디가 『광란의 군중을 멀리하고』를 『콘힐』에 연재하며 문학장에 본격적으로 발을 들여놓은 1874년, 청년 콘라드는 폴란드를 떠나서 프랑스 마르세유로 간다. 그해 말에 프랑스의 카리브해 식민지 마르티니크(Martinique)로 가는 배 "몽블랑"(Mont-Blanc) 호를 타고 망망대해로 떠난다. 이렇게 해서 시작된 그의 뱃사람 생활은 1893년까지 긴 세월 동안 이어진다. 비록 러시아의 지배를 받기는 했지만 유구한 전통을 자랑하는 폴란드 귀족으로 태어난 이 청년은 처음에는 프랑스 선박회사 승무원 생활을 하다가 1878년부터는 '해가 지지 않는 나라' 대영제국의 상선을 타고 유럽은 물론, 아시아, 아프리카, 아메리카, 오세아니아 등 전 세계를 돌아다니는 유랑 생활을 한다. 그는 처음에는 선원으로 시작해서 항해사로, 항해사에서 선장으로 승진했는데 그 와중에 영어를 익혔을 뿐더러 영국 시민권도 얻었다. 그리고 무엇보다도 선상여행과 온갖 이국 정박지에서 보고 듣고 겪은 흥미진진한 이야기 거리들을 차곡차곡 모아두고 있었다. 조지 엘리엇이나 토마스 하디에게는 자신들이 자라난 시골 고향의 삶이 소설의 밑천이 되었다면 콘라드에게는 바다 항해가 소설의 자원을 제공한 '고향'이었던 셈이다. 범선 항해의 전성기에 범선항해사 훈련을 받고 범선항해 전문가로 활동하던 콘라드가 배를 떠나서 육지에 정착한 것은 본인의 문학적인 포부를 실현하고 싶었기 때문이기도 하지만 다른 한편 범선의 시대가 저물고 증기선 시대가 열렸던 것도 중요한 객관적 요인이었다.[189] 영국에서만 산 작가들은 전혀 해줄 수 없는 이야기 소재들을 수첩과 기억 속에 두둑이

189 Owen Knowles and Gene M. Moore ed. *Oxford Reader's Companion to Conrad* (Oxford: Oxford University Press, 2000) xxiii~xxix, 52~53.

보관해 놓은 이 코즈모폴리턴은, 건축업을 그만두고 글로 먹고 살 길을 찾던 하디와 유사하게, 그간 살아온 선박과 항해의 세계를 떠나서 소설가로 살 길을 모색했다.

콘라드가 1894년 1월에 마지막 배인 "아도와"(Adowa)호 2등 항해사 직을 사임했을 때 그의 나이는 36세였다. 그해 4월 그는 첫 장편인 『올메이어의 어리석음』(*Almayer's Folly*)을 탈고했고 원고를 7월에 출판업자 T. 피셔 언윈(Fisher Unwin)에게 보냈다. 이 소설은 언윈 출판사에서 1895년 4월에 단행본으로 나왔다. 이해 3월에 토마스 하디는 그의 마지막 사실주의 소설이 될 『무명의 주드』를 앞서 말했듯이 연재버전에서 원래 원고로 복원하는 작업을 막 마쳤었다.[190] 하디가 소설 쓰기를 접은 시점에 콘라드는 소설가로 출범했던 것이다. 소설가로서 콘라드의 초기는 순탄한 편은 아니었다. 세기가 바뀐 1906년까지 그의 첫 11개 소설(집)이 영국에서 무려 다섯 군데 다른 출판사에서 나왔고, 미국에서 첫 8개 작품을 7개의 다른 출판사가 출간했다는 사실이 이 점을 증언한다.[191] 그러나 이 정도 거래실적이 가능했던 데는 하디를 배척했던 『블랙우즈』가 콘라드를 문학판에 '끼워준' 것이 결정적인 계기였다. 이 외국인 콘라드의 성공적인 데뷔가 워낙 특이한 사례이기에 콘라드 연구에 있어서 그 과정에 주목하는 연구자들은 조지 엘리엇이나 하디 연구자들이 이들의 소설가로의 부상 그 자체를 탐구하는 경우보다 더 많다. 예를 들어 이보 비단은 콘라드의 작품들이 『블랙우즈』 지면이 "콘라드의 말로우(Marlow) 이야기들을 초기 독자들에게 전달하는 데 매우 견실한 기여를 했다"고 지적한다. 오늘날 콘라드의

190 Knowles and Moore ed., *Oxford Reader's Companion to Conrad* xxxi; Page ed., *Oxford Reader's Companion to Hardy* xv.

191 Knowles and Moore ed., *Oxford Reader's Companion to Conrad* 87.

대표작으로 인정되는 『어둠의 심연』(*Heart of Darkness*)의 서술자 말로우가 이 잡지 연재소설들에서 등장했고, 이 소설 속 등장인물 겸 서술자를 통해 독자들과의 접촉점을 강화했다는 사실을 비단은 로베르트 야우스(Robert Jauss)의 '수용이론'을 적용해서 설명한다.[192] 반면에 이 책을 쓰는 필자는 이 잡지의 "견실한 기여" 그 자체를 좀 더 세밀하고 구체적으로 밝힐 가치가 있다고 생각한다. 당대 '독자'의 '기대지평'이나 '반응'이나 '성향' 등을 추론하는 것은 구체적인 사실들에 기초한 것이기는 해도 하나의 해석과 가정인 반면, 콘라드의 이야기가 등장한 지면의 양태는 객관적인 문헌적 사실이기에 이를 먼저 상술하는 것이 중요하다.

그러나 '독자'의 '기대지평'의 개념을 그대로 받아들이지 않더라도, 폴란드인 콘라드가 영국 문학장에 작가로 입장할 국면에 전반적인 소설 독자층의 소설에 대한 기대 내지는 선호가 콘라드에게 유리하게 작용했을 것이라는 추정은 충분히 할 수 있다. 19세기 초처럼 제인 오스틴 식의 영국 전원 저택에 사는 지주들의 혼사와 상속 등의 주제가 독자들의 관심을 끄는 것이 문학시장의 동향이었다면 남자들끼리 배 타고 이국적인 항구들로 돌아다니는 영국 상선에서 잔뼈가 굵은 콘라드가 내다 팔 이야기 상품은 전혀 없었을 것이다. 콘라드로서는 다행하게도 1880년대 이후로는 시사성이 있는 사건이나 배경에 대한 사실적인 묘사 및 서술에 대한 안정적인 수요가 형성되어 있었다. 잡지 연재소설들은 같은 잡지 지면을 공유하는 시사적인 기사나 르포와 외형상으로 구분할 수 없었고, 저널리즘 산문에서도, 2장에서 소개한 W. H.

---

192 Vidan, "Conrad in His *Blackwood's* Context: An Essay in Applied Reception Theory" 399.

러셀의 영향으로, 소설처럼 생생한 장면 묘사가 자주 등장했다. 이런 산문 문화 속에서는 논픽션과 픽션의 구분이 중요한 규범으로 행세하지 못했다.[193] 아울러 거대한 식민지를 소유한 대영제국의 위상에 대한 자의식이 점차 일반 대중들에게도 퍼져가며 '제국'이란 말이 자주 인구에 회자되는 대중적 문화담론으로서의 '제국주의'가 19세기 말에 광범위하게 퍼져나갔다. 이러한 대중적 '제국주의'에 부응하기 위해 신문이나 잡지 등 정기 간행물들은 노골적으로 '애국적'인 수사법을 동원했고, 대영제국의 각 지역 구석구석에서 전해오는 최신 뉴스와 생생한 정보를 서로 먼저 독자들에게 제공하느라 치열하게 경쟁했다.[194] 이와 같은 분위기에서 소설가 콘라드는 말하자면 픽션 세계에서의 '해외특파원' 역할을 떠맡았다. 영국 및 서구 제국의 변방에서 전해주는 진기하고 때로는 충격적인 이야기들을 생생하게 '보도'하는 것이 그의 장·단편 소설의 기본적인 모습이다. 물론 이러한 '해외통신'의 틀 안에 심오한 윤리적 선택의 문제를 탐구하는 진지함이 그의 소설의 또 다른 축이긴 하다. 오늘날 독자들에게는 이러한 '진지함'이 더 부각될지 몰라도 당대 독자들에게는 소재의 이국성이 주된 매력이었다. 콘라드의 첫 장편 『올메이어의 어리석음』이나 『블랙우즈』에 실린 첫 단편 「카레인」("Karain")은 대영제국의 영토 중 하나인 말레이(Malay, 오늘날 말레이시아와 태국, 인도네시아 등을 모두 아우르는 명칭)가 배경이다. 인도는 이미 숱한 여행기와 언론보도에서 100년 넘게 자주 등장했고 19세기 말에는 러디어드 키플링(Rudyard Kipling) 등이 소설소재로 맘껏 활용했다. 반면에 말레이에서 벌어지는 사건들은 영국 독자들에게는

---

193 Keating, *The Haunted Study: A Social History of the English Novel* 299, 306.

194 Wilkinson-Latham, *From Our Special Correspondent: Victorian War Correspondents and Their Campaigns* 168.

아직은 별로 알려지지 않은, 따라서 참신한 이야기 거리였다. 콘라드는 항해사에서 소설가로 직업을 바꿨으나 폴란드 출신 뱃사람이었던 그가 조지 엘리엇이나 하디처럼 영국 본토 시골의 삶은 당연히 다룰 수 없었다. 게다가 제국의 백인 정착지들인 호주의 항구 도시들이나 싱가포르 등지의 삶도, 이곳 식민지의 백인 도시들에서 오랜 세월 정착해 살아본 적이 없었으니 다룰 자신이 없었다. 그러나 말레이는 아직 영국 소설의 '미개척지'였을 뿐더러 본인의 항해경험상 충분히 잘 아는 지역이었다.[195] '콘라드 = 말레이 전문가'라는 등식은 제법 오랫동안 독자들과 평단의 인식 속에 고정되어있었음은 1941년에 출간된 콘라드에 대한 가장 최초의 연구 논문 중 하나인 플로렌스 클레먼스(Florence Clemens)의 「콘라드의 말레이시아」("Conrad's Malaysia")가 증언한다. 클레먼스는, "콘라드의 동양 소설은 그 자체가 이 말레이시아 열도의 일반적인 정치상황에 대한 권위 있는 전문서"라고 한다. 물론 "토착인의 심리라는 어려운 주제에 대한 정보를 얻으려고 연구할 때는 콘라드가 이 문제를 전적으로 완숙하게 다뤘는지 여부에 대해서는 의구심이 생긴다"는 점을 인정하지만, 그럼에도 '말레이' 전문가로 콘라드만한 사람도 드물다는 말로 그를 칭송하고 있다.[196]

말레이를 배경으로 하고 주인공은 영국인들보다 일찍이 동남아 지역에서 보르네오를 중심으로 식민지를 경영하던 네덜란드인으로 설정한 콘라드의 첫 작품 『올메이어의 어리석음』은 말레이 지역과 현지인들에 대한 생생한 묘사를 배경으로 깔고 영국인이 아닌 네덜란드인 올메이어의 몰락을 다루고 있는 작품이다. 1894년 9월 8일에 무명의

---

195 Batchelor, *The Life of Joseph Conrad: A Critical Biography* 40.

196 Florence Clemens, "Conrad's Malaysia," Robert D. Hammer ed., *Joseph Conrad: Third World Perspectives* (Washington, D.C.: Three Continents Press, 1990) 24~25.

작가 "J. 콘라드"는 언윈(Unwin) 출판사 대표 피셔 언윈에게 7월 4일자에 "올메이어의 어리석음"이라는 타자기로 작성한 원고가 전달되었는지 확인을 부탁하며, 다음과 같이 출간의 가능성을 타진했다.

> 저는 귀하께서 이 원고(말레이의 삶을 다루고 있고 약 64,000단어입니다)를 조만간 읽어보실 가능성이 조금이라도 있는지 감히 여쭤볼까 합니다. 만약 아니라면, 아마도 그게 이 원고에게 합당한 운명일지 모르겠습니다만, 이것이 아무리 출판의 목적에는 부합하지 않는 원고라고 하더라도 저한테는 매우 소중한 것임을 말씀드리는 것을 딱히 결례로 생각하시지는 않으리라고 믿습니다. 물론 황당한 느낌이긴 하겠습니다만 선례가 없지 않은 일이라고 믿으니 하는 말입니다. 제가 육필원고건 타자 원고건 또 다른 사본을 갖고 있지 않다는 형편 때문에 더 우려가 되는 것이지요 (1894년 9월 8일, 1: 173).[197]

이 출판사는 1882년에 개업한 업체이니 지금까지 우리가 만나본 블랙우드나 스미스 엘더나 맥밀런 등 중견 출판사와는 급이 달랐다. 그러나 하디의 첫 소설들을 내준 틴슬리에 비하면 체계적이고 공격적인 비즈니스로 정평이 난 나름대로 인정받는 출판사였다.[198] 당첨될 가능성은 별로 기대하지 않은 채 오히려 원고가 없어질 걱정이 더 앞서는 이 무명작가의 작품은 이 출판사의 원고 검토를 전담하던 에드워드

---

197 콘라드가 발신인인 편지들의 출처는 Frederick R. Karl and Laurence Davies ed., *The Collected Letters of Joseph Conrad*, Vol 1: *1861~1897* (Cambridge: Cambridge University Press, 1983) 및 Frederick R. Karl and Laurence Davies ed., *The Collected Letters of Joseph Conrad*, Vol 2: *1898~1902* (Cambridge: Cambridge University Press, 1986)이다. 이하에서는 편지 수시인, 날짜, 이 출처의 쪽수를 본문에 표시하기로 한다(1: 173 = 1권 173쪽).

198 Knowles and Moore ed., *Oxford Reader's Companion to Conrad* 432.

가넷(Edward Garnett)에게 전해졌고, 가넷은 출판을 적극 추천했다. 출간 결정을 알리는 편지는 10월에야 콘라드에게 전달되었는데, 저작권을 출판사에 전부 넘기는 조건으로 20파운드를 지불하겠다고 출판사 측에서 제안했다. 콘라드는 이 불리한 조건을 거절할 입장이 아니었기에 "사장님이 언급하신 액수(20파운드)에 저작권을 양도할 의향이 있습니다"라고 피셔 언윈에게 답장했다(1894년 8월 4일, 1: 176). 그 다음 해인 1895년 4월 말에 이 소설이 나오자, 상업적으로 큰 성공을 거두진 못했지만 서평들의 주목은 받았고 첫 작품치고는 비교적 긍정적인 평가를 얻어냈다. 평자들은 그의 작품을 읽으며 키플링의 인도 소설을 떠올렸고 키플링의 성취를 기준으로 그를 평가했다.[199] 이 점은 마치 하디의 첫 작품들을 조지 엘리엇과 비교하던 접근법과 유사하다. 두 경우 모두 기존의 '대가'가 된 작가의 작품과 새로 문학장에 진입한 작가의 작품을 비교하므로 새로운 '상품'의 가치를 매겨주는 방식이다. 이러한 방법을 평단이 택한 것은 당연한 일이었다. 이런 비교가 불가피함을 콘라드도 예상하고 있었던지, 그는 출판사 사장에게, "제가 키플링과 같지 않은 게 죄인 모양입니다만(이게 '스펙테이터' 서평에 나오는 바보 같은 표현입니다), 제가 그 양반을 닮으려 한 적이 전혀 없으니 별로 저로서는 언짢은 소리라고 할 수는 없습니다"(1896년 4월 22일, 1: 276~277)라고 쓰고 있다. 그러나 아직 '콘라드'라는 '브랜드'의 가치는 단행본 한 권 저작권이 20파운드에 팔리는 초라한 수준이었다.

'말레이 삶' 전문가인 콘라드의 인지도와 가치를 끌어올리려면 소설 연재 계약을 따내야 함을 작가 본인도 모를 리 없었다. 『올메이어의 어리석음』을 계기로 콘라드는 가넷과 친분을 쌓게 되는데, 중견 평론

199 Knowles and Moore ed., *Oxford Reader's Companion to Conrad* 6

가 가넷은 마치 하디에게 레슬리 스티븐이 한 역할과 유사한 '멘토' 노릇을 초기에 해주었다. 영국 문학장의 형편과 잡지의 중요성에 대해서도 가넷은 분명히 충고했을 것이다. 그래서 콘라드는 첫 소설의 배경과 상황이 연결되는 또 다른 말레이 소설 『섬의 방랑자』(*An Outcast of the Islands*)를 석간신문인 『팰맬 가제트』(*Pall Mall Gazette*)에 연재할 수 있는지 타진하며 원고 일부를 이 신문에 보내지만 이들은 묵묵부답이었다. 콘라드는 가넷에게 보낸 편지에서 "상류사회 유행에 정통한 '팰맬'은 극히 이해할 수 없는 방식으로 나를 무시한다"(1895년 3월 8일, 1: 203)고 불평했으나, 결국 이 두 번째 소설도 잡지를 거치지 못한 채 다시 언윈 출판사에서 1896년 3월에 곧장 단행본으로 나왔다.[200] 장편을 정기간행물에 연재하려는 뜻이 실현되지 않자 1896년에는 단편이라도 잡지에 싣는 쪽으로 전략을 조정했다. 콘라드는 『콘힐』에 장편 연재 가능성을 타진하자, "1899년까지 이미 다 예약이 찼으며(그 전에 내가 죽겠지 아마), 단편은 500단어(즉 1페이지) 당 1파운드 1실링 원고료를 준다"는 답장을 『콘힐』 편집인에게서 받았다(에드워드 가넷 수신, 1896년 6월 6일, 1: 285). 이에 「백치들」("The Idiots")이란 단편을 『콘힐』에 보낸다. 그러나 퇴짜를 맞았다. 이 단편 원고는 그 전에 『코즈모폴리스』(*Cosmopolis*)라는 잡지에도 보냈으나 거기서도 거절당했다. 『코즈모폴리스』의 런던 출판업자가 언윈이었으니 혹시나 해서 접촉해 본 것이었다. 「백치들」은 『사보이』(*Savoy*)라는 군소 잡지에 이 해 10월에 실리긴 했으나 그런 지면에 단편 하나 등장한 것으로는 문학장의 주목을 끌 수는 없었다. 「백치들」을 거절했던 『콘힐』은 1897년 1월호에 단편 「석호」("The Lagoon")를 실어줬다. 하지만 이 작품의 예술적인 수

200 Knowles and Moore ed., *Oxford Reader's Companion to Conrad* 299.

준이 높은 편이라고 하기는 어렵고, 1890년대 말의 『콘힐』도 전처럼 권위 있고 '잘 나가는' 잡지는 더 이상 아니었다.[201] 잡지에 실린 콘라드의 초기 단편 중에서 가장 주목할 만한 작품은 「진보의 전초기지」("An Outpost of Progress")이다. 이 이야기는 그의 대표작 『어둠의 심연』과 마찬가지로 멀리 아프리카 콩고 강까지 독자들을 끌고 가는 내용이다. 1896년 7월에 콘라드는 「진보의 전초기지」를 『코즈모폴리스』에 다시 투고했다. 『코즈모폴리스』의 성격에 대해서는 잠시 후 더 자세히 살펴보기로 하고 그의 편지글을 더 검토해보자면, 출판사 사장 피셔 언윈에게 원고를 소개하는 편지를 보내면서 본인의 솔직한 심정을 다음과 같이 토로하고 있다.

> 저도 먹고 살아야지요. 제 작품이 어디에 실리건 상관 않습니다. 이런 이야기들을 받아주고 안 주고가 원고의 예술적 가치에 근거한 판단이 아니니까요. 형편이 그러한 게 옳은 것인지도 모르지요. 하지만 이 경우 저는 저 잡지가 아니라 이 잡지가 받아줬다고 해서 딱히 더 만족하지는 않습니다. [……] 하지만 제 이야기들을 팔고 싶습니다. 저를 탐욕스런 사람으로 생각하신다면 제가 바라는 돈이 얼마 안 된다는 점을 감안해주세요. 게다가 제 글쓰기에 노동이 얼마나 소모되었는지 아신다면 제가 좀 보상을 받기를 바라는 심정을 이해하실 것입니다. 저는 한 줄 한 줄 쓸 때마다 의심에 시달립니다. 저는 제 자신에게 묻지요. 이게 맞는가?-이게 진실인가?-내가 그렇게 느끼는가?-내가 내 감성을 잘 표현하고 있는가? 저는 문장을 쓸 때마다 이런 질문을 스스로에게 던집니다-그리

201 Knowles and Moore ed., *Oxford Reader's Companion to Conrad* 184, 221; Laurence Davies, "Don't You think I am a lost soul?": Conrad's Early Stories and the Magazines, *Conradiana* 41 (Spring 2009): 15.

고 단어 하나마다 진땀을 흘리거든요! – 이런 난리를 펴는 꼴을 보시면 웃으실지 모르겠군요(1896년 7월 22일, 1: 293).

신예 작가의 먹고 살기 힘든 처지를 실감나게 전달하며 거기에 덧붙여 창작의 산고를 강조하고 있지만, 외국어로 소설을 쓰는 이민자의 어려움도 느껴지는 문건이다. 이 간곡한 편지가 효과가 있었는지는 알 수 없지만, 말레이를 잠시 제쳐두고 과감히 아프리카 오지를 배경으로 택한 이 단편은 『코즈모폴리스』에 그 다음 해 1897년 6~7월호 지면에 등장했다.

『코스모폴리스』는 어떠한 잡지였나? 이 잡지 표지에는 "코스모폴리스" 바로 옆에 "국제 리뷰"(An International Review)라는 말이 붙어있다. 제목부터 시작해서 '국제성'을 지향하는 이 잡지는 1896년에 출범했으니 『콘힐』은 물론이요 『블랙우즈』 곁에 서면 지극히 나이가 어린 신생잡지였다. 그러나 이 잡지는 말 그대로 '국제 리뷰'라고 할만 했다. 『코스모폴리스』는 런던에서는 앞서 말했듯이 피셔 언윈 출판사, 그리고 파리, 베를린, 암스테르담 등 유럽의 주요 도시들은 물론이요 대서양 건너 뉴욕과 러시아 상트페테르부르크에 있는 출판사들이 공동으로 이름을 내걸고, 유럽의 3개 주요 언어인 영어, 프랑스어, 독일어로 쓴 기사들이 실린 특이한 잡지였다. 영국에서의 판매가격은 '반 크라운'(2.5실링)으로 저렴한 편이었으나, 모두 실명으로 소개하고 있는 투고자들의 면면은 만만치 않았다.[202] 비록 잡지는 2년 후에 폐간되긴 했으나 그 짧은 기간 동안 다수의 저명한 이름들이 투고자 명단에 포함되었다. 조지 기싱(George Gissing)은 1896년 8월호에 「요크셔 처녀」("A

---

202 이하는 본 연구자가 직접 *Cosmopolis* 해당 호수를 검토한 데 근거한 것이다.

Yorkshire Lass")를, 조지 버나드 쇼(G. Bernard Shaw) 1896년 9월호에 「인터내셔널 대회에서의 사회주의」("Socialism at the International Congress")를 기고했다. 프랑스어 기고문 중에는 아나톨 프랑스(Anatole France)의 1897년 2월호에 실린 「록산느 아가씨」("Mademoiselle Roxane")가 눈에 띈다. 또한 20세기 프랑스문학에 지대한 영향을 미친 스테판 말라르메(Stéphane Mallarmé)의 실험시 「주사위 던지기」("Un Coup de Dés")가 1897년 5월호에 편집자의 해설과 함께 실렸다. 콘라드가 "전혀 닮으려 한 적이 없"다고 했으나 의식하지 않았을 리 없었던 선배 작가 키플링은 콘라드의 작품이 나가기 바로 직전인 1897년 4월부터 5월호까지 「램프의 노예들」("Slaves of the Lamp")을 이 잡지에 연재했다. 그 다음 해인 1898년 1월에서 2월까지는 헨리 제임스(Henry James)의 「존 들라보이」("John Delavoy")가 연재되었다. 그밖에 남아프리카 여성작가 올리브 슈라이너(Oliver Schreiner)의 「남아프리카에 대한 이런저런 생각들」("Stray Thoughts on South Africa")이 1898년 4월에 실렸고, W. B. 예이츠(W. B. Yeats)의 평론 「문학에서의 켈트적 요소」("The Celtic Element in Literature")가 1898년 6월호 목차에서 시선을 끈다. 『코즈모폴리스』의 취지는 프레드릭 해리슨(Frederic Harrison)이 제3호에 기고한 「참된 코즈모폴리스」("The True Cosmopolis")에서 주장하듯, "민족의 우월성"을 확보하려는 "투쟁"과 "자기주장의 열정"이 지배하던 당시 19세기 말 서방세계에서 "모든 지도적 정신들"이 서로 "생각을 교환할 공동의 장"을 마련해주는 것이었다.[203] 콘라드의 「진보의 전초기지」가 첫 번째 꼭지에 등장한 1897년 6월호는 총 19개 기사로 구성되어 있다. 콘라드의 작품부터 여섯 번째 꼭지까지는 영어로 된 글들이고, 7번째부터 13번 꼭지는

---

203 Frederic Harrison, "The True Cosmopolis," *Cosmopolis*, vol. 3 (August 1896): 339.

프랑스어, 14번부터 18번은 독일어, 그리고 마지막 기사「국제정세」("Foreign Affairs")는 영어 기사이다. 기사들은 문학, 역사, 음악, 미술, 정치 등 다양한 주제들을 다루고 있다.[204] 이처럼 다채로운 잡지에 콘라드의 단편이 등장할 수 있었던 것은 그 소재가 당시에 시사적인 관심사 중 하나였던 벨기에 국왕 레오폴드(Leopold) 2세의 콩고 식민지 개발을 배경에 둔 점이 크게 유효했을 법하다. 유럽열강의 아프리카 '땅따먹기'에 뒤늦게 뛰어든 벨기에 왕이 상아 장사에 눈이 멀어 무모하고 무자비하게 콩고를 개발하고 있다는 비판이 영국 언론에 자주 등장했던 시기라, 콘라드의 작품을 환영할 만한 분위기였다.「진보의 전초기지」는 이름을 보면 벨기에 사람으로 보이는 두 백인 무역상이 콩고 오지로 연상되는 험한 곳에 무역 사무소를 지키고 있다가 뜨거운 기후에 정신이 망가지고 서로에 대한 혐오감이 차올라 한 사람이 다른 사람을 죽이고 본인도 목을 매서 자살한다는 으스스한 내용을 담고 있다. 배경이나 설정에서『어둠의 심연』의 예고편에 해당되는 이 작품이 건드린 문제는 이미 같은 잡지 1년 전 1896년 7월호에「아프리카에서의 문명」("Civilisation in Africa")이란 제목으로 상세히 탐사 보도한 바 있었다.[205]

『코즈모폴리스』에「진보의 전초기지」가 실린 같은 해 콘라드는 드디어 잡지에 소설을 연재하는 기회를 얻게 된다. 이 작품은『'나시서스' 호의 검둥이』(*The Nigger of the 'Narcissus'*)라는 중편으로, 인도에서

---

204 *Cosmopolis*, vol. 6 (June 1897).

205 Sir Charles W. Dilke, "Civilisation in Africa," *Cosmopolis*, vol. 3 (July 1896): 18~35, 이 글은 "벨기에에서도 콩고 국가 계획을 적극 지지했던 사람들조차도 콩고 국가의 상황이 어떠한지 진실을 공개하는 것은 벨기에와 인류 모두에게 유익하리라고 믿는데, 이들은 콩고 기획이 출범할 당시에 걸었던 모든 희망이 완전히 망가지고 있음에 낙담하고 있다"(25)며, 아프리카를 '문명화'하는 사명을 제대로 수행하지 못한 벨기에 국왕을 비판한다.

영국으로 귀환하는 '나시서스' 호의 항해 중 벌어지는 사건들을 다루고 있다. 콘라드 본인이 직접 탔던 배가 제목에 그대로 등장하고 실제로 자기가 겪은 일을 근거로 작품을 꾸몄으니 '실감'과 완성도가 높을 수밖에 없었다. 이 원고를 환영한 잡지는 『뉴 리뷰』(*New Review*)라는 잡지로, 1897년 8월호부터 12월호까지 『'나시서스' 호의 검둥이』 연재가 이 잡지에 나갔다.[206] 『뉴 리뷰』는 1889년에 자유당(Liberal Party) 정치인이자 출판업자였던 아치볼드 그로브(Archibold Grove)가 창간했을 때만 해도 그런대로 출판계의 주목을 받았고 계속 순항을 할 것 같았으나, 1894년에 주인이 바뀐 뒤로는 그 위상과 경쟁력이 현저히 퇴락했다.[207] '별 볼일 없는' 이 군소 잡지에 몇 달간 작품이 연재되는데 비하면 『블랙우즈』에 1회 단편이 나가는 쪽이 더 인지도를 높이는 효과가 컸다. 문단의 원로이자 오랜 세월 블랙우드 출판사 및 잡지와 거래를 해온 올리펀트 부인이 죽기 1년 전인 1896년에 윌리엄 블랙우드에게 보낸 편지에서 말한 대로, "젊은이들이 '블랙우드'가 받아준다면 펄쩍 뛰며 반기며 자부심을 느끼는"[208] 형국은 콘라드의 사례도 충분히 증언한다. 물론 육체적인 나이로 치면 젊은이는 아니었으나 문학장에 진입한 기준으로 본 '사회적 나이'로 치면 신진이었던 콘라드로서는 "'블랙우드'가 받아 준다면" 반색을 하지 않을 수 없는 위치였다. 하긴 이미 소설가로 『콘힐』 같은 상위권 잡지에 장편 연재를 두 번씩이나 했던 하디도 블랙우드 출판사가 내는 잡지에 등장하려고 애를 썼었으니, 신인이자 외국인인 콘라드로서는 당연히 이 잡지에 끼고 싶은 마음이 간절했을 것이다.

---

206 Knowles and Moore ed., *Oxford Reader's Companion to Conrad* 281.
207 http://en.wikipedia.org/wiki/Archibald_Grove#The_New_Review
208 Oliphant, *The Autobiography and Letters of Mrs. M. O. W. Oliphant* 426.

2. 「카레인」과 『블랙우즈』

콘라드의 작품을 윌리엄 블랙우드에게 연결해준 인물은 데이비드 멜드럼(David Meldrum)이다. 그는 당시에 블랙우드 출판사의 런던 사무소의 문학 쪽 편집을 책임지고 있었고 본인도 소설을 쓰는 작가였다.[209] 에드워드 가넷에게 「카레인」의 원고를 보여주며 "내 작품의 운명은 자네 손에 달렸네!"라며(1897년 4월 20일, 1: 353) 출간을 부탁하자, 가넷은 이 원고를 『블랙우즈』에 실어도 좋겠다고 판단하고 멜드럼에게 전달한다.[210] 『올메이어의 어리석음』 등 그간 출간된 콘라드의 작품을 읽었던 멜드럼은 콘라드에게는 말하지 않고 이 원고를 에든버러 본사 사장에게 적극 추천한다. 멜드럼은 당시에 블랙우드 출판사 및 잡지가 신상품을 적극 발굴하도록 적극 블랙우드 측에 권장하던 중이었다.[211] 가넷이 돕는 언윈 출판사 사장 피셔 언윈에게서 『블랙우즈』 쪽으로 원고가 넘어갔다는 소식을 듣고 언윈에게 소식을 묻는 편지의 다음과 같은 대목을 보면 콘라드가 이 작품에 대해서 상당히 자신이 있었던 것을 알 수 있다.

> 내 『카레인』은 어찌 되었나요? '블랙우드 매거'가 이 작품에 대해 사색을 시작한 지 거의 두 달이 다 되어가는군요. 그쪽에 가격을 제시하셨나요? 하지만 저도 같은 기간 동안에 사색을 쭉 해왔는데요, 만약 그쪽에서 원고를 지금 원한다면 50 파운드(거의 20,000 단어이니, 싼 편임)여야 할

---

209 Knowles and Moore ed., *Oxford Reader's Companion to Conrad* 257.

210 Karl and Davies ed. *The Collected Letters of Joseph Conrad* 1: 353 n.2.

211 David Finkelstein, "Decent Company: Conrad, *Blackwood's*, and the Literary Marketplace" *Conradiana* 41 (Spring 2009): 32.

> 것입니다. 아니면 저는 그냥 잠잠한 심정으로 그 이야기를 돌려받고 말겠습니다. 그쪽에서 너무 오랫동안 심사숙고 중이군요. 그 이야기는 그렇게 미결상태로 놔두기에는 너무나 좋은 작품입니다(1897년 7월 2일, 1: 364).

열흘 후인 7월 12일에 콘라드는 피셔 언윈에게 다시 편지를 써서 50파운드가 너무 과하다고 생각했다고 금액을 조정했다. 원고 분량을 잘못 계산한 것이다. "블랙우드 사 측이 거의 완벽하게 맞네요, 16,000 단어가 정확한 계산입니다"라고 시인하며 이런 말을 하고 있다.

> 그쪽에서 출간 제의를 해주신데 대해 매우 고맙게 생각합니다. 저는 『카레인』을 40파운드 이하로는 넘겨주지 않기로 작정했습니다. 이걸로 이야기는 끝나겠지요, 아마도. 원고를 **최대한 빨리** 돌려받을 수 있기를 꼭 바랍니다(1897년 7월 12일, 1: 364).

말하자면 콘라드는 계약이 성사 안 될 것을 각오하고 배수진을 쳤다. 콘라드가 원고료로 40 파운드를 요구한 것은 『올메이어의 어리석음』을 20파운드에 넘긴 데 비하면 단편 하나 값으로는 과감한 제안이었다. 하지만 이 잡지에 실릴 글이라면 그 정도 값은 받아야 한다고 판단하고 나름대로 적정가를 불렀던 셈이다. 하디가 『콘힐』에 첫 장편을 연재했던 경우처럼, 『블랙우즈』 측에서 먼저 출간을 제의한 이상 (하디가 했던 말대로) "자신의 글의 가치"가 그 사이 "변했기 때문"에 출판사와의 계약 조건도 거기에 맞게 제시한 것이다. 블랙우드는 같은 달 17일에 뜻밖에도 이 조건을 받아들였다.[212]

---

212 Karl and Davies ed. *The Collected Letters of Joseph Conrad* 1: 356 n.7.

왜 블랙우드는 문학장에 나타난 지 얼마 안 되는 이 무명작가에게 제 값을 주고 잡지에 원고를 실어주기로 했을까? 물론 원고 생산자 본인의 말대로 「카레인」이 "너무나 좋은 작품"이기 때문이라고 쉽게 답변할 수는 있으나, 콘라드 본인도 앞서 인용한 다른 편지에서 시인하듯, "이런 이야기들을 받아주고 안 주고가 원고의 예술적 가치에 근거한 판단이 아니"었다는 점도 감안해야 한다. "좋은 작품"인지 여부에 대한 주관적인 판단뿐 아니라 뚜렷한 정체성을 삼대에 걸쳐 지켜온 이 잡지의 편집방향이라는 기준에 맞지 않았다면 이 원고는 다시 원고 생산자에게로 반송되고 말았을 것이다. 이 지점에서 우리는 앞서 2장에서 살펴본 『블랙우즈』의 '세계 만들기'의 전략과 기획에 콘라드의 작품이 매우 적절히 기여할 수 있음을 잡지 편집인이 감지했으리라 추측할 수 있다. 제국의 주체를 '믿음직하고 정직한' 영국인으로 설정하고, 지정학적 담론을 통해 세계 각 지역의 인종과 문화의 특징을 위계질서 속에 배열하고, 세계 제국을 경영하는 영국인들의 사명감을 고취하는 이 잡지의 대중적 '제국주의' 담론에 '말레이' 지역 추장 카레인에게 무기를 파는 영국인들 사이의 거래 이야기를 다룬 이 단편은 쉽게 동참할 수 있었다. 이 작품의 게재가 성사된 1897년 7월, 당시 이 잡지의 면모를 보면 말레이를 소재로 한, 마치 논픽션처럼 생생하고 사실적인 콘라드의 내러티브가 들어가기에 알맞은 분위기임을 알 수 있다. 『블랙우즈』 1897년 7월호에 실린 글들은 다음과 같다.

[1] 크리켓과 빅토리아 여왕 시대. 란지트신지(Ranjitsinhji) 왕자 지음.
[2] 터키의 현 정부. 그 범죄와 해결책.
[3] 타쿠르 페르탐 싱: 인도 기근 때의 이야기. C. H. T. 크로스트웨이트 경 지음

[4] 데어리얼: 서리(Surrey)의 로맨스

[5] '피셔의 귀신'에 대한 진실

[6] 시베리아의 감옥들

[7] 골프: 현재와 미래

[8] 스페인의 한 알려지지 않은 곳

[9] 코러클에서 송어낚시 하기

[10] 인적 끊긴 여관

[11] 클론퍼트와 클론퍼드–브랜든의 성 브랜든

[12] 테살리아에서 벌어진 일

[13] 올리펀트 부인 (162권, 1897년 7월호: 목차)

이 무렵 『블랙우즈』는 익명 투고 뿐 아니라 목차나 글 맨 끝에 필자 이름을 밝히는 경우들이 많다는 점이 이전과는 다르긴 했으나, 잡지의 정치적인 색채는 전혀 퇴색하지 않았다. 오히려 대중적 '제국주의'에 맞추어 토리주의를 보다 공격적으로 강화하고 있는 모습을 보여준다. 1870년대에 벤저민 디스랠리(Benjamin Disraeli)가 새롭게 활력을 불어넣은 대중적 토리주의는 이전 토리당파의 구호인 '영국 국교와 국왕' 수호에서 '국왕과 제국' 수호(및 팽창)으로 전환한 바 있다. 여기에 발맞추어 토리당 계열 잡지인 『블랙우즈』도 '제국' 문제에 깊은 관심을 표명하고 있었다.[213] 이 호에 실린 글들은 인도(3번 글), 터키(2번 글),

213 디스랠리의 1872년 크리스털 팰리스(Crystal Palace) 연설문의 다음과 같은 주장은 토리당파 이념의 한 축이 '제국'으로 옮겨가고 있음을 선언한다. "토리당의 또 다른 그리고 두 번째 대 목표가 있습니다. 첫 번째가 이 나라의 제도와 기관들을 유지하는 것이라면, 두 번째는 제 의견에는 잉글랜드의 제국을 지지하는 것입니다." Barbara Harlow and Mila Carter ed. *Imperialism and Orientalism: A Documentary Sourcebook* (Oxford: Blackwell, 1999) 380. 오랜 세월 토리주의를 대변하던 『블랙우즈』는 1883년에 출범한 새로운 토리 계열 월간지 『내셔널 리뷰』(*National Review*)와 동질적 성향의 보수적 독자층을 두고

호주(5번), 시베리아(6번), 스페인(8번), 그리스(12)를 다루고 있거나 배경으로 삼는다. 유럽, 러시아, 중앙아시아, 남아이사, 오세아니아로 광범위하게 펼쳐진 지역이 이 잡지의 한 개 호에 모두 재현되고 있는 것이다. 앞서 2장에서 살펴보았듯이 세계를 '만드는' 담론을 구축하는 이러한 기사들 외에도, 1장에서 검토한 대로 '영국성'을 확연히 느낄 수 있는 문화코드들이 세 개의 기사를 통해 전달된다. 먼저 네 번째 꼭지에 들어간 잉글랜드를 대표하는 (런던 서남부)의 서리(Surrey)의 "로맨스"는 연재소설이다. 스코틀랜드의 '민족 스포츠'인 골프를 다룬 일곱 번째 기사는 이 잡지가 『블랙우즈 에든버러 매거진』임을 새삼 상기시켜준다. 잉글랜드와 스코틀랜드뿐만 아니라 웨일스에서의 송어 낚시를 다룬 9번 기사와 아일랜드의 향토사를 다룬 11번째 글까지 있으니 '세계'는 물론이요 '연합왕국'의 전 지역을 골고루 배려한 편집이라고 할 만하다. 그러나 1897년 7월호 및 당시 이 잡지의 성향 및 전략을 가장 인상적으로 대변하는 기사는 첫 번째 기사, 「크리켓과 빅토리아 여왕 시대」("Cricket and the Victorian Era")이다. 이 글의 필자로 목차에서부터 소개된 이 인도 왕자는 다음과 같이 본국 식민지 군주를 예찬하고 있다.

> 이 은혜로운 해 1897년에 대영제국 전체가 인자하신 폐하 빅토리아 여왕의 유례없이 장구한 통치를 한 마음으로 축하한다. 폐하의 충직한 백성들의 삶에 있어서 그 어떤 부분이나 형편도 폐하가 영국의 왕위를 다행스럽게도 유지하신 덕택에 얻은 축복임을 증언할 권리가 없는 것은

경쟁을 벌이는 상황에 처하게 된다. Finkelstein, *The House of Blackwood: Author-Publisher Relations in the Victorian Era* 98~99. 이러한 경쟁상황에서 『블랙우즈』의 '제국' 오지에 대한 관심은 경쟁자와의 차별성을 부각하는 방편이 되었다는 분석이 가능하다.

단 하나도 없다(1897년 7월호: 1).

이토록 장황하게 첫 마디를 시작한 이 기사는 이 “축복”의 한 가시적인 예로 영국인들이 인도 등 기타 영국식민지 지역에 전파한 구기 운동인 크리켓에 대한 예찬으로 이어진다. 두 번째 기사는 “인자하신 폐하”가 통치하는 대영제국과는 정 반대인 오스만 터키 제국의 “범죄”를 소상히 고발하고 있다. 이들의 영토 중 하나였던 중동 지역에서 영국이 세력을 한참 확장하던 국면이 19세기 말에서 20세기 초인지라, 『블랙우즈』가 “범죄”나 저지르고 있는 터키 제국에 대한 우려를 표명할 만했다. 앞서 2장에서 「테살리아에서 벌어진 일」도 그 해에 발발한 그리스와 터키 사이의 전쟁에 대한 기사로, ‘터키 문제’를 다루는 두 번째 기사와 통한다.[214]

세계 곳곳에서의 영국의 이해관계에 민감한 『블랙우즈』이지만 1897년 목차들을 보면 말레이 지역이 배경이 되는 기사는 아직 없다. 이 점을 콘라드도 간파하고 말레이의 삶과 문화를 생생하게 전달해주는 자신의 글이 충분히 가치가 있으리라고 확신했을 것이다. 이 해 8월호에는 그리스와 터키의 전쟁을 다룬 「최근 전쟁의 한 장면」(“A Glimpse of the Late War,” 162권, 1897년 8월호: 165~180), 인도문제를 다룬 「인도의 본토인 군대」(“The Native Army of India,” 194~206) 및 기타 유럽, 러시아(「시베리아의 감옥들」 연재) 등에 대한 글들이 수록되었다. 9월호의 해외

---

214 원래 중앙아시아에서 영국이 경계하던 ‘주적’은 러시아였다. 영국은 크리미아(Crimea) 전쟁 때 프랑스와 함께 터키를 도와 러시아와 싸우면서, 터키가 근대 국가로 발전해서 러시아를 견제해주는 우방으로 성장하기를 기대했다. 그러나 터키 제국이 점차 약회되자 이런 기대를 포기하고 1880년대부터는 인도와 영국을 연결하는 이집트의 수에즈 운하(1870년 개통) 및 중동 지역을 직접 영국이 관리하는 쪽으로 정책을 전환했다. H. C. G. Matthew, “The Liberal Age” 507.

관련 글들은 「시베리아의 정치범 죄수」(“The Political Prisoner in Siberia,” 1897년 9월호: 320~344), 바그너 오페라 축제를 소개한 「바이로이트, 1897」(“Bayreuth – 1897”, 402~408), 또다시 그리스와 터키의 전쟁을 다룬 글 정도이다. 다음 달 10월호는 다섯 번째 자리에 「중국인 검열관들」(“Chinese Censors,” 1897년 10월호: 525~530)과 2장에서 소개한 「니제르강 분지에서의 프랑스와 영국」, 인도 문제를 다룬 「인도의 본토인 언론매체」(“The Native Press in India,” 579~585), 「플리퍼티의 실패」(“The Failure of Flipperty,” 550~556)라는 호주를 배경으로 한 단편 정도가 비유럽 지역과 관련된 글들이다. 말레이를 다룬 사실적인 단편소설은 이러한 잡지의 편집방향에 맞을뿐더러 다루는 '세계'의 범위를 넓히므로 지정학 담론의 역량을 강화하는 효과가 있었기에, 편집인으로서는 「카레인」의 값으로 40파운드를 지불할 가치가 충분히 있었다. 「카레인」이 이 잡지의 다른 글들과 쉽게 어울릴 수 있는 글이었음을 『블랙우즈』에 콘라드가 '데뷔'한 11월호 목차를 보면 알 수 있다.

[1] 존 스플렌딧: 한 가난한 신사와 론의 작은 전쟁들 이야기. 닐 먼로 (Neil Munro) 지음
[2] 테니슨 경
[3] 카레인: 어떤 회상. 조셉 콘라드 지음.
[4] 스코틀랜드 범죄 일지, 제 2편
[5] 공포정치 하의 들라 뮈에트 백작의 모험
[6] 현대 아카디아
[7] 조지 4세 즉위식. 에든버러 조지 스퀘어에 사는 로벗슨 양이 자기 모친에게 보낸 편지
[8] 호랑이 폐하
[9] 교전 중 불복종 (162권, 1897년 11월호: 목차)

첫 번째 글은 17세기 내전을 배경으로 삼은 스코틀랜드 역사소설로 이 호부터 연재가 시작되었다. 목차에서 저자 이름을 밝히고 있는 것으로 보아 후대 문학사에서는 완전히 잊혀졌지만 당시에는 그런대로 알려져 있던 작가로 보인다. 두 번째 「테니슨 경」은 계관 시인 테니슨에 대한 평론으로, 이 시인에 대해 이 잡지에 실렸던 예전 글들을 다수 인용하고 있다("Lord Tennyson," 162권 1897년 11월호: 615~629). 세 번째 자리를 차지한 콘라드의 소설은 목차에서도 저자의 이름이 나가고 글 마지막에도 다시 서명이 들어가므로 이 작가의 이름을 확실하게 홍보해주었다. 잡지 속에서 「카레인」을 읽으면 열대지방의 분위기를 즉각 전달해주는 첫 문단이 이 잡지에 자주 나오는 오지 여행기와 크게 다르지 않다는 인상을 이내 받는다. 작가는 "태양과 바다의 반사하는 빛," "섬세하게 파고드는 대지의 향기," "엄숙한 암벽의 높은 이마에서 보석처럼 빛나는 봉화 불길," "엄청난 나무들, 어마어마한 숲의 전방위 보초들," "텅 빈 모래사장에 천둥처럼 부딪히는 한 줄기 하얀 파도", "차분한 한낮에 흩어져 있는 작은 녹색 섬들" 같은 시적이면서도 이국적인 표현들을 연이어 독자에게 쏟아 부으므로 '이국성'을 여행담처럼 맘껏 자랑한다. 또한 잡지 버전에서는 직접인용부호 속에 서사를 계속 묶어두므로 (이후의 단행본 버전과는 이 점이 다르다) 실제체험을 그대로 전달한다는 효과를 극대화했다("Karain: A Memory," 162권, 1897년 11월호: 630). 이어지는 기사들은 스코틀랜드의 역사를 다룬 4번, 프랑스 역사를 다룬 5번 등을 거쳐, 본격적인 여행기 「현대 아카디아」("A Modern Arcadia," 685~690)가 나오는데, 이 글은 멕시코를 소개한다. 그 다음 글은 역사 문건을 '발굴'하여 수록하고 있다. 아마도 과도하게 스코틀랜드 향토 역사에 치우쳤다고 느꼈던지 영국 전체의 역사와 관련된 꼭지를 하나 넣은 듯하다. 여덟 번째 글 「호랑이 폐하」("Tiger Majesty")는 중국

청나라 백성들의 무지와 무관심을 비아냥거리는 글이다. 말레이인 추장 카레인을 다룬 「카레인」과 나란히 '동아시아 지역학' 담론 구축에 동참하고 있는 글이다. 마지막 글 「교전 중 불복종」("Disobedience in Action," 711~719)은 군대의 규율 문제에 대한 군사전문가의 글이다. 총포 거래상들과 남성간의 의리 및 명예를 다루는 콘라드의 작품과 '남성적' 성향에 있어서 서로 통하는 기사라고 할 수 있다. 모든 면을 감안할 때 콘라드의 첫 『블랙우즈』 단편은 이 잡지를 염두에 두고 쓴 것은 아니지만 이 잡지에 제법 잘 어울리는 작품이라고 할만하다.

3. "'매거'의 영혼"

「카레인」 원고를 계약한 후, 블랙우드는 콘라드에게 편지를 보내서, "연재소설 형태의 원고를 혹시 갖고 계신 게 있는지요?"(1897년 8월 26일)라는, 듣기 만해도 설레게 하는 질문을 한다.[215] 콘라드는 이틀 뒤에, "사장님이 연재물 거리가 있냐고 문의하신 것이 참으로 진실된 기쁨을 주셨다는 인사를 하고 싶습니다—상업적인 동기에서는 아니고요"(1897년 8월 28일, 1: 376). "상업적인 동기에서는 아니"라는 단서를 부랴부랴 달기는 했지만 경제적 매력이 이 "진실된 기쁨"의 중요한 요소였다. 콘라드는 이에 『구출: 물 얕은 곳의 로맨스』(*Rescue: A Romance of the Shallows*)라는 또 다른 말레이 소설을 보낸다. 하지만 블랙우드는

215 윌리엄 블랙우드가 콘라드에게 보낸 편지의 출처는 William Blackburn ed., *Joseph Conrad: Letters to William Blackwood and David S. Meldrum* (Durham: Duke University Press, 1958) 5.

이 원고가 하인먼(Heinemann) 출판사에서 단행본으로 나오기로 했다는 얘기를 듣고 사양한다.[216] 자사 잡지에서 연재를 하고 다른 출판사에서 책으로 나오는 것을 반길 출판사는 없었기에 당연한 조처였다. 콘라드가 이러한 출판계의 상식을 모를 리 없었을 터, 이런 제의를 한 것은 그만큼 『블랙우즈』에 연재를 하고 싶은 마음이 간절했다는 반증이 된다. 그런 와중에서도 「카레인」 잡지 게재는 순조롭게 진행되었다. 윌리엄 블랙우드는 1897년 9월 3일에 콘라드에게 「카레인」 교정지를 보내면서 "당신의 빼어난 이야기 '카레인'의 교정지를 보낸다"고 칭찬하자,[217] 콘라드는 즉각 다음 날 답장을 하며,

> 제 이야기에 대해 "빼어난"이란 단어를 사용해주셔 감사합니다. 사장님이 공감하시는 안목이 제가 완성한 작업의 불완전함을 아랑곳하지 않으시고 작가의 목표—달성하기 어려운 목표—를 감지하고 계심을 아는 것이 위안이 됩니다. 저는 (필요하다면) 수정에 관한 '매거'의 너그러움에 눈치 보지 않고 편승할까 합니다. 수정할 거리는 별로 없을 것이라고 생각합니다만(1897년 9월 4일, 1: 379).

이라고 했다. 이렇듯 콘라드는 블랙우드에게 극히 호의적이고 고마워하는 태도를 보였는데, 문학장에서 두 사람이 차지한 위치를 감안하면 당연히 그럴 만하다. 그런데, 콘라드는 "상업적인 동기"와는 별개로 이 잡지의 토리주의에 진정으로 공감하고 있었는가? 이러한 질문을 이 단계에서 던질 수 있다. 앞서 살펴보았듯이 콘라드의 첫 단편이 나간 『코즈모폴리스』는 국제주의적이며 상대적으로 진보적인 색채를

216 Blackburn ed., *Joseph Conrad: Letters to William Blackwood and David S. Meldrum* 12~13.
217 Blackburn ed., *Joseph Conrad: Letters to William Blackwood and David S. Meldrum* 7.

띤 잡지였다. 거기에 실린 「진보의 전초기지」 또한 아프리카 오지에서 스스로 무너지는 서구문명의 대리인들을 그리고 있으니 비록 이들이 영국인은 아니라고 해도 잠재적으로 제국주의를 비판하는 메시지를 담고 있다. 그렇다면 『코즈모폴리스』에서 『블랙우즈』로 지면을 옮기는 것이 마치 매리언 에번스가 진보적이고 국제주의적인 『웨스트민스터 리뷰』에서 국수주의적이고 보수적인 『블랙우즈』가 '만들어낸' 작가 조지 엘리엇으로 변신한 것과 유사한 모습인가? 콘라드는 블랙우드에게 말하기를, "원칙들이 흐물흐물해지는 이 시대에 '매거'의 영혼은 변하지 않습니다. 그것은 잡지의 매 페이지에 담겨있고 전혀 타협을 하지 않습니다. 이것은 대단한 일입니다! 참으로 그것이 가장 중요한 것이지요"(1897년 10월 29일, 1: 402)라고 했다. 물론 자신의 첫 단편이 곧 이 잡지에 실리기 직전의 편지이기에 전략적인 '아부'성 수사로 이 편지글을 해석할 수 있다. 그러나 이렇듯 "'매거'의 영혼"을 적극 찬미하는 것은 조지 엘리엇이라면 하지 않았을 일이다. 또한 연애, 결혼과 성의 어두운 구석을 즐겨 파헤치며 "원칙들이 흐물흐물해지는" 시대를 앞장서서 선도한 하디라면 더욱 더 아무리 『블랙우즈』에 실리고 싶은 마음이 간절해도 하지 않았을 발언이다. 콘라드의 '심성'과 성향, 이념, 그의 영혼이 "'매거'의 영혼"과 교감하는 부분이 없지 않았다면 그 자리에서 바로 쓰는 편지글에서 이런 발언이 나오기 어려웠을 것이다. 심지어 1899년 2월에 블랙우드에게 보낸 편지에서는, 자신이 "'왕보다 더 왕당파'입니다—'매거'보다 더 보수적이지요"(1899년 2월 8일, 2: 162)라고 농담 비슷하게 선언하고 있다. 물론 발언의 맥락은 잡지의 활자체가 바뀐 것에 대해 이전 서체가 더 좋았다는 비정치적인 논제에 대한 말이긴 하지만, 별 대수롭지 않은 일을 두고도 정치적 용어를 굳이 사용하고 있다는 점은 주목할 만하다.

그러나 『블랙우즈』에 실린 콘라드의 실제 작품을 보면 콘라드의 '보수주의'는 이 잡지가 통상적으로 지지하는 디스랠리식 대중적 제국주의와 전적으로 동일시할 수 없는 것임을 부인할 수 없다. 블랙우드와 서신으로 교류하고 '비즈니스' 관계를 맺고 있는 콘라드와는 달리, "달성하기 어려운" 작가적인인 "목표"에 도달하려고 "이게 맞는가? – 이게 진실인가? – 내가 그렇게 느끼는가? – 내가 내 감성을 잘 표현하고 있는가?"라는 질문을 "문장을 쓸 때마다 [……] 스스로에게 던"지며, "단어 하나마다 진땀을 흘리"는 이 진지한 예술가가 지은 소설들은 『블랙우즈』의 지면에 등장했지만, 작품이 실린 해당 페이지마다 모조리 "'메거'의 영혼"이 "담겨있"다고는 할 수 없다.

『블랙우즈』에 실린 그의 두 번째 작품은, 그리고 애초에 이 잡지를 염두에 두고 쓴 첫 작품은 「청춘: 어떤 이야기」("Youth: A Narrative")이다. 이 이야기의 원고를 블랙우드에 보내며, 콘라드는 제법 자신만만하게, "「청춘」을 좋아하시리라고 믿습니다. 이 작품의 유일한 미덕은 실제 삶의 한 단면이라는 것이지요"(1898년 6월 11일, 2: 67)라고 했다. 예상대로 블랙우드는 「청춘」을 별 문제없이 받아주었고, 그 해 9월 호 첫 번째 꼭지에 이 단편을 배치했다. 이 호에 실린 글들은 다음과 같다.

[1] 청춘: 어떤 이야기. 조셉 콘라드 지음.
[2] 회사와 개인
[3] 스페인인의 가정생활. 해너 린치 지음.
[4] 우정에 대하여. I. A. 테일러 지음.
[5] 잊혀진 한 사람. 도라 시거슨 쇼터 지음.
[6] 오크니 공략
[7] 루이스-울리크, 스웨덴의 왕비. F. M. F. 스킨 지음.

[8] 신세를 지다. 시드니 C. 그리어
[9] 그륀반트의 거대한 고라니
[10] 라 베르나 순례길. 참사위원 론슬리
[11] 오래된 노래의 끝: 쿠바 총독의 고백록
[12] 구경꾼들(164권, 1898년 9월호: 목차)

첫 번째 자리를 차지한 콘라드의 이야기에서 『어둠의 심연』의 서술자 말로(Marlow)가 처음으로 등장한다. 말로는 이 잡지에서 연재된 중편 『어둠의 심연』과 장편 『로드 짐』(*Lord Jim*)의 서술자 역할을 맡은 후 콘라드 작품세계에서 사라진다. 말로는 말하자면 『블랙우즈』가 만들어낸 소설적 장치이자 이 잡지 독자들에게 콘라드를 대변하는, 본인이 되고 싶은 영국인의 모델이라고 할 수 있다.**218** 이 작품에 대한 자세한 분석에 들어가지 않고도 일단 이 작품은 '실패한 항해'를 다루고 있고 그 책임이 영국인 선장에게 있다는 점 하나만으로도 제국의 대리인으로서 '믿음직한 영국인'이라는 상투적인 생각을 뒤흔들기에 충분하다. 런던에서 출항해서 뉴카슬에서 석탄을 싣고 '동양'으로 가는 "주디어"(Judea)호는 폭풍과 화재에 시달리다 급기야 배가 폭파하고 만다. 구명보트에 몸을 실은 채 선원들은 가라앉는 배를 무기력하게 바라본다. 그리고는 보트의 노를 저어 드디어 '동양'의 항구에 도착한다. 바로 이어지는 기사 「회사와 개인」은 앞서 2장에서 소개한 대로, 프랑스인이나 독일인들은 외국에서 만나면 서로 담합하지만, 영국인들은 "남의 도움을 필요로 하지 않는" 능력 있고 합리적인 개인주의자라고 주장한다(164권, 1898년 9월호: 335). 이러한 주장을 무능력한 선장을 다룬 콘라

218 Batchelor, *The Life of Joseph Conrad: A Critical Biography* 34.

드의 이야기는 암묵적으로 부인하고 있다.

그러나 동시에 이 작품이 『블랙우즈』의 1898년 9월호의 첫 번째 꼭지에 올 만한 요소도 쉽게 찾을 수 있다. 「청춘」은 말로의 '청춘' 시절에 종지부를 찍은 첫 항해를 다루고 있는데, 이야기 중간에서 이 불운한 항해의 조건들에 용감히 맞선 리버풀에서 훈련받은 영국 선원들의 꿋꿋한 '영국적 정신'을 예찬한다.

> 이들에게 뭔가 있었던 거라네, 뭔가 타고난 것, 또한 섬세하면서도 영속적인 것. 뭐 프랑스인이나 독일인 상선의 선원들은 그렇게 하지 않았으리라고 단언하지는 않겠지만, 일을 수행하는 방식은 그렇지 않았을 것이라고 생각해. 뭔가 철두철미한 데가 있거든, 어떤 원칙 같이 견고한 것, 그리고 본능처럼 능숙한 것, 뭔가 은밀한 것을 드러내주는, 숨겨진 그 어떤 것이랄까, 사회적인 차이를 만들어내는 타고난 선 또는 악, 그것이 민족들의 운명도 결정짓는 법이지.[219]

『블랙우즈』의 편집인이나 독자로서는 '옳소!'로 화답할 그런 발언이 아닐 수 없다. 프랑스인이나 독일인은 집단에 의지하며 자율적으로 일을 처리하지 못하지만, 영국인은 노동계층에 속하는 선원들이라고 해도 "뭔가 철두철미한 데가 있"고 "어떤 원칙 같이 견고한 것, 그리고 본능처럼 능숙한 것"을 타고 났기에 이것이 "사회적인 차이를 만들어내"며 무엇보다도 "민족들의 운명도 결정짓는"다는 말로의 발언은 토리당 전당대회 연설문으로도 손색이 없을 정도이다. 반대로 열등한 인종인 흑백 혼혈 요리사 에이브러햄(Abraham)은 배가 위기에 처하자

219 Joseph Conrad, "Youth," Cedric Watts ed., *Heart of Darkness and Other Tales* (Oxford: Oxford University Press, 1990) 118~119.

"노새처럼, 멍청하게 [……] 마구간이 지진에 무너지는 데도 떠나지 않으려는 짐승처럼" 버티다가 정신이 돌아버린다.[220] 이러한 대목은 우리가 2장에서 살펴본 전형적인 『블랙우즈』의 '민족학'에 맞춰져 있다. "'매거'의 영혼"이 작품의 이 지점에는 흠뻑 담겨있다고 할 만하다. 이 잡지 호의 이어지는 기사들 중 외국과 관련된 것들은 어떤 식으로건 영국인과 외국인을 비교하게 만든다. 세 번째 기사는 스페인 귀족들의 삶을 소개하고 있는데 호의적인 편이지만 아무튼 '이상한' 구석도 들춰낸다. 일곱 번째는 스웨덴 왕비에 대한 책을 서평하고 있는데, 기사를 읽는 독자는 합리적이고 별 문제가 없는 영국왕실과 외국의 왕실을 자연스럽게 비교하게 된다. 여덟 번째는 영국인과 인도인간의 교류를 다루고 있으나 이 교류는 영국인의 근본적인 우월성을 전제로 한 것이다. 아홉 번째 기사는 노르웨이 사냥꾼 이야기이고 이어지는 기사들은 이탈리아와 쿠바를 다루고 있다.[221] 이처럼 세계 곳곳을 망라한 이 잡지 호를 선두에서 이끄는 콘라드의 「청춘」은 영국인의 우월성을 말로의 입을 통해 예찬하고 있다. 이런 점에서 보면 「청춘」은 올바른 '민족의식'을 갖춘 말로가 청춘을 정리한 후 장년기로 진입한 후에 믿음직한 선장 노릇을 할 것임을 암시하는 이야기이기도 하다.[222]

그러나 콘라드의 「청춘」을 『블랙우즈』 잡지에서 떼어놓고 그 자체로만 본다면, 이 잡지의 이념과 맞지 않는 요소들도 분명히 있다. 이미

220 Conrad, "Youth" 103

221 이 호의 그밖에 글들을 소개하자면, 마지막 기사는 시사만평이고, 4번째 글 「우정에 대하여」는 제목에 있는 주제에 대한 에세이, 이어지는 「잊혀진 한 사람」은 서정시, 여섯 번째 「오크니 공략」은 스코틀랜드 북부 오크니 섬 여행기이다.

222 Todd G. Willy 같은 평자들은 이 작품의 국수주의와 제국주의적 색채를 강조한다. Todd G. Willy, "The Call to Imperialism in Conrad's 'Youth': An Historical Reconstruction," *Journal of Modern Literature* 8 (1980): 49~50.

지적한대로 실패한 항해라는 설정뿐만 아니라, 이야기 전체를 흐르는 회고와 회상의 무드도 문제이다. 이 작품의 마지막에 나오는 표현인 "환상의 로맨스"[223]가 사라져 버린, '청춘'이 지나가 버린 말로는 같은 처지인 중년 친구들을 청중으로 삼아 회상하고 있다. 개인적으로 '청춘'을 한참 뒤에 두고 떠나왔을 뿐더러, 산업화된 영국의 생산물인 석탄을 싣고 동양으로 나아간다는 제국의 환상이 깨지는 이 이야기에 잠재되어 있는 환멸의 정서는 『블랙우즈』에 실린 콘라드의 세 번째 작품 『어둠의 심연』에서는 전면에 돌출된다. 작가는 「청춘」으로 본인이나 잡지 쪽이나 재미를 본 1898년 연말에 또 다른 원고를 블랙우드에게 제안하며, 이번에는 "아프리카에서의 문명화 작업을 할 때 개입하는 비효율성과 철저한 이기심의 범죄성"이 주제라고 설명했다(1898년 12월 31일, 2: 139~140). 말레이를 배경으로 한 작품이나 동양으로의 항해 체험이 아니라 아프리카를 다룰 뿐더러 "문명화 작업"을 하는 서구인들의 "범죄성"을 고발한다는 이 작품은 실험적이고 코즈모폴리턴적이고 진보적인 잡지 『코즈모폴리스』에 실렸던 「진보의 전초기지」의 주제로 다시 돌아간 셈이다. 『어둠의 심연』의 배경이 되는 콩고의 상아 채취는 마침 『블랙우즈』 1899년 1월호에서 기사로 다룬 문제이다. 「아프리카 코끼리의 보존. 알프레드 샵 지음」("The Preservation of African Elephants. By Alfred Sharpe")이란 기사에서 저자는 아프리카 코끼리가 멸종의 위기에 처한 것이 주로 아프리카인 본인들의 책임이라며 서구인들의 "범죄성"은 눈감아준다.

사실이 어떠하냐 하면, 이 대륙 전역에 걸쳐 아프리카 토착인들은 총포

223 Conrad, "Youth" 132.

가 이 지역에 도입된 이후로 유럽 시장에서의 상아의 가치가 높다는 사실에 고무되어 코끼리를 어디에서건 보이는 대로 크기나 성별을 감안하지 않고 사살하기 시작한 것이다. 또한 온갖 종류의 상아가 값나가는 무역상품으로 팔리는 한, 코끼리들은 무차별적으로 계속 죽임을 당할 것이고 결국엔 아프리카의 여러 곳에서 완전히 멸종될 것이다(165권, 1899년 1월호: 89).

이 글만 읽어보면 기본적으로 유럽인들은 단순한 '소비자'로서만 책임이 있지 아프리카인들의 '탐욕'이 코끼리의 무차별적인 사살의 원인이라는 생각을 『블랙우즈』의 독자들이 하게 될 것이다. 그런데 바로 다음 달 2월호, 이 잡지의 1,000번째 기념호 네 번째 꼭지에서 연재 첫 호 자리를 얻은 콘라드의 『어둠의 심연』은 4월호까지 이어지면서 이 잡지 독자들에게 사안이 이처럼 단순하지 않음을 생생하게 느끼게 해주었다. 이 중편은 상아를 무차별적으로 채취하는 콩고강 지역으로 배를 타고 가며 "문명화 작업"의 남루하고 범죄적인 실상을 발견할 뿐 아니라, 코끼리를 죽여 상아를 잘라 오는 아프리카인들 우두머리는 유럽인 커츠(Kurtz)임을 분명히 한다. 게다가 커츠는 악마적인 인간 살육에도 관여하고 있음을 시사한다. 커츠가 영국인이 아니고 그가 소속해 있는 무역회사가 영국회사가 아니기에 영국인 독자들은 이 연재를 편한 마음으로 읽었을까? 그럴 수도 있지만 작품의 복잡하고도 진지한 문장들은 '비도덕적인 유럽인'을 비판하자는 단순한 국수주의적 구도와는 지속적으로 마찰을 일으킨다. 그럼에도 다소 뜻밖에도 이 작품은 이 잡지의 특별호에 포함되었다. 이 호에 들어간 글들은 다음과 같다.

[1] 우리의 조상들. 앤드류 랭 지음.

[2] 녹티스 암브로지아나이, 제 72편.

[3] 매거: 빼어난 새 노래.—망명객들에게, 닐 먼로 지음.—북서 캐나다. 모이러 오닐 지음

[4] 어둠의 심연. 조셉 콘라드 지음.

[5] 웨스트민스터에서의 70년, 제 2편. 하원의원 존 R. 몽브레이 경 지음.

[6] 신 기번에서

[7] 마호메트교도의 딸: 실제 삶 연구. 휴 클리퍼드 지음.

[8] 부캐넌의 수염 밑으로

[9] 광산의 로맨스: 캘리포니아의 금 발견

[10] 성취의 선물. 베어트리스 해러던 지음.

[11] 탄테 롯체

[12] 자메이카: 하나의 인상. 하원 의원 이언 맬컴 지음.

[13] 옹호하는 생일 편지. 에드워드 A. 어빙 지음.

[14] 복숭아 나무의 마돈나. 모리스 휴렛 지음.

[15] 아노 도미니

[16] 한 아이의 자서전. 제20에서 23장

[17] 살라망카에서 보낸 편지. 육군 중장 헨리 브래큰버리 경 지음.

[18] 라코스트 상병의 검. 버나드 케입스 지음.

[19] 부랑자 시인. 찰스 위블리 지음.

[20] 아우터 헤브리디즈 섬에서 새 사냥하기. 길프릿 W. 하틀리 지음.

[21] 구경꾼 ... 427

'매거'의 천호—마다가스카르 보고서의 교훈—러시아가 제의한 평화안—주교들과 그들의 너무나 사제 같은 사제들—렉키 씨의 글래드스턴과 뵘 이야기에 대한 평

[21] 동방 정책에 대한 논평

[22] 국가의 기관과 대중적 요구들 (165권, 1899년 2월호: 목차)

목차를 검토하며 첫 번째로 받는 인상은 제 천호를 기념하여 '두배 특집호'(double number)로 두툼하게 찍은 1899년 2월호『블랙우즈』의 컨텐츠들의 풍성함이다. 이 잡지의 이제껏 모습과는 사뭇 대조적으로 엄청나게 많은 기사들의 목록은 1817년 창간호의 27개 꼭지를 연상시킨다. 이렇듯 풍성하게 넘쳐나는 글들 사이로 콘라드의 으스스한 아프리카 오지 이야기가 슬쩍 끼어들어가도 별로 눈에 띠지 않는다. 또한 이 많은 글들의 일관된 성격이나 색채를 규명하는 것도 무리일 수 있다. 그렇긴 해도 대체로 두 가지 부류로 이 기사들을 분류할 수 있다. 하나는 '매거'의 보수적인 전통을 기념하고 확인하는 글들이고 다른 하나는 '세계'의 다양한 문제들을 다루는 글들로, 이 둘은 앞의 1장과 2장에서 살펴보았듯이 이 잡지가 1,000호에 이르기까지 이제껏 만들어내고 지탱하는 담론의 두 축이었다. 처음 세 기사는 첫 번째 범주에 해당된다.「우리의 조상들」("Our Fathers"),「녹티스 암브로지아나이」("Noctes Ambrosianae"), 짧은 글들을 모아놓은「매거: 빼어난 새 노래」("Maga: An Excellent New Song") 등은 영국의 전통과 이 잡지의 전통을 산문과 운문을 동원해서 다양한 형태로 치하한다. 예를 들어「녹티스 암브로지아나이」는 앞서 1장에서 검토한 1832년 4월호에서 연재되던 시사만평 코너였다.[224] 대체로 '서론' 격에 해당되는 이 글들

224 그밖에 보수당의 입장을 반영한 국내정치 관련 기사들은, 원로 정치인의 회고록「웨스트민스터에서의 70년」("Seventy Years at Westminster"), 이어지는「신 기번에서」("From the New Gibbon"),「아노 도미니」("Anno Domini"),「살라망카에서 보낸 편지」("A Letter from Salamanca"),「구경꾼」("The Looker-On") 중「주교들과 그들의 너무나 사제 같은 사제들」("The Bishops and their Too Priestly Priests"),「렉키씨 의 글래드스턴과 뵘 이야

바로 다음에 콘라드의 작품이 배치되었다. 말하자면 '본론'에 해당되는 부분을 리드하고 있는 셈이니 이제껏 신인이자 이름도 이국적인 이 작가로서는 영광이 아닐 수 없다. 「어둠의 심연」은 적어도 외형적으로 이 특집호의 '세계' 쪽 기사들과 별 무리 없이 어울린다. 전 세계에 펼쳐진 '제국'과 어떤 식으로건 관련되는 콩고 등 '오지'에 대한 관심과 우려가 이 당시 이 잡지의 주된 기조였음을 나머지 기사들이 뚜렷한 목소리로 증언한다. 콘라드가 문학장에 명함을 내미는 밑천이었던 '말레이'에 대한 관심을 충족시키는 글들이 당장 눈에 띈다. 일곱 번째 자리에 들어간 연재소설 「마호메트교도의 딸: 실제 삶 연구. 휴 클리퍼드 지음」("A Daughter of the Muhammadans: A Study from the Life. By Hugh Clifford")은 말레이를 배경으로 백인 남성과 현지인 여성의 관계를 다루고 있다. 잡지의 생일을 축하하는 「옹호하는 생일 편지」("A Birthday Letter of Apology")는 기념사에 해당되는 기사이지만, 이 공개서한은 말레이에 거주하고 있는 에드워드 어빙(Edward A. Irving)이 보낸 것이다. 그밖에 자메이카 여행기 「자메이카: 하나의 인상. 하원 의원 이언 맬컴 지음」("Jamaica: An Impression. By Ian Malcolm, M.P.")도 이 잡지가 바라보는 세계의 영역을 넓히는 데 일조한다. 그밖에 일군의 기사들은 영국과

기에 대한 평」("Mr Lecky on Mr Gladstone: and the Boehm Story"), 「국가의 기관과 대중적 요구들」("National Institutions and Popular Demands")이다. 나머지 글들을 분류하면 다음과 같다. 첫째, 콘라드의 작품 외에 소설은, 「마호메트교도의 딸」(A Daughter of the Muhammadans), 「성취의 선물」("The Gift of Fulfilment"), 「복숭아 나무의 마돈나」("Madonna of the Peach-Tree"), 「한 아이의 자서전」("Autobiography of a Child")으로, 「어둠의 심연」까지 합치면 무려 다섯 편이나 된다. 그 다음으로는 문학비평이 두 편 실렸다. 「부캐넌의 수염 밑으로」("Under the Beard of Buchanan")는 1898년 출간된 문학 작품들에 대한 서평이고 「부랑자 시인」("A Vagabond Poet")은 프랑스 시인 아르뛰르 랭보(Arthur Rimbaud)에 대한 논평이다. 마지막으로, 「아우터 헤브리디즈 섬에서 새 사냥하기」("Wildfowl-Shooting in the Outer Hebrides")는 제목이 밝힌 대로 사냥 경험을 다룬 부담없는 내용이다.

경쟁관계에 있는 국가들과 관련된 것들이다. 영국의 옛 주적이었던 프랑스의 나폴레옹과의 전쟁을 다룬 역사소설 「라코스트 상병의 검, 버나드 케입스 지음」(“The Sword of Corporal Lacoste. By Bernard Capes”), 17세기에 영국과 전쟁을 벌였던 네덜란드가 배경인 「탄테 롯체」(“Tante Lotje”), 중앙아시아에서 영국을 위협하던 러시아에 대한 영국의 대외정책을 다룬 「동방 정책에 대한 논평」(“A Note on Eastern Policy”), 태평양과 중남미에서 세력을 급속히 넓혀가던 신흥 강국 미국의 경제사가 소개된 「광산의 로맨스: 캘리포니아의 금 발견」(“Romance of the Mines: Californian Gold Discoveries”) 등이 여기에 해당된다. 콘라드의 작품은 소설이긴 하지만 대개 남녀관계가 플롯의 중심을 이루는 다른 소설들과는 달리 곧장 사업과 항해 이야기로 들어간다는 점에서, 또한 다루는 지역이 유럽과는 정반대되는 환경이라는 점에서, 이와 같이 ‘세계’의 정세와 현황을 조망하는 기사들과 잘 어울린다. 이들 사이에서 『어둠의 심연』을 읽을 때 이 이야기는 ‘서구 제국주의’ 그 자체를 비판한다기보다는, 다른 유럽인들이 아프리카에서 식민지를 제대로 개척하거나 경영하지 못하는 모습을 들춰내고 그렇게 하므로 암묵적으로 대영제국의 우월함을 반증하는 담론에 동참하고 있다. 예를 들어, 아프리카 해안에 다가가자 프랑스 해군이 원주민과 “전쟁”을 한다며, 배를 연안에 댄 채 “텅 빈 땅과 하늘 그리고 물밖에 없는 광대한 공간에서 영문 모를 존재가 대륙을 향해 포격”하는 모습이 “광기의 조짐”을 느끼게 하는 “서글픈 광대극” 같았다고 말로는 말한다.[225] 배를 육지에 댄 후 곧이어 말로는 노예처럼 쇠사슬에 묶인 원주민들과 마주친다.

---

225 조지프 콘래드 지음, 이석구 옮김, 『어둠의 심연』 (을유문화사, 2008) 31~32.

검은 누더기가 그들의 허리를 휘감고 있었고, 허리 뒤쪽으로 묶인 누더기의 짧은 매듭 부분이 꼬리처럼 이리저리 움직였네. 나는 그들의 갈비뼈란 갈비뼈는 모두 볼 수 있었는데, 그들의 사지 관절은 꼭 로프의 매듭 같았고, 그들의 목엔 모두 쇠 차꼬가 채워져 있었네. 차꼬는 쇠사슬로 연결되어 있어 사슬고리들이 늘어져서 리드미컬하게 짤랑거리고 있었던 것이었지. 벼랑으로부터 또 다른 폭발음을 들었을 때, 문득 대륙을 향해 포격을 가하고 있던 군함을 떠올렸네. 그것은 같은 종류의 불길한 소리였지만, 흑인들은 아무리 억지를 부려도 적이라곤 할 수 없었네. 그들은 범죄자로 불렸는데, 격노한 법률이, 바다에서 온 도저히 풀 수 없는 미스터리가, 포탄이 폭발하듯 그들을 덮쳤던 것일세. 그들의 앙상한 가슴들이 함께 헐떡였고, 몹시 벌어진 콧구멍들은 가쁜 숨으로 떨었지만, 시선은 돌같이 무표정하게 언덕 위를 향했네.[226]

이 대목을 읽으며 대영제국의 능력과 사명을 믿어 의심치 않는 『블랙우즈』 독자들은 흔쾌히 고개를 끄덕거리며 프랑스나 벨기에, 즉 '남의 나라'의 어설픈 식민지 경영을 비판하는 대목으로만 받아들였을 것이다. 물론 앞서 2장에서 소개한 「새 기번에서」나 「국가의 기관과 대중적 요구들」을 읽으며 제국을 이끌어갈 영국인들의 역량이 약화되지 않을까 우려할 수는 있었겠으나, 유럽 대륙 출신 커츠나 기타 인물들이 아프리카에서 하고 있는 못나고 사악한 짓들 이야기를 읽으며 '우리는 그들과는 다르다'라며 스스로를 위안했을 법하다.

이렇듯 『블랙우즈』 1,000호 기념호 네 번째 글 「어둠의 심연, 조세프 콘라드 지음」은 이 저명한 잡지의 특정 역사적, 사회적, 문화적 좌표를 공유한다. 물론 이후 『어둠의 심연』은 『블랙우즈』 지면으로부터 벗어

---

226 콘래드, 『어둠의 심연』 35.

나서 독자적인 명성을 얻었고 오늘날 『어둠의 심연』은 영문학 정전의 확고한 자리에 올라가 있는 작품 중 하나이다. 영어권은 물론 전 세계 영문과 강의실에서 이 작품을 읽는 학생들은 수 없이 많다. 반면에 이 중편이 태어난 『블랙우즈』에 대해서는 '이름만' 잠시 들어봤거나 그나마 아예 언급조차 되지 않는 경우도 태반일 것이다. 문학 교육은 교육 현장의 필요에 맞춰 다양하고 신축적인 형태를 띨 수밖에 없다. 그러나 문학 연구는 작품의 '가치'에 대한 해석 이전에 작품 생산의 역사적 사실들을 규명해야 하고 또한 그것이 기반이 되어야 할 것이다. 『블랙우즈』의 천호 기념호에 폴란드 출신 조셉 콘라드의 「어둠의 심연("The Heart of Darkness")을 '끼워준' 것은 메리언 에번스가 "조지 엘리엇, '성직생활 소묘'의 작가"로 이 잡지를 통해 하루아침에 변신한 것 못지 않게 문학장의 '필연적인 우연'을 생생하게 예시한다. 원고의 창작자를 문학장에 자리 잡은 '작가'로 '창작하는' 이러한 문학장의 역사는, 앞서 「프롤로그」에서 언급한 노튼이나 베드포드 판본이 동원하는 온갖 정전화의 장치들로 겹겹이 둘러싸인 『어둠의 심연』(*Heart of Darkenss*)은 지워버리고자 한다. 그러한 작품 및 작가 생산의 역사를 재구성하는 일이 '위기에 처한' 인문학에 보다 확고한 터전과 방법을 제공하는 데 기여하는 바가 전혀 없지는 않을 것이다.

이제 오랜 세월 묵은 먼지들을 털고 펼쳐보았던 『블랙우즈 에든버러 매거진』 영인본들을 덮어 다시 서가에 꽂을 순간이 왔다. 그러나 손을 놓기 전에 상기해도 좋을 몇 가지 사실들이 남아있다.

『블랙우즈』의 천 호 기념호인 1899년 2월호에서 4월까지 중편 『어둠의 심연』 연재가 실린 것으로 콘라드와 이 잡지의 인연이 끝난 것은 아니었다. 애초에 중편 규모로 구상했던 『로드 짐: 하나의 소묘』(*Lord Jim: A Sketch*)가 장편으로 늘어났고 그 상태 그대로 그 해 10월부터 세기가 바뀐 1900년 11월까지 13회 걸쳐 『블랙우즈』에 연재되었다. 드디어 『블랙우즈』에 장편소설을 연재하는 '쾌거'를 이룬 것이다.[227] 연재가 시작되던 호에는 윌리엄 월러스(E. Williamson Wallace)의 아랍을 배경으로 한 연재소설 『베두인 복수』(*A Bedouin's Vengeance*) 마지막 회가

227 조건은 "잡지연재 1,000단어 당 5파운드 원고료에 단행본의 20%"였다. Karl and Davies ed. *The Collected Letters of Joseph Conrad* 2: 190. 콘라드는 연재가 10월에 시작되기 전에 선금으로 8월에 50파운드를 잡지 쪽에서 미리 받았다. Karl and Davies ed. *The Collected Letters of Joseph Conrad* 2: 193.

실렸다(166권, 1899년 10월호: 519~530). 콘라드의 『로드 짐: 하나의 소묘』는 10월 호에 첫 자리를 차지했다(441~459). 이후 세기가 바뀌는 국면에서 주로 네 번째 꼭지에서 이 잡지의 주요 연재소설 역할을 이어갔다(마지막 연재는 168권, 1900년 11월호, 688~710).

그 다음 해 1901년 1월, '해가 지지 않는' 대영제국의 상징 빅토리아 여왕이 죽는다. 이 노파 군주의 죽음과 함께 영국의 전성기도 저물기 시작한다. 또한 콘라드와 블랙우드의 '밀월'에도 금이 가기 시작했다. 『로드 짐』 연재를 하며 콘라드는 출판사에 계속 무리한 인세 선금을 요구했다. 출판사로서는 '주판알'을 튀기지 않을 수 없었다. 그를 처음에 블랙우드에게 소개한 멜드럼조차도 블랙우드에게 편지를 쓰며 콘라드한테 "곱배기로 너그럽게 구는 것"은 위험하리라고 충고할 정도였다.[228] 1902년에 「청춘」 등 『블랙우즈』에 실린 중단편 단행본이 나간 후 콘라드와 블랙우드 출판사 및 잡지의 관계는 점차 소원해졌다. 콘라드가 이 잡지와 인연을 맺던 해인 1897년에 마가렛 올리펀트가 죽자 즉시 이 해 7월호에 애도 기사가 실렸다. 이 잡지는 올리펀트가 "'매거'에 대해 진실된 자부심을 갖았던 정도는 그 어떤 선원의 자기 배에 대한 자부심보다도 더 컸다"고 회고하며, "우리의 문학사에서 출판사와 저자 간에 이보다 더 훈훈한 우정의 예는 드물 것"이라고 아쉬워했다(「올리펀트 부인」["Mrs Oliphant"], 162권, 1897년 7월호: 164). 빅토리아 여왕의 죽음이 제국의 전성시대가 저물기 시작했음을 상징하

---

228 멜드럼이 블랙우드에게 보낸 1899년 8월 16일자 편지. Blackburn ed., *Joseph Conrad: Letters to William Blackwood and David S. Meldrum* 61. 그는 『블랙우즈』에 새로운 연재를 제안하며 "한 5000단어 치를 보내주면 50파운드 선금을 블랙우드씨가 줄" 것 같은지 멜드럼에게 문의했다(1902년 1월 7일, 2: 369). 이어지는 논의 과정에서 콘라드는 1천 단어 당 4파운드를 요구했으나 출판사는 이를 거절했다(Karl and Davies ed. *The Collected Letters of Joseph Conrad* 2: 379 n.3).

듯, 올리펀트 같은 전형적인 '잡지 연재소설 작가'가 죽고 세기가 바뀌면서 잡지와 작가 사이의 "훈훈한 우정"의 시대 또한 저물기 시작했다. 저작권 수입에 민감해진 작가들은 출판사와 저자를 연결하며 작가의 저작권 창출 중개업자인 '에이전트'들에 의지하게 되었고(콘라드의 경우 J. B. 핑커[Pinker]),[229] 잡지 편집자의 권한과 영향력은 현저히 줄어들기 시작했다.

산업화와 도시화가 가속화 되고 『블랙우즈』가 수호하던 보수적인 가치들이 점차 수세에 몰리는 '대중의 시대'로 접어들며 이 잡지도 변화를 택하지 않을 수 없게 된다. 중요한 전기 중 하나는 잡지가 아닌 일간지 『더 타임즈』가 주말 특별호에 '문학부록'(Literary Supplement)을 끼워 넣어 1902년 1월 17일부터 출간하기 시작한 것이다. 오늘날까지 이어지는 『타임즈 문학 부록』(*The Times Literary Supplement*)은 타블로이드판 크기에 문학, 과학, 예술, 드라마, 음악 등의 섹션을 나누고, 출판 및 문화계 리뷰를 풍성하게 담았다. 이 새로운 유형의 '서평'지는 18세기부터 내려온 영국의 고급 정기간행물 전통을 계승하며 동시에 재창조하는 강력한 구심점이 되었다.[230] 이 서평전문 주간신문을 위시한 새로운 도전자들의 압력에 직면해서, 창립 이래로 한결같이 지켜오던 『블랙우즈』의 명패 "블랙우즈 에든버러 매거진"에서 "에든버러"를 빼고 『블랙우즈 매거진』으로 1906년에 잡지명을 바꿨다. 그로부터 6년 후, 블랙우드 출판사 설립자의 손자 윌리엄 블랙우드가 세상을 떠났

229 Knowles and Moore ed., *Oxford Reader's Companion to Conrad* 313~315; Finkelstein, "Decent Company: Conrad, *Blackwood's*, and the Literary Marketplace" 32, 42.

230 *The Times Literary Supplement*, the first issue (Jan. 17, 1902). 잡지 제목의 "문학"(literary)은 좁은 의미의 문학만이 아니라 역사와 정치 등을 포괄한 '인문사회' 서적 전체를 지칭했다. 첫 호에는 서평은 9개가 있는데, 이 중에서 좁은 의미의 '문학'이나 문인을 다룬 글은 5개이고 나머지는 역사와 시사 쪽 서적 서평이다.

다.[231] 블랙우드가 죽은 1912년은 '타이타닉 호'가 침몰한 해이기도 하다. 타이타닉은 콘라드와도 인연이 있다. 미국으로 가는 중이던 많은 사람들과 함께 미국인 존 퀸(John Quinn)이 구입한 콘라드의 「카레인」 원고도 함께 수장되고 말았다.[232] 이 원고를 『블랙우즈』에 실어준 출판사 사주 겸 편집인과 원고가 함께 같은 해에 이 세상에서 사라진 것이다. 『블랙우즈』는 타이타닉처럼 완전히 침몰되지는 않았으나 판매부수는 예전 같지 않았다. 1860년 6월에서 1870년 7월까지 잡지의 총 판매부수가 763,299였던 반면 1910년 6월부터 1915년 7월 사이 총 판매부수는 362,658로 반 이하로 줄어들었다.[233]

윌리엄 블랙우드의 부친 존 블랙우드가 밀어주었던 작가 조지 엘리엇은 이미 1880년에 세상을 떠났으나, 그녀의 명성과 권위는 계속 이어졌다. 앞서 3장에서 살펴본 대로, 1888년에 출간된 레슬리 스티븐이 편집한 『국가 인명사전』 13권에 스티븐 본인이 그녀에 대한 긴 기사를 쓴 것이 확고한 증거이다. 또한 그녀가 매리언 에번스 시절 활동했던 『웨스트민스터 리뷰』에서도 1905년 3월호와 4월호 2회에 걸쳐 「조지 엘리엇의 문학적 위상」("George Eliot's Place in Literature")이라는 평론이 실렸다. 이 잡지는 이제 더 이상 계간지가 아니라 월간지로 변해 있었으나, 계간지 시절의 '학구성' 내지는 '현학성'은 나름대로 유지하고 있었다. 이 글을 쓴 윌리엄 시볼드(William Sibbald)는, 『블랙우즈』의 지면에 연재되므로 매리언 에반스를 '조지 엘리엇'으로 변모시킨 『성직 생활 소묘』에 대해, "이 이야기들은 지금부터 70년 내지는 100년 전

231 Knowles and Moore ed., *Oxford Reader's Companion to Conrad* 43.
232 Knowles and Moore ed., *Oxford Reader's Companion to Conrad* 214.
233 Finkelstein, *The House of Blackwood: Author-Publisher Relations in the Victorian Era* 97.

잉글랜드의 향토 및 지방 삶의 그림을 생생한 디테일에 담아 전해주는 바, 이러한 그림은 그 어떤 공식적인 역사에서는 과거나 지금이나 제공할 수 없다"고 평했다.[234] 19세기가 끝나고 20세기가 시작되는 국면에서, 비록 『국가 인명사전』에는 "크로스, 매리 앤"이란 어색한 이름으로 올라가 있기는 해도 그녀는 '국가적인 인물'의 대열에 포함되었고, 문학장 내에서 "조지 엘리엇"은 『성직생활 소묘』를 비롯한 그녀의 "향토 및 지방" 소설과 함께 '신성화'된 작가 명단에 포함되었다.

한편, 과감한 '성인용' 콘텐츠를 '가정용' 잡지 연재 버전에서 제외한 후 다시 단행본에 넣느라 고생을 하던 하디는 세기가 바뀐 후 소설 창작을 접고 시인으로 변신한다. 건축가에서 소설가로, 다시 시인으로 옷을 갈아입은 하디는 '살아남는 능력'이 남달랐다. 콘라드는 윌리엄 블랙우드에게, "원칙들이 흐물흐물해지는 이 시대에 '매거'의 영혼은 변하지 않습니다"라고 『블랙우즈』의 토리주의를 예찬했으나, "'매거'의 영혼"은 '매거'가 배척했던 하디가 『더버빌의 테스』나 『무명의 주드』에서, 또한 대체로 허무주의가 기조인 그의 시들에서 대변하는, 그야말로 "원칙들이 흐물흐물해지는 이 시대" 정신에 점차 압도당했다. 세속화가 심화되고 '영혼' 자체에 대해 별 관심이 없어지는 분위기에서 제 1차 세계대전의 충격을 겪은 후에 영국문단에서 하디는 어느덧 최고의 원로 대우를 받게 된다. 1920년 하디가 80회 생일을 맞자 사방에서 축하 메시지를 보냈다.[235] 그의 생일을 축하한 사람들 명단에는 국왕과 수상도 포함될 정도로 그는 '살아있는 전설'이 된 것이다.

---

234 William A. Sibbald, "George Eliot's Place in Literature," *Westminster Review*, vo1. 163 (March 1905): 336. 이 평론은 No. 4, (April, 1905): 431~448에 계속 이어졌다.

235 Page ed., *Oxford Reader's Companion to Hardy* xvi.

반면에 폴란드 출신 조셉 콘라드는 나름대로 명성을 얻었고 상당한 수입을 올리는 주요 작가였기는 하지만, 태생이 '이방인'인 그는 하디에 준하는 대접을 받지는 못했다. 또한 본인도 작위 수여나 케임브리지 대학교 명예박사 학위 같은 영예들을 사양하므로, '영국문학 대가'라는 직함과는 거리를 두었다.[236] 하디와 같은 '토종' 영국인 작가와는 달리 대륙의 전통에 연결되는 '국제성'이 장기인 콘라드는 1901년에 생긴 노벨문학상을 본인이 받을 만하다고 생각했고 이를 매년 기다렸다.[237] 하긴 1907년에 키플링이 영국인 최초로 노벨문학상을 받았으니 키플링에 비해 못할 게 전혀 없는 그로서는 당연히 그런 기대를 했다. 그러나 1923년 시인 윌리엄 버틀러 예이츠(William Butler Yeats)에게는 노벨상이 수여되었으나,[238] 그는 노벨문학상을 받지 못한 채 1924년에 세상을 떠났다. 그가 죽은 후 『더 타임즈』 지는 그의 사망 시 재산이 2만 45파운드로 집계되었다고 보도했다.[239] 첫 장편 『올메이어의 어리석음』 저작권을 20파운드에 팔았던 작가로서는 대단한 성공이라고 할 수 있다.

하디(1840년생)는 콘라드(1857년생)보다 17년이나 먼저 태어났지만 2년을 더 산 후 1928년에 죽었다. 그의 작품을 『콘힐』에 연재해주고 그가 어릴 적 갖고 있던 기독교 신앙 등의 "원칙들이 흐물흐물해지는" 데 일조한 레슬리 스티븐의 딸이 남편과 함께 그의 말년에 그를 인사차 방문했다. 하디의 '멘토' 스티븐의 딸은 다름 아닌 버지니아(Virginia) 스티븐, 유태인 남편 레너드(Leonard) 울프의 성을 사용하여 '버지니아

---

236 Knowles and Moore ed., *Oxford Reader's Companion to Conrad* xxxvii.
237 Batchelor, *The Life of Joseph Conrad: A Critical Biography* 277.
238 Nobleprize.org. http://www.nobelprize.org/nobel_prizes/literature/laureates
239 Knowles and Moore ed., *Oxford Reader's Companion to Conrad* xxxviii.

울프'란 이름을 쓰며 남편과 둘이 호가스 프레스(Hogarth Press)란 출판사를 만들어서, 조지 엘리엇, 하디, 콘라드와는 전혀 다른 현대 소설들을 한참 써서 출간하고 있던 중이다. 1926년 7월 25일, 도체스터로 하디 집을 방문한 후 돌아와서 버지니아는 일기에 하디와 나눈 대화를 소상히 기록하고 있다. 하디는 당연히 버지니아의 부친 이야기를 했다. 버지니아의 부친을 집으로 방문했을 때 "나를 본 것 같다고, 내가 요람에 있는 걸"이라고 하디는 운을 뗐다. 그리고는 당연히 『콘힐』 이야기로 이어졌다. "자네 부친이 내 소설을 받아주었지 – '광란의 군중을 멀리하고.' 우리는 이 소설에서 다룬 몇몇 문제들에 대해 나란히 연대해서 영국 독자대중들에 맞섰다네"라고 하디는 회고했다. 물론 이렇게 생각하는 편이 본인으로서나 스티븐의 딸로서나 기분 좋은 일이었을 것이다. 그러나 우리가 살펴본 대로 사실인즉, 스티븐은 하디에게 "아둔한 독자들의 시각에" 맞서지 말고 거기에 맞춰서 작품을 써달라고 주문했었다. 버지니아는 늙은 하디에게서 "편집자에 대한 존경 같은 것은 전혀 찾아볼 수 없었다"고 평가했지만, 편집자 블랙우드에게 하디가 1877년에 보낸 편지는 전혀 다른 모습을 보여준다. 이 인터뷰를 기록한 후 버지니아 울프는, "이 모든 것들, 문학이며 소설이며 등등이 그에게는 아득하게 먼 흥밋거리이지 심각하게 받아들일 것은 아닌듯한 태도였다"고 적고 있다.[240] 문학장 내에서 '신성화'의 최고점에 오른 하디로서는 당연히 그러한 '여유'를 부릴 수 있었을 것이나, 그가 문학장에서 힘겹게 승진의 길을 모색할 때에는 "문학이며 소설이며 등등"이 "흥밋거리"가 아닌 심각한 생계와 존재의 문제였다.

240 Anne Oliver Bell ed., *The Diary of Virginia Woolf*, vol. III: *1925~30* (London: Penguin, 1982) 97, 100~101.

하디는 노벨문학상은 받지 못하고 죽었으나 그가 죽자 웨스트민스터 사원 '시인 코너'(Westminster Abbey, the Poet's Corner)에 유해가 안치되었다. 영국작가로서는 최고의 영예라고 할 수 있는 대접을 받은 것이다. 하디 본인이나 그의 작품들이 영국 국가교회나 기독교 신앙에 대해 어떤 태도를 가졌던지 여부와는 상관없이, 그는 '국민 작가'로 '신성화' 되었다.[241] 콘라드는 무릎수술을 받고 요양 중이던 캔터베리(Canterbury)에서 죽어서 그곳 공동묘지에 묻혔다.[242] 조지 엘리엇은 런던 북부 하이게이트(Highgate) 묘지에 안장되었다.[243] 오늘날 웨스트민스터 사원에 가면 조지 엘리엇 기념비는 볼 수 있으나,[244] 하디처럼 유해가 건물 안에 보관되는 '신성화'는 소설가 중에는 하디, 키플링, 디킨스만 누린 영광이다. 이들의 주검이 어디에 있건, 이들의 신성화와 정전화의 정도가 어떠하건, 우리가 이 책에서 이제껏 살펴본, 이들이 작가로 '태어난' 현장인 19세기 영국 문학장은 그 자체가 되살릴 만한 기념비적인 대상이다. 잡지의 시대가 저물고 심지어 문학 자체도 주변부로 밀리는 시대일수록 더욱 더 이 인쇄문명의 한 위대한 국면의 광채가 빛날 것이다. 정전화할 수 없는 잡다한 정기간행물의 낱장들 사이에서 만나본 문학장의 역동성에 찬사를 보내며 자판에서 손을 뗀다.

241 Page ed., *Oxford Reader's Companion to Hardy* xvi.

242 Knowles and Moore ed., *Oxford Reader's Companion to Conrad* xxxvii.

243 Rignall ed., *Oxford Reader's Companion to George Eliot* 500.

244 Westminsterabby.org. http://www.westminster-abbey.org/visit-us/highlights/poets-corner

참고문헌

[1차 자료]

All the Year Round. No. 84 (1 December 1860).

Björk, Lennart A. ed. *The Literary Notebooks of Thomas Hardy*. London: Macmillan, 1985, 2 vols.

Blackburn, William ed. *Joseph Conrad: Letters to William Blackwood and David S. Meldrum*. Durham: Duke University Press, 1958.

Blackwood's Edinburgh Magazine. Vol. 2 (1817)~Vol. 168 (1900).

Carroll, David ed. *George Eliot: The Critical Heritage*. London: Routledge, 1971.

The Cornhill Magazine. Vol. 1 (Jan 1860), Vol. 29 (Jan~June 1874), Vol. 30 (July~Dec. 1874).

Conrad, Joseph. *Heart of Darkness and Other Tales*. Ed. Cedric Watts. Oxford: Oxford University Press, 1990.

______. *Joseph Conrad: Heart of Darkness*. Ed. Robert Kimbrough. New York: Norton, 1988.

______. *Heart of Darkness: Joseph Conrad*. Ed. Ross C. Murfin. Boston: Bedford, 2010.

Cosmopolis: An International Review. Vol. 3 (July 1897)~Vol. 10 (April 1898).

Edinburgh Monthly Magazine. No. 1 (April 1817).

Eliot, George. *Scenes of Clerical Life*. Ed. Thomas A. Noble. Oxford: Oxford University Press, 1988.

______. *Selected Critical Writings*. Ed. Rosemary Ashton. Oxford: Oxford University Press, 1992.

______. *The Journals of George Eliot*. Ed. Margaret Harris and Judith Johnston.

Cambridge: Cambridge University Press, 1998.

Feuerbach, Ludwig. *The Essence of Christianity*. Trans. Marian Evans. London: John Chapman, 1854.

Gentleman's Magazine. Vol. 1 (January 1731).

The Graphic. No. 840 (2 January 1886).

Haight, Gordon S. ed. *The George Eliot Letters* Vol. 2: *1852~58*. New Haven: Yale University Press, 1954.

Harlow, Barbara and Mila Carter ed. *Imperialism and Orientalism: A Documentary Sourcebook*. Oxford: Blackwell, 1999.

Houghton, Walter E. ed., *The Wellesley Index to Victorian Periodicals, 1824~1900*, 5 vols. Toronto: Toronto University Press, 1966~1989.

Household Words. No. 210 (1 April 1854).

Iliff, Edward Henry. *A Tear of Sympathy!!! Or, Striking Objets of Travel, Antient, and Modern! In Italy, Prussia, Spain, France, Russia, & c. With Reflections Critical, Moral, and Biographical*. London, 1796.

Karl, Frederick R. and Laurence Davies ed. *The Collected Letters of Joseph Conrad*, Vol 1: *1861~1897*. Cambridge: Cambridge University Press, 1983.

______. *The Collected Letters of Joseph Conrad*, Vol 2: *1898~1902*, Cambridge: Cambridge University Press, 1986.

Martin, Carol A. "Two Unpublished Letters from John Blackwood on the Serialization of *Scenes of Clerical Life* and *Adam Bede*." *Publishing History* 37 (1995): 51~59.

Melville, Herman. *Piazza Tales*. Ed. Egbert S. Oliver. New York: Farrar Straus, 1948.

Mill, John Stuart. *Principles of Political Economy, Books III~V*. Ed J. M. Robson. Toronto: University of Toronto Press, 1965.

______. *Representative Government. Utilitarianism, On Liberty, Considerations on Representative Government, Remarks on Bentham's Philosophy*. Ed. Geraint

Williams. London: Everyman, 1993.

Millgate, Michael ed. *The Life and Work of Thomas Hardy by Thomas Hardy.* London: Macmillan, 1985.

Morgan, Charles. *The House of Macmilan (1843~1943)*. London: Macmilan, 1943.

Nugent, [Thomas]. *The Grand Tour: Containing an Exact Description of Most of the Cities, Towns, and Remarkable Places of Europe*. London, 1749.

Oliphant, Mrs. [Margaret]. *Annals of a Publishing House: William Blackwood and his Sons, their Magazine and Friends*. Edinburgh: William Blackwood and Sons, 1897. 2 vols.

______. *The Autobiography and Letters of Mrs. Margaret Oliphant*. Ed. Mrs Harry Coghill. 1899; Leceister: Leceister University Press, 1974.

Purdy, Richard Little. *Thomas Hardy: A Bibliographical Study*. London: Oxford University Press, 1954.

Purdy, Richard Little and Michael Millgate ed. *The Collected Letters of Thomas Hardy*. Vol. 1: *1840~1892*. Oxford: Clarendon, 1978.

Stephen, Leslie ed. *Dictionary of National Biography*. London: Smith, Elder & Co., 1888, 1889. Vol. 13, Vol. 17.

Strauss, David Friedrich. *The Life of Jesus, Critically Examined*. Trans. Marian Evans. New York: Calvin Blanchard, 1860.

Tinsley's Magazine: An Illustrated Monthly. Vol. 9 (Sept 1872).

Trollope, Anthony. *An Autobiography*. London: Trollope Society, 1999.

Westminster Review. Vol. 10 (July 1856), Vo1. 163 (March~April 1905).

Woolf, Virginia. *The Diary of Virginia Woolf*, Vol. III: *1925~30*. Ed. Anne Oliver Bell. London: Penguin, 1982.

콘래드, 조지프. 『어둠의 심연』. 이석구 옮김. 을유문화사, 2008.

[2차 자료]

Allen, Michael. *Poe and the British Magazine Tradition*. New York: Oxford

University Press, 1969.

Ashton, Rosemary. *George Eliot: A Life*. London: Penguin, 1996.

Backscheider, Paula R. *Daniel Defoe: His Life*. Baltimore: John Hopkins University Press, 1992.

Barthes, Roland. *Le plaisir du texte*. Paris: Seuil, 1973.

Batchelor, John. *The Life of Joseph Conrad: A Critical Biography*. Oxford: Blackwell, 1994.

Batten, Charles L. *Pleasurable Instruction: Form and Convention in Eighteenth-Century Travel Literature*. Berkeley: University of California Press, 1978.

Beer, Gillian. *George Eliot*. Brighton: Harvester Press, 1986.

Bourdieu, Pierre. *The Field of Cultural Production*. Ed. Randal Johnson. Cambridge: Polity, 1993.

______. *The Rules of Art: Genesis and Structure of the Literary Field*. Trans. Susan Emanuel. Cambridge: Polity, 1996.

Brooks, Cleanth. *The Well-Wrought Urn: Studies in the Structure of Poetry*. New York: HBJ, 1947.

Brown, Lucy. *Victorian News and Newspapers*. Oxford: Clarendon, 1985.

Cannon, John ed. *The Oxford Companion to British History*. Oxford: Oxford University Press, 2002.

Chapman, Caroline. *Russell of "The Times": War Despatches and Diaries*. London: Bell & Hyman, 1984.

Clemens, Florence. "Conrad's Malaysia." *Joseph Conrad: Third World Perspectives*. Ed. Robert D. Hammer. Washington, D.C.: Three Continents Press, 1990. 21~27.

Cox, R. G. "Introduction." *Thomas Hardy: Critical Heritage*. Ed. R. G. Cox. London: Routledge, 1979.

Curtius, Ernst Robert. *European Literature and the Latin Middle Ages*. Trans. Willard R. Trask. Princeton: Princeton University Press, 1953.

Davies, Laurence. "'Don't You think I am a lost soul?': Conrad's Early Stories and the Magazines." *Conradiana* 41 (Spring 2009): 7~28.

Dillane, Fionnuala. "'The Character of Editress': Marian Evans at the *Westminster Review*, 1851~54." *Tulsa Studies in Women's Literature* 30 (Fall 2011): 269~290.

Drabble, Margaret ed. *The Oxford Companion to English Literature*. Oxford: Oxford University Press, 2000.

Dryden, Linda. *Joseph Conrad and the Imperial Romance*. Basingstoke: Macmillan, 2000.

Dupont, Florence. *The Invention of Literature: From Greek Intoxication to the Latin Book*. Trans. Janet Lloyd. Baltimore: Johns Hopkins University Press, 1999.

Eagleton, Terry. *Criticism and Ideology: A Study in Marxist Literary Theory*. London: NLB, 1976.

______. *Literary Theory: An Introduction*. 2nd ed. Oxford: Blackwell, 1996.

Eisner, Robert. *Travelers to an Antique Land: The History and Literature of Travel to Greece*. Ann Arbor: University of Michigan Press, 1993.

Eliot, Simon. "The Business of Victorian Publishing." *Cambridge Companion to the Victorian Novel*. Ed. Deirdre David. Cambridge: Cambridge University Press, 2001. 37~60.

Ferguson, Niall. *Empire: How Britain Made the Modern World*. London: Penguin, 2003.

Finkelstein, David. *The House of Blackwood: Author-Publisher Relations in the Victorian Era*. University Park: The Pennsylvania State University Press, 2002.

______. "Decent Company: Conrad, *Blackwood's*, and the Literary Marketplace." *Conradiana* 41 (Spring 2009): 29~47.

Foster, R. F. *Modern Ireland, 1600~1972*. London: Penguin, 1988.

France, Peter. "Looking Abroad: Two Edinburgh Journals in the Early Nineteenth Century." *Forum for Modern Language Studies* 46 (Dec 2009): 2~15.

Gilbert, Sandra M. and Susan Gubar. *The Madwoman in the Attic: The Woman*

Writer and the Nineteenth-Century Literary Imagination. New Haven: Yale University Press, 1979.

Gray, Donald. "George Eliot and Her Publishers." *The Cambridge Companion to George Eliot*. Ed. George Levine. Cambridge: Cambridge University Press, 2001. 181~201.

Haight, Gordon S. *George Eliot: A Biography*. Oxford: Oxford University Press, 1968.

Hardy, Barbara. *The Novels of George Eliot: A Study in Form*. London: Athlone Press, 1959.

Harvie, Christopher. "Revolution and the Rule of Law (1789~1851)." *The Oxford Illustrated History of Britain*. Ed. Kenneth O. Morgan. Oxford: Oxford University Press, 2009. 419~462.

Hinton, Michael. *The Anglican Parochial Clergy: A Celebration*. London: SCM Press, 1994. 141~142.

The History of the Times: The Tradition Established, 1841~1884. London: The Times, 1939.

Hollis, Hilda. "Felix Holt: Independent Spokesman or Eliot's Mouthpiece?" *ELH* 68 (Spring 2001): 155~177.

Houghton, Walter E. "Periodical Literature and the Articulate Classes." *The Victorian Periodical Press: Samplings and Soundings*. Ed. Joanne Shattock and Michael Wolff. Leicester: Leicester University Press, 1982. 3~27.

Keating, Peter. *The Haunted Study: A Social History of the English Novel 1875~1914*. London: Secker & Warburg, 1989.

Knowles, Owen and Gene M. Moore ed. *Oxford Reader's Companion to Conrad*. Oxford: Oxford University Press, 2000.

Lee, Alan J. *The Origins of the Popular Press in England, 1855~1914*. London: Croom Helm, 1976.

Liddle, Dallas. "Salesmen, Sportsmen, Mentors: Anonymity and Mid-Victorian

Theories of Journalism." *Victorian Studies* 41 (Autumn 1997): 31~68.

Matthew, H. C. G. "The Liberal Age (1851~1914)." *The Oxford Illustrated History of Britain*. 463~522.

McKenzie, D. F. *Bibliography and the Sociology of Texts*. Cambridge: Cambridge University Press, 1999.

Millgate, Michael. "Thomas Hardy: The Biographical Sources." *Cambridge Companion to Thomas Hardy*. Ed. Dale Kramer. Cambridge: Cambridge University Press, 1999. 1~18.

Nesbitt, George L. *Benthamite Reviewing: The First Twelve Years of The Westminster Review*. New York: AMS Press, 1966.

Oldfield, Derek and Sybil. "'Scenes of Clerical Life': The Diagram and the Picture," *Critical Essays on George Eliot*. Ed. Barbara Hardy. London: Routledge, 1970. 1~18.

Oxford English Dictionary. <http://www.oed.com>

Page, Norman ed. *Oxford Reader's Companion to Hardy*. Oxford: Oxford University Press, 2000.

Peck, John. *War, the Army and Victorian Literature*. Basingstoke: Macmillan, 1998.

Rignall, John ed. *Oxford Reader's Companion to George Eliot*. Oxford: Oxford University Press, 2000.

Robinson, Solveig C. "Expanding a 'Limited Orbit': Margaret Oliphant, *Blackwood's Edinburgh Magazine*, and the Development of a Critical Voice." *Victorian Periodicals Review* 38 (Summer 2005): 199~220.

Schlicke, Paul ed. *Oxford Reader's Companion to Dickens*. Oxford: Oxford University Press, 1999.

Schweik, Robert. "The Influence of Religion, Science, and Philosophy." *Cambridge Companion to Thomas Hardy*. 54~72.

Shattock, Joanne. *Politics and Reviewers: "The Edinburgh" and the "Quarterly" in the Early Victorian Age*. Leicester: Leicester University Press, 1989.

Shires, Linda. "'And I Was Unaware': The Unknowing Omniscience of Hardy's Narrators." *Thomas Hardy: Texts and Contexts*. Ed. Phillip Mallett. Basingstoke: Palgrave Macmillan, 2002. 31~48.

Simpson, D. P. *Cassell's New Latin-English English - Latin Dictionary*. London: Cassell, 1959.

Sommerville, John C. *The News Revolution in England: Cultural Dynamics of Daily Information*. Oxford: Oxford University Press, 1996.

Stewart, David. "Filling the Newspaper Gap: Leigh Hunt, *Blackwood's*, and the Development of the Miscellany." *Victorian Periodicals Review* 42 (Summer 2009): 155~170.

Terry, R. C. ed. *Oxford Reader's Companion to Trollope*. Oxford: Oxford University Press, 1999.

Turner, Paul. *The Life of Thomas Hardy: A Critical Biography*. Oxford: Blackwell, 1998.

The Victorian Web. <http://www.victorianweb.org/>

Vidan, Ivo. "Conrad in His *Blackwood's* Context: An Essay in Applied Reception Theory." *The Ugo Mursia Memorial Lectures: Papers from the International Conrad Conference University of Pisa, September 7th~11th 1983*. Ed. Mario Curreli. Milano: Mursia International, 1988. 399~422.

Wilkinson-Latham, R. J. *From Our Special Correspondent: Victorian War Correspondents and Their Campaigns*. London: Hodder and Stoughton, 1979.

Williams, Keith. *The English Newspaper: An Illustrated History to 1900*. London: Springwood Books, 1977.

Willy, Todd G. "The Call to Imperialism in Conrad's 'Youth': An Historical Reconstruction." *Journal of Modern Literature* 8 (1980): 39~50.

Wright, T. R. *Hardy and His Readers*. Basingstoke: Palgrave Macmillan, 2003.

찾아보기

ㅇ

ㅈ